MÉTODOS E TÉCNICAS DE PESQUISA SOCIAL

O GEN | Grupo Editorial Nacional – maior plataforma editorial brasileira no segmento científico, técnico e profissional – publica conteúdos nas áreas de ciências sociais aplicadas, exatas, humanas, jurídicas e da saúde, além de prover serviços direcionados à educação continuada e à preparação para concursos.

As editoras que integram o GEN, das mais respeitadas no mercado editorial, construíram catálogos inigualáveis, com obras decisivas para a formação acadêmica e o aperfeiçoamento de várias gerações de profissionais e estudantes, tendo se tornado sinônimo de qualidade e seriedade.

A missão do GEN e dos núcleos de conteúdo que o compõem é prover a melhor informação científica e distribuí-la de maneira flexível e conveniente, a preços justos, gerando benefícios e servindo a autores, docentes, livreiros, funcionários, colaboradores e acionistas.

Nosso comportamento ético incondicional e nossa responsabilidade social e ambiental são reforçados pela natureza educacional de nossa atividade e dão sustentabilidade ao crescimento contínuo e à rentabilidade do grupo.

Antonio Carlos Gil

MÉTODOS E TÉCNICAS DE PESQUISA SOCIAL

7ª edição

gen | atlas

- O autor deste livro e a editora empenharam seus melhores esforços para assegurar que as informações e os procedimentos apresentados no texto estejam em acordo com os padrões aceitos à época da publicação, *e todos os dados foram atualizados pelo autor até a data de fechamento do livro.* Entretanto, tendo em conta a evolução das ciências, as atualizações legislativas, as mudanças regulamentares governamentais e o constante fluxo de novas informações sobre os temas que constam do livro, recomendamos enfaticamente que os leitores consultem sempre outras fontes fidedignas, de modo a se certificarem de que as informações contidas no texto estão corretas e de que não houve alterações nas recomendações ou na legislação regulamentadora.

- O autor e a editora se empenharam para citar adequadamente e dar o devido crédito a todos os detentores de direitos autorais de qualquer material utilizado neste livro, dispondo-se a possíveis acertos posteriores caso, inadvertida e involuntariamente, a identificação de algum deles tenha sido omitida.

- **Atendimento ao cliente: (11) 5080-0751 | faleconosco@grupogen.com.br**

- Direitos exclusivos para a língua portuguesa
  Copyright © 2019, 2024 (4ª impressão) by
  Editora Atlas Ltda.
  Uma editora integrante do GEN | Grupo Editorial Nacional
  Travessa do Ouvidor, 11
  Rio de Janeiro – RJ – 20040-040
  www.grupogen.com.br

- Reservados todos os direitos. É proibida a duplicação ou reprodução deste volume, no todo ou em parte, em quaisquer formas ou por quaisquer meios (eletrônico, mecânico, gravação, fotocópia, distribuição pela Internet ou outros), sem permissão, por escrito, da Editora Atlas Ltda.

- Capa: Gabriel Calou

- Editoração eletrônica: Anthares

CIP-Brasil. Catalogação na Publicação
Sindicato Nacional dos Editores de Livros, RJ

G392m
7. ed.

Gil, Antonio Carlos
    Métodos e técnicas de pesquisa social / Antonio Carlos Gil. - 7. ed. - [4ª Reimp.] - São Paulo: Atlas, 2024.

ISBN 978-85-970-2057-1

1. Pesquisa social. 2. Pesquisa - Metodologia. 3. Ciências sociais - Metodologia. I. Título.

| 19-55022 | CDD 300.72 |
| | CDU 303.1 |

Meri Gleice Rodrigues de Souza - Bibliotecária CRB-7/6439

A Martim, Vicente e Dora,
meus netos.

PREFÁCIO

Este livro, apresentado em sua 7ª edição, foi elaborado com a finalidade de proporcionar aos estudantes tanto as bases conceituais quanto os instrumentos técnicos necessários para o desenvolvimento de pesquisas nos diferentes campos das ciências humanas e sociais. Trata-se de um livro introdutório, elaborado, porém, com a preocupação de permitir que seu usuário se capacite não apenas para a elaboração de um projeto de pesquisa, mas também para sua execução e apresentação.

A inspiração para escrevê-lo surgiu com a docência nos cursos de Métodos e Técnicas de Pesquisa Social, iniciada na condição de assistente do saudoso Professor Alfonso Trujillo Ferrari. Ao elaborá-lo, tive como preocupação maior a de torná-lo, tanto em virtude de seu conteúdo quanto de sua forma, acessível ao estudante universitário dos diferentes cursos no campo das ciências humanas e sociais. Assim, as considerações de ordem filosófica, assim como os tópicos relativos a procedimentos estatísticos, são apresentados de maneira bastante simplificada.

Embora abordando os mais diversos tipos de delineamentos de pesquisa, sua ênfase maior está na realização de levantamentos, que constituem a modalidade de pesquisa mais difundida no campo das ciências sociais e correspondem à maioria das pesquisas desenvolvidas em cursos de graduação, sobretudo de Ciências Sociais, Psicologia, Pedagogia, Serviço Social e Comunicação Social.

Ao longo das sucessivas edições, diversas alterações foram feitas. Nesta última, especialmente, em virtude da cada vez mais ampla utilização de procedimentos eletrônicos tanto na coleta quanto na análise dos resultados da pesquisa. Também foram feitas alterações em virtude da crescente importância atribuída às questões relativas à ética na investigação com seres humanos e aos métodos e técnicas de pesquisa qualitativa.

Na oportunidade do lançamento desta edição, não poderia deixar de expressar meus agradecimentos ao Grupo GEN, na pessoa de seu presidente, pela confiança depositada em nosso trabalho.

Antonio Carlos Gil

SUMÁRIO

1 **NATUREZA DA CIÊNCIA SOCIAL, 1**
    1.1 O conhecimento do mundo, 1
    1.2 Natureza da ciência, 2
    1.3 Classificação das ciências, 3
    1.4 Peculiaridades das ciências sociais, 3
        1.4.1 O problema da objetividade, 4
        1.4.2 O problema da quantificação, 5
        1.4.3 O problema da experimentação, 5
        1.4.4 O problema da generalização, 6
    1.5 Paradigmas das ciências sociais, 6
        1.5.1 Paradigma positivista, 6
        1.5.2 Paradigma interpretativista, 7
        1.5.3 Paradigma marxista, 7
    Exercícios e trabalhos práticos, 8

2 **MÉTODOS DAS CIÊNCIAS SOCIAIS, 9**
    2.1 Conceito de método, 9
    2.2 Métodos que proporcionam as bases lógicas da investigação, 10
        2.2.1 Método dedutivo, 10
        2.2.2 Método indutivo, 11
        2.2.3 Método hipotético-dedutivo, 13
        2.2.4 Método dialético, 14
        2.2.5 Método fenomenológico, 15
    2.3 Métodos que indicam os meios técnicos da investigação, 16
        2.3.1 Método experimental, 16
        2.3.2 Método observacional, 17
        2.3.3 Método comparativo, 17
        2.3.4 Método estatístico, 17

   2.3.5 Método clínico, 18
   2.3.6 Método monográfico, 18
 2.4 Quadros de referência, 18
   2.4.1 Funcionalismo, 19
   2.4.2 Estruturalismo, 19
   2.4.3 "Compreensão", 20
   2.4.4 Materialismo histórico, 21
   2.4.5 Interacionismo simbólico, 22
   2.4.6 Etnometodologia, 22
Exercícios e trabalhos práticos, 23

3 PESQUISA SOCIAL, 25
 3.1 Finalidades da pesquisa, 25
 3.2 Níveis de pesquisa, 26
   3.2.1 Pesquisas exploratórias, 26
   3.2.2 Pesquisas descritivas, 27
   3.2.3 Pesquisas explicativas, 27
 3.3 Etapas da pesquisa, 28
   3.3.1 Planejamento, 28
   3.3.2 Coleta de dados, 28
   3.3.3 Análise e interpretação dos dados, 28
   3.3.4 Redação do relatório, 29
 3.4 Envolvimento do pesquisador na pesquisa, 29
   3.4.1 Modelo clássico de pesquisa, 29
   3.4.2 Modelos alternativos de pesquisa, 30
Exercícios e trabalhos práticos, 32

4 ÉTICA NA PESQUISA SOCIAL, 33
 4.1 Participação voluntária, 34
 4.2 Danos aos participantes, 34
 4.3 Anonimato e confidencialidade, 35
 4.4 Engano, 36
 4.5 Relato dos resultados, 37
 4.6 Comitês de ética de pesquisa, 37
Exercícios e trabalhos práticos, 38

5 FORMULAÇÃO DO PROBLEMA, 39
 5.1 O que é problema de pesquisa, 39
 5.2 Escolha do problema de pesquisa, 41
   5.2.1 Relevância do problema, 41

Sumário

      5.2.2 Oportunidade de pesquisa, 41
      5.2.3 Comprometimento na escolha do problema, 42
  5.3 Processo de formulação do problema, 42
  5.4 Regras para a formulação do problema, 43
      5.4.1 O problema deve ser formulado como pergunta, 43
      5.4.2 O problema deve ser delimitado a uma dimensão viável, 43
      5.4.3 O problema deve ter clareza, 44
      5.4.4 O problema deve apresentar referências empíricas, 44
      5.4.5 O problema deve conduzir a uma pesquisa factível, 44
      5.4.6 O problema deve ser ético, 44
Exercícios e trabalhos práticos, 45

6 CONSTRUÇÃO DE HIPÓTESES, 47
  6.1 Papel das hipóteses na pesquisa, 47
  6.2 Relações entre variáveis, 48
      6.2.1 Significado de variável, 48
      6.2.2 Variáveis independentes e dependentes, 49
      6.2.3 Tipos de relação entre variáveis, 50
  6.3 Fontes de hipóteses, 51
  6.4 Características da hipótese aplicável, 52
      6.4.1 Deve ser conceitualmente clara, 52
      6.4.2 Deve ser específica, 52
      6.4.3 Deve ter referências empíricas, 52
      6.4.4 Deve ser testável, 53
      6.4.5 Deve ser parcimoniosa, 53
      6.4.6 Deve estar relacionada com as técnicas disponíveis, 53
      6.4.7 Deve estar relacionada com uma teoria, 53
Exercícios e trabalhos práticos, 54

7 DELINEAMENTO DA PESQUISA, 55
  7.1 O significado do delineamento da pesquisa, 55
  7.2 A diversidade de delineamentos, 56
  7.3 Pesquisas quantitativas, 58
      7.3.1 Pesquisa experimental, 58
      7.3.2 Pesquisa *ex-post facto*, 60
      7.3.3 Levantamento de campo (*survey*), 61
  7.4 Pesquisas qualitativas, 62
      7.4.1 Estudo de caso, 63
      7.4.2 Pesquisa fenomenológica, 64
      7.4.3 Pesquisa etnográfica, 65
      7.4.4 Teoria fundamentada (*grounded theory*), 65
  7.5 Pesquisa narrativa, 66

7.6 Pesquisa de métodos mistos, 67
    7.6.1 Delineamento sequencial explanatório, 67
    7.6.2 Delineamento sequencial exploratório, 67
    7.6.3 Delineamento convergente, 67
    7.6.4 Delineamento incorporado, 68
    7.6.5 Delineamento transformativo, 68
    7.6.6 Delineamento multifásico, 68
7.7 Pesquisas não interferentes, 68
    7.7.1 Pesquisa comparativa, 69
    7.7.2 Pesquisa baseada em registros estatísticos, 70
    7.7.3 Análise de conteúdo, 70
Exercícios e trabalhos práticos, 71

8 REVISÃO DA LITERATURA, 73
8.1 Finalidades da revisão da literatura, 73
    8.1.1 Verificar o estado do conhecimento sobre o assunto, 74
    8.1.2 Esclarecer o significado de conceitos utilizados na pesquisa, 74
    8.1.3 Discutir conceitos e teorias, 74
8.2 Fontes bibliográficas, 74
    8.2.1 Livros, 74
    8.2.2 Periódicos científicos, 75
    8.2.3 Teses e dissertações, 75
    8.2.4 Anais de encontros científicos, 75
8.3 O uso da biblioteca, 76
8.4 Pesquisa em bases de dados, 77
8.5 Etapas da revisão da literatura, 78
    8.5.1 Elaboração do plano da revisão da literatura, 79
    8.5.2 Identificação das fontes bibliográficas, 79
    8.5.3 Leitura do material, 80
    8.5.4 Seleção de trechos relevantes, 81
    8.5.5 Fichamento, 81
    8.5.6 Organização lógica do trabalho, 82
    8.5.7 Redação do texto, 83
Exercícios e trabalhos práticos, 83

9 OPERACIONALIZAÇÃO DAS VARIÁVEIS, 85
9.1 Conceitualização, 86
9.2 Operacionalização das variáveis, 87
    9.2.1 Definição do conceito, 87
    9.2.2 Estabelecimento das dimensões, 88
    9.2.3 Seleção de indicadores, 88
    9.2.4 Construção de índices, 89
    9.2.5 Construção de escalas, 93

9.3 Mensuração das variáveis, 94
    9.3.1 Escala nominal, 95
    9.3.2 Escala ordinal, 95
    9.3.3 Escala de intervalo, 95
    9.3.4 Escala de razão, 96
9.4 Fidedignidade das medidas, 96
9.5 Validade das medidas, 97
    9.5.1 Validade de conteúdo, 97
    9.5.2 Validade de construto, 98
    9.5.3 Validade de critério, 98
Exercícios e trabalhos práticos, 99

10 AMOSTRAGEM NA PESQUISA SOCIAL, 101

10.1 Conceitos básicos, 101
10.2 Princípios fundamentais da amostragem, 102
10.3 Tipos de amostragem, 103
    10.3.1 Amostragem aleatória simples, 103
    10.3.2 Amostragem sistemática, 104
    10.3.3 Amostragem estratificada, 105
    10.3.4 Amostragem por conglomerados, 105
    10.3.5 Amostragem por etapas, 106
    10.3.6 Amostragem por acessibilidade ou por conveniência, 106
    10.3.7 Amostragem por tipicidade, 106
    10.3.8 Amostragem por intencionalidade, 106
    10.3.9 Amostragem por cotas, 107
    10.3.10 Amostragem bola de neve, 107
    10.3.11 Amostragem por saturação, 107
10.4 Tamanho da amostra, 107
    10.4.1 Fatores que determinam o tamanho da amostra, 108
    10.4.2 Cálculo do tamanho da amostra, 109
    10.4.3 Determinação da margem de erro da amostra, 110
Exercícios e trabalhos práticos, 111

11 OBSERVAÇÃO, 113

11.1 A observação científica, 113
11.2 A observação nos diferentes delineamentos de pesquisa, 114
    11.2.1 Na pesquisa experimental, 114
    11.2.2 Em estudos de caso, 115
    11.2.3 Em pesquisas etnográficas, 115
    11.2.4 Em levantamentos de campo, 115
11.3 Modalidades de observação, 115

11.4 Observação estruturada, 116
    11.4.1 Vantagens e limitações da observação estruturada, 117
    11.4.2 O que observar, 117
    11.4.3 O registro da observação, 118
    11.4.4 A amostragem na observação estruturada, 118
11.5 Observação naturalista, 119
    11.5.1 Utilização da observação naturalista, 119
    11.5.2 Vantagens e limitações da observação naturalista, 120
    11.5.3 Coleta e registro dos dados na observação naturalista, 121
11.6 Observação participante, 121
    11.6.1 Níveis de participação do pesquisador, 122
    11.6.2 Vantagens e desvantagens da observação participante, 123
    11.6.3 Coleta e registro dos dados na observação participante, 123
Exercícios e trabalhos práticos, 124

12 ENTREVISTA, 125

12.1 Conceituação, 125
12.2 Vantagens da entrevista, 126
    12.2.1 Obtenção de dados em profundidade, 126
    12.2.2 Elevados níveis de adesão, 126
    12.2.3 Possibilidade de auxílio ao entrevistado, 126
    12.2.4 Observação das características do entrevistado, 127
    12.2.5 Aplicação a múltiplos segmentos de população, 127
    12.2.6 Flexibilidade, 127
12.3 Limitações da entrevista, 127
    12.3.1 Dispêndio de tempo e de recursos financeiros, 127
    12.3.2 Motivação do entrevistado, 127
    12.3.3 Influência do entrevistador, 128
    12.3.4 A questão do significado, 128
12.4 Modalidades de entrevista, 128
    12.4.1 Entrevista estruturada, 128
    12.4.2 Entrevista semiestruturada, 128
    12.4.3 Entrevista com pauta, 129
    12.4.4 Entrevista focalizada, 129
    12.4.5 Entrevista informal, 130
12.5 Entrevistas face a face e por telefone, 130
12.6 Entrevistas individuais e em grupo, 131
12.7 Condução da entrevista, 131
    12.7.1 Preparação da entrevista, 132
    12.7.2 Estabelecimento do contato inicial, 132
    12.7.3 Escolha e formulação das perguntas, 133
    12.7.4 Manutenção do foco, 134

12.7.5 Atitude perante questões delicadas, 135
12.7.6 Registro das respostas, 135
12.7.7 Conclusão da entrevista, 135
Exercícios e trabalhos práticos, 136

13 QUESTIONÁRIO, 137
13.1 Vantagens e limitações do questionário, 138
13.2 Etapas da construção de questionários, 138
    13.2.1 Especificação dos objetivos da pesquisa, 138
    13.2.2 Conceitualização e operacionalização das variáveis, 139
    13.2.3 Familiarização com as formas de expressão do grupo, 139
    13.2.4 Estruturação do questionário, 139
    13.2.5 Pré-teste do questionário, 139
    13.2.6 Aplicação do questionário, 139
13.3 Forma das questões, 140
13.4 Conteúdo das questões, 141
    13.4.1 Questões sobre fatos, 141
    13.4.2 Questões sobre comportamentos, 142
    13.4.3 Questões sobre atitudes e crenças, 142
    13.4.4 Questões sobre sentimentos, 142
    13.4.5 Perguntas sobre padrões de ação, 142
    13.4.6 Questões referentes a razões conscientes de crenças, sentimentos, orientações ou comportamentos, 143
13.5 Elaboração das questões, 143
    13.5.1 Incluir apenas questões diretamente relacionadas com o problema da pesquisa, 143
    13.5.2 Formular questões breves, 143
    13.5.3 Evitar questões muito gerais, 143
    13.5.4 Utilizar linguagem simples, 143
    13.5.5 Utilizar linguagem clara e precisa, 143
    13.5.6 Evitar questões que induzem a respostas, 144
    13.5.7 Evitar questões múltiplas, 144
    13.5.8 Evitar questões que incluem negativas, 144
    13.5.9 Evitar questões com palavras estereotipadas ou ameaçadoras, 144
13.6 Ordem das perguntas, 145
13.7 Construção das alternativas, 146
    13.7.1 Mútua exclusividade e exaustividade, 146
    13.7.2 Número de alternativas, 147
    13.7.3 Alternativas gerais e específicas, 148
    13.7.4 Número par ou ímpar de alternativas, 149
    13.7.5 A alternativa "não sei", 149
    13.7.6 Apresentação do questionário, 150

13.8 Pré-teste do questionário, 150
Exercícios e trabalhos práticos, 151

14 ESCALAS DE ATITUDES, 153
14.1 Conceitos de atitude, 153
14.2 Problemas básicos de construção de escalas de atitudes, 154
    14.2.1 Definição de um contínuo, 154
    14.2.2 Fidedignidade, 155
    14.2.3 Validade, 155
    14.2.4 Ponderação dos itens, 156
    14.2.5 Natureza dos itens, 156
    14.2.6 Igualdade das unidades, 156
14.3 Escalas de atitudes mais utilizadas, 157
    14.3.1 Escala de distância social, 157
    14.3.2 Escala de Thurstone, 158
    14.3.3 Escala de Likert, 159
    14.3.4 Diferencial semântico, 160
Exercícios e trabalhos práticos, 161

15 UTILIZAÇÃO DE DADOS DISPONÍVEIS, 163
15.1 Conceituação, 163
15.2 A contribuição de Émile Durkheim para a pesquisa documental nas ciências sociais, 164
15.3 Fontes documentais, 165
15.4 Fontes de dados estatísticos, 166
15.5 Registros institucionais, 170
15.6 Documentos pessoais, 171
    15.7 Comunicação de massa, 172
15.8 Vantagens do uso de fontes documentais, 173
    15.8.1 Possibilita o conhecimento do passado, 173
    15.8.2 Possibilita a investigação dos processos de mudança social e cultural, 173
    15.8.3 Permite a obtenção de dados com menor custo, 174
    15.8.4 Favorece a obtenção de dados sem o constrangimento dos sujeitos, 174
Exercícios e trabalhos práticos, 174

16 ANÁLISE DE DADOS QUALITATIVOS, 175
16.1 Diferenças entre análise quantitativa e qualitativa, 175
16.2 Análise dos dados em pesquisas etnográficas, 176
    16.2.1 Leitura do material, 177
    16.2.2 Busca de "categorias locais de significados", 177

16.2.3 Triangulação, 177
16.2.4 Identificação de padrões, 177
16.3 Análise de dados na pesquisa fenomenológica, 178
16.3.1 Leitura da descrição de cada informante, 178
16.3.2 Extração das assertivas significativas, 178
16.3.3 Formulação dos significados, 178
16.3.4 Organização dos significados em conjuntos de temas, 178
16.3.5 Integração dos resultados numa descrição exaustiva, 178
16.3.6 Elaboração da estrutura essencial do fenômeno, 178
16.3.7 Validação da estrutura essencial, 179
16.4 Análise dos dados na teoria fundamentada, 179
16.4.1 Codificação aberta, 179
16.4.2 Codificação axial, 180
16.4.3 Codificação seletiva, 181
16.4.4 Construção da teoria, 182
16.5 Análise de dados em estudos de caso, 182
16.5.1 Codificação dos dados, 182
16.5.2 Estabelecimento de categorias analíticas, 182
16.5.3 Exibição dos dados, 183
16.5.4 Busca de significados, 183
16.5.5 Busca da credibilidade, 183
16.6 Análise de dados em pesquisas narrativas, 184
Exercícios e trabalhos práticos, 185

17 ANÁLISE DE DADOS QUANTITATIVOS, 187

17.1 Preparação dos dados, 187
17.1.1 Estabelecimento de categorias analíticas, 188
17.1.2 Revisão dos dados, 189
17.1.3 Codificação dos dados, 189
17.1.4 Transformação dos dados, 190
17.1.5 Entrada dos dados, 191
17.2 Análise univariada, 192
17.2.1 Distribuição de frequência, 192
17.2.2 Medidas de tendência central, 193
17.2.3 Medidas de dispersão, 194
17.3 Análise bivariada, 195
17.3.1 Causação e correlação, 195
17.3.2 Coeficientes de correlação, 197
17.4 Análise multivariada, 200
17.4.1 Análise de regressão múltipla, 201
17.4.2 Análise de regressão logística, 202

17.4.3 Análise fatorial, 202
17.4.4 Modelagem de equações estruturais, 203
17.5 Avaliação da significância dos dados, 204
17.6 Interpretação dos dados, 206
Exercícios e trabalhos práticos, 209

18 RELATÓRIO DA PESQUISA, 211
18.1 Considerações básicas, 211
18.2 Estrutura do texto, 212
    18.2.1 Introdução, 212
    18.2.2 Revisão da literatura, 213
    18.2.3 Método, 213
    18.2.4 Apresentação, análise e discussão dos resultados, 214
    18.2.5 Conclusões e sugestões, 214
18.3 Estilo do relatório, 215
    18.3.1 Impessoalidade, 215
    18.3.2 Clareza, 215
    18.3.3 Objetividade, 215
    18.3.4 Precisão, 215
    18.3.5 Concisão, 215
    18.3.6 Coerência, 216
18.4 Aspectos gráficos do texto, 216
    18.4.1 Digitação e paginação, 216
    18.4.2 Organização das partes e titulação, 216
    18.4.3 Disposição do texto, 217
    18.4.4 Citações, 218
    18.4.5 Notas de rodapé, 219
    18.4.6 Referências, 219
    18.4.7 Tabelas, 223
    18.4.8 Figuras, 224
Exercícios e trabalhos práticos, 224

Bibliografia, 225

1

NATUREZA DA CIÊNCIA SOCIAL

O ser humano, valendo-se de suas capacidades, procura conhecer o mundo que o rodeia. Assim, ao longo dos séculos, vem desenvolvendo sistemas mais ou menos elaborados que lhe permitem conhecer a natureza das coisas e o comportamento das pessoas. Um desses sistemas é o que se denomina ciência, que constitui um dos mais importantes componentes intelectuais do mundo contemporâneo. A rigor, não existe uma única ciência, mas uma multiplicidade de ciências. Dentre elas, estão as ciências sociais, que tratam dos aspectos relacionados com o comportamento humano ao longo do tempo e como esses comportamentos podem influenciar a estrutura da sociedade.

Após estudar cuidadosamente este capítulo, você será capaz de:

- Reconhecer as principais formas de conhecimento da realidade.
- Identificar as características do conhecimento científico.
- Classificar as ciências.
- Reconhecer as especificidades das ciências sociais.
- Caracterizar os principais paradigmas que fundamentam a investigação social.

1.1 O conhecimento do mundo

Pela observação, o ser humano adquire grande quantidade de conhecimentos. Valendo-se dos sentidos, recebe e interpreta as informações do mundo exterior. Por exemplo, quando olha para o céu e vê formarem-se nuvens cinzentas, percebe que vai chover e procura abrigo. A observação constitui, sem dúvida, importante fonte de conhecimento.

Ao nascer, o ser humano depara-se também com um conjunto de crenças que lhe falam acerca de Deus, de uma vida além da morte e também de seus deveres para com Deus e o próximo. Assim, para muitas pessoas as crenças religiosas constituem-se fontes privilegiadas de conhecimento que se sobrepõem a qualquer outra.

Romances como os de Dostoiévski e poemas como os de Fernando Pessoa também podem proporcionar importantes informações sobre os sentimentos e as motivações das pessoas. Embora sabendo-se que essas obras sejam de ficção, não há como deixar de atribuir-lhes importância enquanto capazes de proporcionar informações acerca do mundo.

Outra forma de conhecimento é derivada da autoridade. Pais e professores descrevem o mundo para as crianças. Governantes, líderes partidários, jornalistas e escritores definem normas e procedimentos que para eles são os mais adequados. E à medida que segmentos da população lhes dão crédito, esses conhecimentos são tidos como verdadeiros.

Também os filósofos proporcionam importantes elementos para a compreensão do mundo. Em virtude de se fundamentarem em procedimentos racional-especulativos, os ensinamentos dos filósofos têm sido considerados como dos mais válidos para proporcionar o adequado conhecimento do mundo.

Entretanto, essas formas de conhecimento não se mostram plenamente satisfatórias. A observação casual dos fatos conduz a graves equívocos, visto que, de modo geral, é feita de forma pouco rigorosa. As religiões, por serem as mais variadas, fornecem informações contraditórias. A poesia é subjetiva, assim como o romance. Pais, professores e políticos também não podem ser tidos como guias de toda confiança, posto que o argumento da autoridade na maioria das vezes acaba por deixar transparecer sua fragilidade. O conhecimento filosófico, a despeito de seus inegáveis méritos, não raro avança para o terreno das explicações metafísicas e absolutistas, que não possibilitam sua adequada verificação.

Foi, pois, a partir da necessidade de obtenção de conhecimentos mais seguros que os fornecidos por outros meios é que se desenvolveu a ciência, que constitui um dos mais importantes componentes intelectuais do mundo contemporâneo.

1.2 Natureza da ciência

Etimologicamente, ciência significa conhecimento. Trata-se, portanto, de definição inadequada para os tempos atuais, visto ser possível tratar de conhecimentos que não são considerados científicos, como o conhecimento vulgar, o religioso e, em certa acepção, o filosófico.

Uma definição mais contemporânea de ciência é, pois, a que a considera como uma forma especial de conhecimento que tem por objetivo formular, mediante linguagem rigorosa e apropriada – se possível, com auxílio da linguagem matemática –, leis que regem os fenômenos. Embora sendo as mais variadas, essas leis apresentam vários pontos em comum: são capazes de descrever séries de fenômenos; são comprováveis por meio da observação e da experimentação; são capazes de prever – pelo menos de forma probabilística – acontecimentos futuros.

Natureza da ciência social

Pode-se definir ciência mediante a identificação de suas características essenciais. Assim, a ciência pode ser caracterizada como uma forma de conhecimento objetivo, racional, sistemático, geral, verificável e falível. O conhecimento científico é objetivo porque descreve a realidade independentemente dos caprichos do pesquisador. É racional porque se vale sobretudo da razão, e não de sensação ou impressões, para chegar a seus resultados. É sistemático porque se preocupa em construir sistemas de ideias organizadas racionalmente e em incluir os conhecimentos parciais em totalidades cada vez mais amplas. É geral porque seu interesse se dirige fundamentalmente à elaboração de leis ou normas gerais, que explicam todos os fenômenos de certo tipo. É verificável porque possibilita demonstrar a veracidade das informações. Finalmente, é falível porque, ao contrário de outros sistemas de conhecimento elaborados pelo homem, reconhece sua própria capacidade de errar.

A partir dessas características torna-se possível, em boa parte dos casos, distinguir entre o que é e o que não é ciência. Há situações, entretanto, em que não se torna possível determinar com toda clareza se determinado conhecimento pertence à ciência ou à filosofia. Essas situações ocorrem sobretudo no domínio das ciências humanas, o que é compreensível, visto que há autores que incluem a filosofia no rol dessas ciências.

1.3 Classificação das ciências

Em virtude da multiplicidade de objetos que passaram a ser considerados pela ciência, desenvolveram-se as ciências particulares. Ao longo desse desenvolvimento, diversos autores têm procurando definir um sistema de classificação capaz de abranger a multiplicidade de ciências. Embora úteis, nenhum desses sistemas se mostra absolutamente satisfatório. Todavia, num primeiro momento, podem-se classificar as ciências em duas grandes categorias: formais e empíricas. Ciências formais são, pois, as que tratam de entidades ideais e de suas relações, sendo a Matemática e a Lógica Formal as mais importantes. Considere-se, por exemplo, que a Matemática trata do estudo das grandezas, entidades que só existem em nível conceitual. Ciências empíricas, por sua vez, são as que tratam de fatos e de processos. Seus objetos derivam da observação e da experiência. Incluem-se nesta categoria ciências como a Física, a Química, a Biologia e a Psicologia.

As ciências empíricas podem ser classificadas em naturais e sociais. Entre as ciências naturais estão: a Física, a Química, a Astronomia e a Biologia. Entre as ciências sociais estão: a Sociologia, a Antropologia, a Ciência Política, a Economia e a História. A Psicologia, a despeito de apresentar algumas características que a aproximam das ciências naturais, constitui também uma ciência social. Isto porque, ao tratar do estudo do comportamento humano, trata-o sobretudo a partir da interação entre os indivíduos.

1.4 Peculiaridades das ciências sociais

Durante muito tempo, as ciências trataram exclusivamente do estudo dos fatos e fenômenos da natureza. Até meados do século XIX, o estudo do homem e da sociedade permaneceu com os teólogos e filósofos, que produziram trabalhos notáveis, que até hoje despertam admiração. Mas a partir desse período, profundamente marcado por inovações tanto no campo tecnológico quanto político, passou-se a buscar conhecimentos acerca do homem e da sociedade tão confiáveis quanto os proporcionados pelas ciências da natureza. Desenvolveu-se, então, a concepção científica do saber, denominada Positivismo (COMTE, 1830), que propunha a utilização dos mesmos métodos das ciências naturais para o estudo da sociedade.

Assim, as ciências sociais, fundamentadas na perspectiva positivista, supõem que os fatos humanos são semelhantes aos da natureza, devem ser observados sem ideias preconcebidas, submetidos à experimentação, expressos em termos quantitativos e explicados segundo leis gerais. Mas esse modelo proposto para as ciências sociais tem sido bastante questionado, visto que os tradicionais métodos científicos nem sempre se mostram satisfatórios para o estudo do homem e da sociedade.

Isto não significa que a pretensão de estudar cientificamente o homem e a sociedade deva ser abandonada. Torna-se necessário, porém, reconhecer que os objetos das ciências humanas e sociais são muito diferentes dos das ciências físicas e biológicas e ressaltar algumas das dificuldades dessas ciências, tais como:

1.4.1 O problema da objetividade

Émile Durkheim (1894), um dos pioneiros da investigação científica nas Ciências Sociais, estabeleceu em *As regras do método sociológico* que a primeira e mais fundamental regra para o sociólogo é tratar os fatos sociais como coisas. Isto significa que, de acordo com essa concepção, o cientista social precisa deixar de lado seus sentimentos e valores pessoais, pois são subjetivos. Trata-se, evidentemente, de tarefa difícil, pois diferentemente do cientista físico, que pode, por exemplo, estudar com muito mais objetividade, animais e vegetais sem maior envolvimento pessoal, o cientista social, ao estudar a sociedade, estará estudando algo de que faz parte.

Ante aos fatos sociais, o pesquisador não é capaz de ser absolutamente objetivo. Ele tem suas preferências, inclinações, interesses particulares, caprichos, preconceitos, interessa-se por eles e os avalia com base num sistema de valores pessoais. Diferentemente do pesquisador que atua no mundo das coisas físicas – que não se encontra naturalmente envolvido com o objeto de seu estudo –, o cientista social, ao tratar de fatos como criminalidade, discriminação social ou evasão escolar, está tratando de uma realidade que pode não lhe ser estranha. Seus valores e suas crenças pessoais o informam previamente acerca do fenômeno, indicando se é bom ou mau, justo ou injusto. E é com base nessas preconcepções que abordará o objeto de seu estudo. É pouco provável, portanto, que ele seja capaz de tratá-lo com absoluta neutralidade. A rigor, nas ciências sociais, o pesquisador é mais do que um observador objetivo: é um ator envolvido no fenômeno.

Essa situação não invalida a pesquisa em ciências sociais. Torna-se necessário, no entanto, valer-se de quadros de referência que ultrapassem a visão proposta pelo Positivismo, que se mostra insuficiente para o entendimento do mundo complexo das

Natureza da ciência social

relações humanas. É preciso admitir que o princípio da objetividade não pode ser rigidamente aplicado às ciências sociais. Não há como conceber uma investigação que estabeleça uma separação rígida entre o sujeito e o objeto. Por essa razão é que nas ciências sociais a discussão acerca da relação sujeito-objeto é relevante. O que justifica a existência de diferentes perspectivas adotadas na análise e interpretação dos dados na pesquisa social.

Uma dessas perspectivas é a fenomenológica, desenvolvida por Edmund Husserl (1986), que afirma não ser possível a um ser humano conhecer o outro diretamente, de forma imediata. Só podemos conhecer os outros a partir de nossa consciência intencional. Assim, segundo esse autor, o outro só existiria como experiência do nosso ego e o mundo vivido seria sempre o mundo vivido de cada um, singularmente considerado. Assim, pesquisadores que aderem a essa perspectiva buscam superar o problema da objetividade pela intersubjetividade, ou seja, pelo engajamento conjunto de pesquisador e pesquisado que dessa forma tornam-se capazes de sintonizar expressões e estados afetivos.

1.4.2 O problema da quantificação

É amplamente reconhecido que o grau de adiantamento de uma ciência pode ser determinado pela precisão de seus instrumentos de medida. Ora, as ciências sociais lidam com fenômenos que não são tão facilmente quantificáveis quanto dos das ciências naturais. Contudo, o problema da quantificação em ciências sociais, se analisado com a merecida profundidade, mostrar-se-á bem menos crítico do que aparenta.

O comportamento social é complexo e muito mais mutável que o comportamento de rochas metais ou gases. Assim, os fenômenos sociais não podem ser quantificados com o mesmo nível de precisão observado nas ciências naturais. Isto não significa, porém, que seja impossível mensurá-los. O que ocorre é que as escalas de medida adotadas nas ciências sociais não se mostram tão precisas quanto as adotadas nas ciências naturais. Com frequência essas escalas apenas permitem classificar os fenômenos ou mensurá-los em termos de maior-menor ou mais alto-mais baixo. Constata-se, porém, que apesar dessas limitações, a disponibilidade de instrumentos adequados para a mensuração de fenômenos sociais complexos, como distância social, clima organizacional, ideologia política e preconceito racial.

1.4.3 O problema da experimentação

É fato que o experimento em investigações sociais é bem pouco utilizado, visto que, de modo geral, o cientista não possui o poder de introduzir modificações nos fenômenos que pretende pesquisar. Cabe, no entanto, indagar se de fato o experimento controlado é realmente indispensável para a obtenção de resultados cientificamente aceitáveis.

Não há como deixar de admitir que a experimentação representa uma das mais notáveis contribuições ao desenvolvimento da ciência. Isto não significa, no entanto, que somente as pesquisas experimentais podem ser consideradas genuinamente científicas. À guisa de exemplo, pode-se lembrar que a Astronomia e a Geologia não devem sua respeitabilidade à utilização de procedimentos experimentais. A Embriologia, até bem pouco tempo, desenvolveu-se independentemente da experimentação. E o que dizer da Física Relativista?

Cabe ainda lembrar que as possibilidades de experimentação nas ciências sociais têm sido muitas vezes negligenciadas. Significativos domínios da Psicologia são suscetíveis de experimentação. Em Psicologia Social, e mesmo em Sociologia, são criadas situações de laboratório muito parecidas com as que existem nas ciências naturais. Considere-se que um marco significativo nos estudos organizacionais foi representado pelos estudos desenvolvidos experimentalmente por Elton Mayo (1933), que demonstraram o efeito dos fatores humanos na produtividade industrial. E que muitas pesquisas sociais, embora não constituindo verdadeiros experimentos, alcançam elevado controle das variáveis envolvidas a ponto de serem considerados quase experimentos (*CAMPBELL; STANLEY*, 1979).

1.4.4 O problema da generalização

Não há como desconsiderar as limitações das ciências sociais em relação à generalidade. Enquanto as pesquisas nas ciências naturais conduzem, com frequência, ao estabelecimento de leis, nas ciências sociais, de modo geral, não conduzem mais do que à identificação de tendências. Mas, com vistas a superar essa lacuna é que são construídas teorias de alcance médio (MERTON, 1970), que, embora constituídas por conjuntos limitados de pressupostos, vão além das simples descrições e generalizações empíricas, tornando-se suficientemente abstratas para tratar questões relativas a comportamentos e estruturas sociais. Embora seja razoável admitir que o verdadeiro nas ciências sociais pode ser apenas um verdadeiro relativo e provisório.

1.5 Paradigmas das ciências sociais

Fica evidente que muitas das concepções adotadas no âmbito das ciências sociais não correspondem a fatos objetivos da natureza, mas a pontos de vista, que diferem naturalmente de indivíduo para indivíduo. Assim, para melhor compreensão dos fenômenos sociais convêm considerar a importância dos paradigmas, ou seja, das "*realizações científicas universalmente reconhecidas que durante algum tempo fornecem problemas e soluções modelares* para uma *comunidade* de *praticantes* de uma *ciência*" (KUHN, 1975, p. 13).

Paradigmas são, pois, constituídos pelos pressupostos filosóficos ou modelos que orientam a investigação científica. Múltiplos paradigmas podem ser identificados em ciências sociais. É possível, no entanto, definir três paradigmas mais gerais: positivista, interpretativista e marxista histórico e dialético.

1.5.1 Paradigma positivista

O paradigma positivista fundamenta-se na existência de uma realidade objetiva, que independe da percepção humana. Essa realidade é composta por estruturas concretas, tangíveis e relativamente estáveis. Assim, reconhece a possibilidade de chegarmos ao

Natureza da ciência social

conhecimento objetivo dessa realidade que está "fora de nós". Os fatos sociais, por serem tratados como coisas, podem ser mensurados e os investigadores são estimulados a estabelecer relações de causa e efeito entre os elementos que o constituem.

As principais características do positivista são, pois: (1) o conhecimento científico, tanto da natureza quanto da sociedade, é objetivo, não podendo ser influenciado de forma alguma pelo pesquisador; (2) o conhecimento científico repousa na experimentação; (3) o conhecimento científico é quantitativo; e (4) o conhecimento científico supõe a existência de leis que determinam a ocorrência dos fatos. O método hipotético dedutivo é o que melhor se ajusta a este paradigma, já que para buscar respostas aos problemas propostos são construídas hipóteses, que são colocadas à prova.

1.5.2 Paradigma interpretativista

O paradigma interpretativista não se fundamenta na existência de uma realidade totalmente objetiva, nem totalmente subjetiva, mas na interação entre as características de determinado objeto e a compreensão que os seres humanos constroem a seu respeito, por meio da intersubjetividade. Assim, pode-se dizer que, de acordo com esse paradigma, o conhecimento acerca da realidade é construído por meio da interação entre as pessoas e o mundo em que vivemos. Não existiria, portanto, uma realidade objetiva a ser descoberta por pesquisadores – como estabelece o positivismo – e nossas teorias acerca da realidade seriam sempre artifícios para conferir significado ao mundo vivido.

A valorização desse paradigma deve-se ao surgimento da perspectiva conhecida por Interacionismo Simbólico (BLUMER, 1980), segundo a qual o modo como um indivíduo interpreta os fatos e age perante outros indivíduos ou coisas depende do significado que ele atribui a esses outros indivíduos e coisas. Por outro lado, um dos métodos mais adequados a esse paradigma é o fenomenológico, proposto por Husserl (1986), que propõe o conhecimento do outro por nossa consciência intencional e a superação do problema da objetividade pelo encontro intersubjetivo entre pesquisador e pesquisado.

1.5.3 Paradigma marxista

O paradigma marxista analisa o desenvolvimento da sociedade mediante uma interpretação materialista de seu desenvolvimento histórico e adota uma visão dialética da transformação social. Assim, pode-se falar em materialismo dialético e materialismo histórico. O materialismo dialético é uma forma de abordar os fenômenos naturais sob uma perspectiva materialista. Sob esta perspectiva, a realidade é explicada mediante oposições. Busca-se, então, identificar os elementos conflitantes entre dois ou mais fatos para explicar uma nova situação decorrente desse conflito.

Por sua vez, o materialismo histórico consiste na aplicação dos princípios do materialismo dialético ao estudo da vida social. Trata-se, portanto, de uma abordagem metodológica do que investiga as causas do desenvolvimento da sociedade, enfatizando a contradição entre os interesses materiais da classe proletária e da burguesia. Assim, de acordo com esta concepção, as estruturas políticas, a moral, a religião e a ideologia têm origem na produção material e em suas relações materiais, que transformam a realidade e determinam as estruturas políticas, a moral, a religião e a ideologia. Não seria, portanto, a consciência que determina a vida, mas a vida que determina a consciência (MARX; ENGELS, 2007).

Exercícios e trabalhos práticos

1. Dê exemplos de conhecimentos derivados da intuição, da tradição, da autoridade e da ciência.
2. Considere como o tema "vida" é analisado diferentemente por filósofos, cientistas, poetas, sacerdotes e pessoas comuns.
3. Identifique algumas "verdades" amplamente reconhecidas que se justificam apenas pelo argumento da autoridade.
4. Analise a expressão: "a ciência, ao contrário de outros sistemas elaborados pelo homem, reconhece sua capacidade de errar".
5. Relacione certo número de ciências e, a seguir, procure definir seus objetos.
6. Analise em que medida o conhecimento sociológico pode ser considerado objetivo, racional, sistemático, geral, verificável e falível.

2

MÉTODOS DAS CIÊNCIAS SOCIAIS

A ciência tem como objetivo fundamental chegar à veracidade dos fatos. Nesse sentido, não se distingue de outras formas de conhecimento. O que torna, porém, o conhecimento científico distinto dos demais é que tem como característica fundamental a sua verificabilidade. Para que um conhecimento possa ser considerado científico, torna-se necessário identificar as operações mentais e técnicas que possibilitam a sua verificação. Ou, em outras palavras, determinar o método que possibilitou chegar a esse conhecimento.

Conhecer os métodos disponíveis é essencial para bem conduzir uma pesquisa.

Este capítulo é dedicado aos métodos das ciências sociais. Após estudá-lo cuidadosamente, você será capaz de:

- Conceituar método.
- Descrever os métodos que tratam bases lógicas da investigação científica.
- Descrever os métodos que indicam os meios técnicos da investigação.
- Identificar os principais quadros de referência adotados nas ciências sociais.

2.1 Conceito de método

A palavra método provém do grego *methodos*, e tem o significado de "caminho para chegar a um fim". Refere-se, portanto, ao conjunto de regras básicas para desenvolver uma investigação com vistas a produzir novos conhecimentos ou corrigir e integrar conhecimentos existentes. Assim, pode-se entender método científico como a série de passos que se utiliza para obter um conhecimento confiável, ou seja, livre da subjetividade do pesquisador e o mais próximo possível da objetividade empírica.

Muitos pensadores do passado manifestaram a aspiração de definir um método universal aplicável a todos os ramos do conhecimento. Hoje, porém, os cientistas e os filósofos da ciência preferem falar numa diversidade de métodos, que são determinados pelo tipo de objeto a investigar e pela classe de proposições a descobrir. Assim, pode-se afirmar que a Matemática não tem o mesmo método da Física, e que esta não tem o mesmo método da Astronomia. E com relação às ciências sociais, pode-se mesmo dizer que dispõem de grande variedade de métodos.

Considerando-se esse grande número de métodos, torna-se conveniente classificá-los. Vários sistemas de classificação podem ser adotados. Para os fins pretendidos neste trabalho, os métodos são classificados em dois grandes grupos: o dos que proporcionam as bases lógicas da investigação científica e o dos que esclarecem acerca dos procedimentos técnicos que poderão ser utilizados. Esta é uma classificação que apresenta semelhanças com a de Trujillo Ferrari (1982, p. 23), que trata dos métodos gerais e discretos e a de Lakatos (1992, p. 81), que fala em métodos de abordagem e em métodos de procedimentos.

2.2 Métodos que proporcionam as bases lógicas da investigação

Estes métodos esclarecem acerca dos procedimentos lógicos que deverão ser seguidos no processo de investigação científica dos fatos da natureza e da sociedade. São, pois, métodos desenvolvidos a partir de elevado grau de abstração, que possibilitam ao pesquisador decidir acerca do alcance de sua investigação, das regras de explicação dos fatos e da validade de suas generalizações.

Podem ser incluídos neste grupo os métodos: dedutivo, indutivo, hipotético-dedutivo, dialético e fenomenológico. Cada um deles vincula-se a uma das correntes filosóficas que se propõem a explicar como se processa o conhecimento da realidade. O método dedutivo relaciona-se com o racionalismo, o indutivo com o empirismo, o hipotético-dedutivo com o neopositivismo, o dialético com o materialismo dialético e o fenomenológico, naturalmente, com a fenomenologia.

A adoção de um ou outro método depende de muitos fatores: da natureza do objeto que se pretende pesquisar, dos recursos materiais disponíveis, do nível de abrangência do estudo e sobretudo da inspiração filosófica do pesquisador.

2.2.1 Método dedutivo

O método dedutivo, de acordo com a acepção clássica, é o método que parte do geral para o particular. Parte de princípios reconhecidos como verdadeiros e indiscutíveis e possibilita chegar a conclusões de maneira puramente formal, isto é, em virtude unicamente de sua lógica. É o método proposto pelos filósofos racionalistas (Descartes, Spinoza, Leibniz), segundo os quais só a razão é capaz de levar ao conhecimento verdadeiro, que decorre de princípios *a priori* evidentes e irrecusáveis.

Métodos das ciências sociais

O protótipo do raciocínio dedutivo é o silogismo, que consiste numa construção lógica que, a partir de duas proposições chamadas premissas, retira uma terceira, nelas logicamente implicadas, denominada conclusão. Seja o exemplo:

Todo homem é mortal. (premissa maior)

Pedro é homem. (premissa menor)

Logo, Pedro é mortal. (conclusão)

O método dedutivo encontra larga aplicação em ciências como a Física e a Matemática, cujos princípios podem ser enunciados como leis. Por exemplo, da *lei da gravitação universal*, que estabelece que "matéria atrai matéria na razão proporcional às massas e ao quadrado da distância", podem ser deduzidas infinitas conclusões, das quais seria muito difícil duvidar.

Já nas ciências sociais, o uso desse método é bem mais restrito, em virtude da dificuldade para se obter argumentos gerais, cuja veracidade não possa ser colocada em dúvida.

É verdade que no âmbito das ciências sociais, sobretudo na Economia, têm sido formuladas leis gerais, como a *lei da oferta e da procura* e a *lei dos rendimentos decrescentes*. No entanto, apesar do valor atribuído a essas leis na explicação dos fatos econômicos, suas exceções são facilmente verificadas. O que significa que considerar leis dessa natureza como premissas para deduções torna-se um procedimento bastante crítico.

Mesmo do ponto de vista puramente lógico, são apresentadas várias objeções ao método dedutivo. Uma delas é a de que o raciocínio dedutivo é essencialmente tautológico, ou seja, permite concluir, de forma diferente, a mesma coisa. Esse argumento pode ser verificado no exemplo apresentado. Quando se aceita que todo homem é mortal, colocar o caso particular de Pedro nada adiciona, visto que essa característica já está presente na premissa maior.

Outra objeção ao método dedutivo refere-se ao caráter apriorístico de seu raciocínio. De fato, partir de uma afirmação geral significa supor um conhecimento prévio. Como é que se pode afirmar que todo homem é mortal? Esse conhecimento não pode derivar da observação repetida de casos particulares, pois isso seria indução. A afirmação de que todo homem é mortal foi previamente adotada e não pode ser colocada em dúvida. Por isso, há críticos do método dedutivo que argumentam que esse raciocínio assemelha-se ao adotado pelos teólogos, que partem de posições dogmáticas.

2.2.2 Método indutivo

O método indutivo procede inversamente ao dedutivo: parte do particular e coloca a generalização como um produto posterior do trabalho de coleta de dados particulares. De acordo com o raciocínio indutivo, a generalização não deve ser buscada aprioristicamente, mas constatada a partir da observação de casos concretos suficientemente confirmadores dessa realidade. Constitui o método proposto pelos filósofos empiristas

(Bacon, Hobbes, Locke, Hume), para os quais o conhecimento é fundamentado exclusivamente na experiência, sem levar em consideração princípios preestabelecidos.

Nesse método, parte-se da observação de fatos ou fenômenos cujas causas se deseja conhecer. A seguir, procura-se compará-los com a finalidade de descobrir as relações existentes entre eles. Por fim, procede-se à generalização, com base na relação verificada entre os fatos ou fenômenos. Considere-se o exemplo:

Antonio é mortal.

Benedito é mortal.

Carlos é mortal.

. . . .

Zózimo é mortal.

Ora, Antonio, Benedito, Carlos... e Zózimo são homens.

Logo, (todos) os homens são mortais.

As conclusões obtidas por meio da indução correspondem a uma verdade não contida nas premissas consideradas, diferentemente do que ocorre com a dedução. Assim, se por meio da dedução chega-se a conclusões verdadeiras, já que baseadas em premissas igualmente verdadeiras, por meio da indução chega-se a conclusões que são apenas prováveis.

O raciocínio indutivo influenciou significativamente o pensamento científico. Francis Bacon (1561-1626), autor do *Novum organum*, apresenta o método indutivo como o método por excelência das ciências naturais. Com o advento do positivismo, sua importância foi reforçada e passou a ser proposto também como o método mais adequado para investigação nas ciências sociais.

Não há como deixar de reconhecer a importância do método indutivo na constituição das ciências sociais. Serviu para que os estudiosos da sociedade abandonassem a postura especulativa e se inclinassem a adotar a observação como procedimento indispensável para atingir o conhecimento científico. Graças a seus influxos é que foram definidas técnicas de coleta de dados e elaborados instrumentos capazes de mensurar os fenômenos sociais.

A despeito, porém, de seus reconhecidos méritos, a indução recebeu várias críticas. David Hume (1711-1776) considerou que indução não poderia transmitir a certeza e a evidência, porque pode admitir que amanhã o Sol não nasça, mesmo que esteja encoberto pelas nuvens. Esse enunciado, que o senso comum tem como evidente pela indução diária, não constitui rigorosamente uma evidência. Isso porque pode ocorrer que, por força de um cataclismo universal, desapareça o Sol. Seria possível, portanto, admitir o contrário.

A objeção colocada por Hume foi, de certa forma, contornada pela teoria da probabilidade, que possibilita indicar os graus de força de um argumento indutivo. Outros autores, entretanto, retomaram, no século XX, críticas ao método indutivo, dentre os quais Karl Popper (1902-1994), como se verá a seguir.

2.2.3 Método hipotético-dedutivo

O método hipotético-dedutivo foi definido por Karl Popper a partir de críticas à indução, expressas em *A lógica da investigação científica*, obra publicada pela primeira vez em 1935.

A indução, no entender de Popper (1972), não se justifica, pois o salto indutivo de "alguns" para "todos" exigiria que a observação de fatos isolados atingisse o infinito, o que nunca poderia ocorrer, por maior que fosse a quantidade de fatos observados. No caso clássico dos cisnes, para se sustentar, com certeza e evidência, que todos os cisnes são brancos, seria necessário verificar cada cisne particular possível, do presente, do passado e do futuro, porque, na realidade, a soma dos casos concretos dá apenas um número finito, ao passo que o enunciado geral pretende ser infinito.

Outro argumento de Popper é o de que a indução cai invariavelmente no apriorismo. A indução parte de uma coerência metodológica porque é justificada dedutivamente. Sua justificação indutiva exigiria o trabalho de sua verificação factual. Isso significaria cair numa petição de princípio, ou seja, apoiar-se numa demonstração sobre a tese que se pretende demonstrar.

No método hipotético-dedutivo, de acordo com Kaplan (1972, p. 12):

> "...o cientista, através de uma combinação de observação cuidadosa, hábeis antecipações e intuição científica, alcança um conjunto de postulados que governam os fenômenos pelos quais está interessado, daí deduz ele as consequências por meio de experimentação e, dessa maneira, refuta os postulados, substituindo-os, quando necessário, por outros, e assim prossegue".

Pode-se apresentar o método hipotético-dedutivo a partir do seguinte esquema:

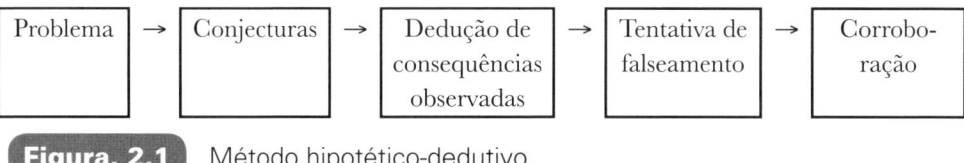

Figura. 2.1 Método hipotético-dedutivo.

Quando os conhecimentos disponíveis sobre determinado assunto são insuficientes para a explicação de um fenômeno, surge o problema. Para tentar explicar a dificuldade expressa no problema, são formuladas conjecturas ou hipóteses. Das hipóteses formuladas, deduzem-se consequências observáveis, que deverão ser testadas ou falseadas. Falsear significa tentar tornar falsas as consequências deduzidas das hipóteses. Enquanto no método dedutivo procura-se a todo custo confirmar a hipótese, no método hipotético-dedutivo, ao contrário, procuram-se evidências empíricas para derrubá-la.

Quando não se consegue demonstrar qualquer caso concreto capaz de falsear a hipótese, tem-se a sua corroboração, que não excede o nível do provisório. De acordo com Popper, a hipótese mostra-se válida, pois superou todos os testes, mas não definitivamente confirmada, já que a qualquer momento poderá surgir um fato que a invalide.

O método hipotético-dedutivo goza de notável aceitação, sobretudo no campo das ciências naturais. Nos círculos neopositivistas chega mesmo a ser considerado como o único método rigorosamente lógico. Nas ciências sociais, entretanto, a utilização desse método mostra-se bastante crítica, pois nem sempre podem ser deduzidas consequências observadas das hipóteses. Proposições derivadas da Psicanálise ou do Materialismo Histórico, por exemplo, não apresentariam, de acordo com Popper, condições para serem falseadas.

2.2.4 Método dialético

O conceito de dialética é bastante antigo. Platão utilizou-o no sentido de arte do diálogo. Na Antiguidade e na Idade Média o termo era utilizado para significar simplesmente lógica. A concepção moderna de dialética, no entanto, fundamenta-se em Hegel. Para esse filósofo, a lógica e a história da humanidade seguem uma trajetória dialética, nas quais as contradições se transcendem, mas dão origem a novas contradições que passam a requerer solução.

A concepção hegeliana de dialética é de natureza idealista, ou seja, admite a hegemonia das ideias sobre a matéria. Essa concepção foi criticada por Karl Marx e Friedrich Engels, que "viraram a dialética de cabeça para baixo" e apresentaram-na em bases materialistas, ou seja, admitindo a hegemonia da matéria em relação às ideias.

O materialismo dialético pode, pois, ser entendido como um método de interpretação da realidade, que se fundamenta em três grandes princípios (Engels, 1974):

a) *A unidade dos opostos*. Todos os objetos e fenômenos apresentam aspectos contraditórios, que são organicamente unidos e constituem a indissolúvel unidade dos opostos. Os opostos não se apresentam simplesmente lado a lado, mas num estado constante de luta entre si. A luta dos opostos constitui a fonte do desenvolvimento da realidade.

b) *Quantidade e qualidade*. Quantidade e qualidade são características imanentes a todos os objetos e fenômenos e estão inter-relacionados. No processo de desenvolvimento, as mudanças quantitativas graduais geram mudanças qualitativas e essa transformação opera-se por saltos.

c) *Negação da negação*. A mudança nega o que é mudado e o resultado, por sua vez, é negado, mas esta segunda negação conduz a um desenvolvimento e não a um retorno ao que era antes.

A dialética fornece as bases para uma interpretação dinâmica e totalizante da realidade, já que estabelece que os fatos sociais não podem ser entendidos quando considerados isoladamente, abstraídos de suas influências políticas, econômicas, culturais etc. Por outro lado, como a dialética privilegia as mudanças qualitativas, opõe-se naturalmente a qualquer modo de pensar em que a ordem quantitativa se torne norma. Assim, as pesquisas fundamentadas no método dialético distinguem-se

Métodos das ciências sociais

bastante das pesquisas desenvolvidas segundo a ótica positivista, que enfatiza os procedimentos quantitativos.

2.2.5 Método fenomenológico

O método fenomenológico, tal como foi apresentado por Edmund Husserl (1859-1938), propõe-se a estabelecer uma base segura, liberta de proposições, para todas as ciências. Para Husserl, as certezas positivas que permeiam o discurso das ciências empíricas são "ingênuas". A suprema fonte de todas as afirmações racionais é a "consciência doadora originária". Daí a primeira e fundamental regra do método fenomenológico: "avançar para as próprias coisas". Por coisa entende-se simplesmente o dado, o fenômeno, aquilo que é visto diante da consciência. A fenomenologia não se preocupa, pois, com algo desconhecido que se encontre atrás do fenômeno; só visa ao dado, sem querer decidir se este dado é uma realidade ou uma aparência: haja o que houver, a coisa está aí (HUSSERL, 1986).

Nas pesquisas realizadas sob o enfoque fenomenológico, o pesquisador preocupa-se em mostrar e esclarecer o que é dado. Não procura explicar mediante leis, nem deduzir com base em princípios, mas considera imediatamente o que está presente na consciência dos sujeitos. O que interessa ao pesquisador não é o mundo que existe, nem o conceito subjetivo, nem uma atividade do sujeito, mas sim o modo como o conhecimento do mundo se dá, tem lugar, se realiza para cada pessoa. Interessa aquilo que é sabido, posto em dúvida, amado, odiado etc. (BOCHENSKI, 1968). O objeto de conhecimento para a Fenomenologia não é o sujeito nem o mundo, mas o mundo enquanto é vivido pelo sujeito.

O intento da fenomenologia é, pois, o de proporcionar uma descrição direta da experiência tal como ela é, sem nenhuma consideração acerca de sua gênese psicológica e das explicações causais que os especialistas podem dar. Para tanto, é necessário orientar-se ao que é dado diretamente à consciência, com a exclusão de tudo aquilo que pode modificá-la, como o subjetivo do pesquisador e o objetivo que não é dado realmente no fenômeno considerado.

Do ponto de vista fenomenológico, a realidade não é tida como algo objetivo e passível de ser explicado como um conhecimento que privilegia explicações em termos de causa e efeito. A realidade é entendida como o que emerge da intencionalidade da consciência voltada para o fenômeno. A realidade é o compreendido, o interpretado, o comunicado. Não existe, portanto, para a fenomenologia, uma única realidade, mas tantas quantas forem suas compreensões, interpretações e comunicações.

Em virtude da inexistência de planejamento rígido e da não utilização de técnicas estruturadas para coleta de dados, que caracterizam as pesquisas fenomenológicas, não há como deixar de admitir o peso da subjetividade na interpretação dos dados. Mas para Husserl, o abandono de pressupostos e julgamentos é condição fundamental para se fazer Fenomenologia. Por essa razão propôs a adoção da redução fenomenológica, que requer a suspensão das atitudes, crenças e teorias – a colocação "entre parênteses" do conhecimento das coisas do mundo exterior – a fim de concentrar-se exclusivamente na experiência em foco, no que essa realidade significa para a pessoa. Isto não significa que essas coisas deixam de existir, mas são desconsideradas temporariamente. Quando, pois, o pesquisador está consciente de seus preconceitos, ele minimiza as possibilidades de deformação da realidade que se dispõe a pesquisar.

A pesquisa fenomenológica parte do cotidiano, da compreensão do modo de viver das pessoas, e não de definições e conceitos, como ocorre nas pesquisas desenvolvidas segundo a abordagem positivista. Assim, a pesquisa desenvolvida sob o enfoque fenomenológico procura resgatar os significados atribuídos pelos sujeitos ao objeto que está sendo estudado. As técnicas de pesquisa mais utilizadas são, portanto, de natureza qualitativa e não estruturada.

2.3 Métodos que indicam os meios técnicos da investigação

Estes métodos têm por objetivo proporcionar ao investigador os meios técnicos para garantir a objetividade e a precisão no estudo dos fatos sociais. Mais especificamente, visam fornecer a orientação necessária à realização da pesquisa social, sobretudo no referente à obtenção, processamento e validação dos dados pertinentes à problemática que está sendo investigada.

Podem ser identificados vários métodos desta natureza nas ciências sociais. Nem sempre um método é adotado rigorosa ou exclusivamente numa investigação. Com frequência, dois ou mais métodos são combinados. Isto porque nem sempre um único método é suficiente para orientar todos os procedimentos a serem desenvolvidos ao longo da investigação.

Dentre esses métodos, os mais adotados nas ciências sociais são: o experimental, o observacional, o comparativo, o estatístico, o clínico e o monográfico. Alguns autores ampliam consideravelmente o elenco desses métodos, incluindo aí o método do questionário, da entrevista, dos testes e muitos outros. Essa postura implica considerar, também, como método os procedimentos específicos de coleta de dados. É certo que o contraste entre método e técnica é uma questão de grau e, consequentemente, a inclusão desses procedimentos numa ou noutra categoria decorre de razões de certa forma arbitrárias. A postura aqui adotada deve-se à conceituação de método, enquanto conjunto de procedimentos suficientemente gerais, para possibilitar o desenvolvimento de uma investigação científica ou de significativa parte dela.

2.3.1 Método experimental

O método experimental consiste essencialmente em submeter os objetos de estudo à influência de certas variáveis, em condições controladas e conhecidas pelo investigador, para observar os resultados que a variável produz no objeto. Não constitui exagero afirmar que boa parte dos conhecimentos obtidos nos últimos três séculos se deve ao emprego do método experimental, que pode ser considerado como o método por excelência das ciências naturais.

Métodos das ciências sociais

No capítulo anterior, já foi assinalado que as limitações da experimentação no campo das ciências sociais fazem com que este método só possa ser aplicado em poucos casos, tanto em virtude de considerações éticas quanto de natureza prática.

2.3.2 Método observacional

O método observacional é um dos mais utilizados nas ciências sociais e apresenta alguns aspectos curiosos. Por um lado, pode ser considerado como o mais primitivo e, consequentemente, o mais impreciso. Mas, por outro lado, pode ser tido como um dos mais modernos, visto ser o que possibilita o mais elevado grau de precisão nas ciências sociais. Tanto é que em Psicologia os procedimentos de observação são frequentemente estudados como próximos aos procedimentos experimentais. Nestes casos, o método observacional difere do experimental em apenas um aspecto: nos experimentos o cientista toma providências para que alguma coisa ocorra, a fim de observar o que se segue, ao passo que no estudo por observação apenas observa algo que acontece ou já aconteceu.

Há investigações em ciências sociais que se valem exclusivamente do método observacional. Outras utilizam-no em conjunto com outros métodos. E pode-se afirmar com muita segurança que qualquer investigação em ciências sociais deve valer-se, em mais de um momento, de procedimentos observacionais.

2.3.3 Método comparativo

O método comparativo procede pela investigação de indivíduos, classes, fenômenos ou fatos, com vistas a ressaltar as diferenças e similaridades entre eles. Sua ampla utilização nas ciências sociais deve-se ao fato de possibilitar o estudo comparativo de grandes grupamentos sociais, separados pelo espaço e pelo tempo. Assim é que podem ser realizados estudos comparando diferentes culturas ou sistemas políticos. Podem também ser efetivadas pesquisas envolvendo padrões de comportamento familiar ou religioso de épocas diferentes.

Algumas vezes, o método comparativo é visto como mais superficial em relação a outros. No entanto, há situações em que seus procedimentos são desenvolvidos mediante rigoroso controle e seus resultados proporcionam elevado grau de generalização. Os trabalhos de Piaget, no campo do desenvolvimento intelectual da criança, constituem importantes exemplos da utilização do método comparativo.

2.3.4 Método estatístico

Este método fundamenta-se na aplicação da teoria estatística da probabilidade e constitui importante auxílio para a investigação em ciências sociais. Há que se considerar, porém, que as explicações obtidas mediante a utilização do método estatístico não podem ser consideradas absolutamente verdadeiras, mas provavelmente verdadeiras.

Mediante a utilização de testes estatísticos, torna-se possível determinar, em termos numéricos, a probabilidade de acerto de determinada conclusão, bem como a margem de erro de um valor obtido. Portanto, o método estatístico passa a caracterizar-se por razoável grau de precisão, o que o torna bastante aceito por parte dos pesquisadores com preocupações de ordem quantitativa.

Os procedimentos estatísticos fornecem considerável reforço às conclusões obtidas, sobretudo mediante a experimentação e a observação. Tanto é que os conhecimentos obtidos em alguns setores da Psicologia e da economia devem-se, fundamentalmente, à utilização do método estatístico.

2.3.5 Método clínico

O método clínico apoia-se numa relação profunda entre pesquisador e pesquisado. É utilizado, principalmente, na pesquisa psicológica, onde os pesquisados são indivíduos que procuram o psicólogo ou o psiquiatra para obter ajuda.

O método clínico tornou-se um dos mais importantes na investigação psicológica, sobretudo depois dos trabalhos de Freud. Sua contribuição à Psicologia tem sido muito significativa, particularmente no que se refere ao estudo dos determinantes inconscientes do comportamento. Todavia, o pesquisador que adota o método clínico deve cercar-se de muitos cuidados ao propor generalizações, visto que esse método se apoia em casos individuais e envolve experiências subjetivas.

2.3.6 Método monográfico

O método monográfico parte do princípio de que o estudo de um caso em profundidade pode ser considerado representativo de muitos outros ou mesmo de todos os casos semelhantes. Esses casos podem ser indivíduos, instituições, grupos, comunidades etc.

2.4 Quadros de referência

Quadro de referência é um conceito que apresenta íntima relação com o conceito de teoria. Pode-se definir teoria como um sistema organizado de conceitos e princípios que explicam um conjunto de fenômenos. As teorias são muito importantes no processo de investigação em ciências sociais. Elas proporcionam a adequada definição de conceitos, bem como o estabelecimento de sistemas conceituais; indicam lacunas no conhecimento; auxiliam na construção de hipóteses; explicam, generalizam e sintetizam os conhecimentos e sugerem a metodologia apropriada para a investigação (TRUJILLO FERRARI, 1982, p. 119).

Boa parte das teorias desenvolvidas no âmbito das ciências sociais pode ser chamada de "teorias de médio alcance", já que desempenham papel limitado no campo da investigação científica. Algumas teorias, no entanto, encontram-se elaboradas de tal forma que ambicionam constituir-se como quadros de referência. Esses quadros de referência são mais amplos que as teorias, já que podem subordinar outras teorias e sugerir normas de procedimento científico. Alguns desses quadros de referência - ou "grandes teorias" - chegam mesmo a serem designados como métodos. É o caso

Métodos das ciências sociais

do funcionalismo, do estruturalismo, da "compreensão", do materialismo histórico e da etnometodologia.

2.4.1 Funcionalismo

O funcionalismo é uma corrente das ciências humanas que enfatiza as relações e o ajustamento entre os diversos componentes de uma cultura ou sociedade. Suas origens prendem-se aos positivistas Herbert Spencer (1820-1903) e Émile Durkheim (1858-1917), que procuraram estabelecer analogias entre as formas de organização cultural e social e organismos vivos. A consolidação do funcionalismo como método de investigação social deve-se, entretanto, a Bronislaw Malinowski (1884-1942). O raciocínio básico do funcionalismo para esse antropólogo é que, se os homens têm necessidades contínuas como uma consequência de sua composição biológica e psíquica; então essas necessidades irão requerer formações sociais que efetivamente as satisfaçam. Daí por que o enfoque funcionalista leva a admitir que toda atividade social e cultural é funcional ou desempenha funções e é indispensável. O antropólogo Radcliffe-Brown (1881-1955), por sua vez, introduziu no funcionalismo a noção de estrutura. Para ele, a função de toda atividade recorrente é seu papel na vida social e sua contribuição social para sustentar as estruturas.

O funcionalismo exerceu e continua exercendo significativamente influência na pesquisa social, sendo inúmeros os trabalhos desenvolvidos segundo esse enfoque, inclusive no Brasil. Todavia, em alguns meios, o funcionalismo sofre restrições, em virtude de estar identificado, em suas origens, com ideologias conservadoras.

2.4.2 Estruturalismo

O termo *estruturalismo* é utilizado para designar as correntes de pensamento que recorrem à noção de estrutura para explicar a realidade em todos os seus níveis. O estruturalismo parte do pressuposto de que cada sistema é um jogo de oposições, presenças e ausências, constituindo uma estrutura, onde o todo e as partes são interdependentes, de tal forma que as modificações que ocorrem num dos elementos constituintes implicam a modificação de cada um dos outros e do próprio conjunto.

Embora, ao longo do desenvolvimento das ciências sociais, diversas correntes de pensamento tenham sido designadas como estruturalistas, este termo aplica-se hoje particularmente para identificar as correntes de pensamento que têm suas bases conceituais nos estudos do linguista Ferdinand Saussure (1857-1913) e do antropólogo Claude Lèvi-Strauss (1908-2009).

Para que um modelo científico possa, de acordo com Lèvi-Strauss (1967), merecer o nome de "estrutura" deve satisfazer a quatro condições:

a) O modelo deve oferecer um caráter de sistema, isto é, consistir em elementos tais que qualquer modificação num de seus elementos acarrete modificação em todos os outros.

b) Todo modelo deve pertencer a um grupo de transformações, cada uma das quais correspondendo a um modelo da mesma família, de modo que o conjunto dessas transformações constitua um grupo de modelos.

c) As propriedades exigidas por essas duas condições devem permitir prever de que modo reagirá o modelo, em caso de modificação de um dos elementos.

d) É necessário que o modelo seja construído de tal modo que seu funcionamento possa explicar todos os fatos observados.

A investigação estruturalista, tal como a concebe Lèvi-Strauss, propõe como regra principal de observação que os fatos devem ser observados e descritos, sem permitir que os preconceitos teóricos alterem sua natureza e sua importância. Isso implica estudar os fatos em si mesmos e em relação com o conjunto. Por outro lado, exige o estudo imanente das conexões essenciais das estruturas independentemente de sua gênese ou de suas relações com o que é exterior a elas. Esse estudo imanente de um objeto implica a descrição do sistema em termos estritamente relacionais; onde a experiência comum só reconhece coisas, a análise estrutural descreverá redes de relações. Essas redes de relações, por sua vez, constituem os sistemas: sistemas de parentesco e de filiação, sistema de comunicação linguística, sistema de troca econômica etc.

Em suma, de acordo com o estruturalismo, parte-se da investigação de um fenômeno concreto, atingindo o nível do abstrato pela representação de um modelo representativo do objeto de estudo para, finalmente, retornar ao concreto como uma realidade estruturada.

Importante variante do estruturalismo é o estruturalismo genético ou construtivista, assim definido por Pierre Bourdieu (2007). Seguindo a tradição de Saussure e Lèvi-Strauss, Bourdieu admite a existência de estruturas objetivas, independentes da consciência e da vontade dos agentes, que são capazes de coagir suas ações e representações. Mas deles difere, ao sustentar que essas estruturas são construídas socialmente, assim como os esquemas de ação e de pensamento. Esses esquemas são definidos como *habitus*, ou seja, como um sistema que, integrando todas as experiências passadas, funciona a cada momento como uma matriz de percepções, apreciações e ações. O *habitus* é, pois, inerente a cada ator social e está associado à condição de pertença a determinada classe social e tende a se ajustar sempre que houver mobilidade.

2.4.3 "Compreensão"

Max Weber (1864-1920) opõe-se à utilização dos métodos das ciências naturais no estudo da sociedade, propondo em seu lugar a apreensão empática do sentido finalista de uma ação, parcial ou inteiramente oriunda de motivações irracionais. Este procedimento a que ele chama de "compreensão" (*verstehen*) envolve uma reconstrução no sentido subjetivo original da ação e o reconhecimento da parcialidade da visão do observador.

A ideia básica da Sociologia de Weber é a da ação, em que, segundo sua famosa definição, "está incluído todo o comportamento humano à medida que o ator lhe atribui significado subjetivo" (WEBER, 1969, p. 110). A compreensão, por sua vez,

Métodos das ciências sociais

refere-se ao sentido visado subjetivamente por atores, no curso de uma atividade concreta.

Weber distingue, ainda, entre compreensão atual e compreensão explicativa. Compreende-se pela primeira maneira, por exemplo, o sentido do comportamento de um caçador que aponta sua espingarda. Compreende-se pela segunda maneira, por exemplo, o sentido do comportamento do caçador que se entrega a esse esporte por motivo de saúde. Ambas as formas de compreensão podem ser racionais ou irracionais. É racional, por exemplo, a compreensão do sentido de uma operação aritmética ou do comportamento de um caçador que dispara contra uma caça. É irracional, por exemplo, a compreensão dos motivos de uma pessoa que se vale de uma espingarda com o objetivo de se vingar. Entretanto, todas essas formas de compreensão implicam captar a evidência do sentido de uma atividade.

Para Weber, é importante que os cientistas sociais apreendam o mundo social sem eliminarem a integridade subjetiva dos atores que atribuem significado. Para tanto, Weber (1949, p. 90) desenvolve a noção do "tipo ideal" que:

> é formado pela acentuação unilateral de um ou mais pontos de vista e pela síntese de um grande número de fenômenos concretos individuais, difusos, discretos, mais ou menos presentes e ocasionalmente ausentes, os quais são organizados de acordo com os pontos de vista unilateralmente acentuados numa construção analítica acentuada. Em sua pureza conceitual, essa construção mental não pode ser encontrada em parte alguma da realidade.

Esses "tipos ideais" contêm os caracteres empíricos essenciais do fenômeno concreto e podem ser utilizados como instrumentos científicos na ordenação sociológica da realidade. Assim, o próprio Weber, ao analisar a legitimidade, estabelece três "tipos ideais". O primeiro é o "domínio legal", de caráter racional, que tem por fundamento a crença na validade dos regulamentos estabelecidos racionalmente e na legitimidade dos chefes designados nos termos da lei. O segundo é o "domínio tradicional", fundamentado na crença da sacralidade das tradições e na legitimidade dos que assumem o poder em função do costume. O terceiro é o "domínio carismático", que se baseia no abandono dos membros ao valor pessoal de um homem que se distingue por sua santidade ou heroísmo.

Esses "tipos ideais" representam um fator de inteligibilidade dos fenômenos. Se algum pesquisador em determinada sociedade desejar estudar a legitimação da autoridade, poderá valer-se dos três "tipos ideais" definidos por Weber como um recurso para a descrição da realidade empírica.

2.4.4 Materialismo histórico

O materialismo histórico fundamenta-se no método dialético e suas bases foram também definidas por Marx e Engels (2007). Para o materialismo histórico, a produção e o intercâmbio de seus produtos constituem a base de toda a ordem social. As causas últimas de todas as modificações sociais e das subversões políticas devem ser procuradas não na cabeça dos homens, mas na transformação dos modos de produção e de seus intercâmbios.

Para Marx e Engels, a estrutura econômica (ou infraestrutura) é a base sobre a qual se ergue uma superestrutura jurídica e política, à qual correspondem determinadas formas de consciência social ou ideológica. O modo de produção da vida material é, portanto, o que determina o processo social, político e espiritual. Cabe ressaltar, entretanto, que essa relação infraestrutura/superestrutura deve ser entendida dialeticamente. Não é uma relação mecânica nem imediata, mas se constitui como um todo orgânico, cujo determinante é em última instância a estrutura econômica.

Quando, pois, um pesquisador adota o quadro de referência do materialismo histórico, passa a enfatizar a dimensão histórica dos processos sociais. A partir da identificação do modo de produção em determinada sociedade e de sua relação com as superestruturas (políticas, jurídicas etc.) é que ele procede à interpretação dos fenômenos observados.

2.4.5 Interacionismo simbólico

O interacionismo simbólico origina-se dos trabalhos desenvolvidos por George Herbert Mead (1863-1931) e Charles H. Cooley (1864-1929). Para os interacionistas, a sociedade é constituída de pessoas que atuam em relação às outras pessoas e aos objetos em seu ambiente com base nos significados que essas pessoas e objetos têm para aquelas. Esses significados, por sua vez, surgem da interação que cada pessoa tem com as outras e são estabelecidos e modificados mediante um processo interpretativo (BLUMER, 1980).

Esta perspectiva é designada simbólica porque os interacionistas atribuem peso significativo aos símbolos no processo de comunicação humana. Assim, a análise interacionista procura relacionar símbolos e interação, ou seja, verificar como os significados surgem no contexto do comportamento. Procura também tomar o ponto de vista dos indivíduos, ou seja, sua interpretação da realidade. E também examinar como os símbolos variam em relação ao tempo e ao ambiente.

Do ponto de vista metodológico, o interacionismo enfatiza que os símbolos e a interação devem ser os principais elementos a serem considerados na investigação social. E como os símbolos e significados são forjados pelos atores sociais, requer-se o conhecimento da natureza reflexiva dos sujeitos. Dessa forma, o interacionismo simbólico pode ser concebido como uma abordagem microssociológica, que tende mais a focar as relações interpessoais do que a sociedade como um todo.

2.4.6 Etnometodologia

A etnometodologia foi definida por Harold Garfinkel (1917-2011) como a ciência dos "etnométodos", ou seja, procedimentos que constituem o raciocínio sociológico prático. Trata-se, pois, de uma tentativa de analisar os procedimentos que os indivíduos utilizam para levar a termo as diferentes operações que realizam em sua vida cotidiana, tais como comunicar-se, tomar decisões e raciocinar.

Métodos das ciências sociais

A etnometodologia mostra fortes influências da fenomenologia, já que analisa as crenças e os comportamentos do senso comum como os constituintes necessários de todo comportamento socialmente organizado. Por isso, os etnometodólogos têm a pretensão de estar mais perto das realidades correntes da vida social que os outros cientistas sociais. Eles admitem que é necessária uma volta à experiência, o que exige a modificação dos métodos e técnicas de coleta de dados, bem como de reconstrução teórica. Assim, rejeitam as hipóteses tradicionais da Sociologia sobre a realidade social e trabalham com a hipótese de que os fenômenos cotidianos se deformam quando examinados por meio da "grade de descrição científica" (COULON, 1995).

Exercícios e trabalhos práticos

1. Colete diferentes definições de método científico e faça uma análise comparativa.
2. Formule problemas de pesquisa social que possam ser pesquisados mediante a utilização do método experimental.
3. Analise relatórios de pesquisa e procure identificar os métodos utilizados em seu desenvolvimento.
4. Critique a afirmação de Poincaré: "A sociologia é a ciência que possui mais métodos e menos resultados".
5. Procure obras que tratam dos fundamentos das ciências sociais e verifique como seus autores consideram as perspectivas positivista, funcionalista e dialética.

3
PESQUISA SOCIAL

Pesquisa é o processo formal e sistemático de desenvolvimento do método científico. Seu objetivo é descobrir respostas para problemas mediante o emprego de procedimentos científicos. Assim, pesquisa social é o conjunto de procedimentos que visa, mediante a utilização de métodos científicos, a obtenção de novos conhecimentos no campo da realidade social.

A realidade social é entendida aqui em sentido bastante amplo, envolvendo todos os aspectos relativos ao homem em seus múltiplos relacionamentos com outros homens e instituições sociais. Assim, o conceito de pesquisa adotado aplica-se às investigações realizadas no âmbito das mais diversas ciências sociais, incluindo Sociologia, Antropologia, Ciência Política, Psicologia, Economia etc.

Este capítulo refere-se à pesquisa social. Após estudá-lo cuidadosamente, você será capaz de:

- Reconhecer as finalidades da pesquisa social.
- Classificar as pesquisas segundo seus objetivos mais gerais.
- Discutir os papéis do pesquisador na construção da pesquisa social.
- Identificar as etapas do processo de pesquisa.

3.1 Finalidades da pesquisa

A pesquisa social pode decorrer de razões de ordem intelectual, quando baseadas no desejo de conhecer pela simples satisfação de conhecer, e de ordem prática, quando voltadas a alguma aplicação de ordem prática. Daí por que se pode falar em pesquisa pura e em pesquisa aplicada.

A pesquisa pura busca o progresso da ciência, procura desenvolver os conhecimentos científicos sem a preocupação direta com suas aplicações e consequências práticas. Seu desenvolvimento tende a ser bastante formalizado e objetiva a generalização, com vistas na construção de teorias e leis.

A pesquisa aplicada, por sua vez, apresenta muitos pontos de contato com a pesquisa pura, pois depende de suas descobertas e se enriquece com o seu desenvolvimento; todavia, tem como característica fundamental o interesse na aplicação, utilização e consequências práticas dos conhecimentos. Sua preocupação está menos voltada para o desenvolvimento de teorias de valor universal que para a aplicação imediata numa realidade circunstancial. De modo geral, é este o tipo de pesquisa a que mais se dedicam profissionalmente os psicólogos, sociólogos, economistas, assistentes sociais e outros pesquisadores sociais.

3.2 Níveis de pesquisa

Cada pesquisa social tem um objetivo específico. Contudo, é possível agrupar as mais diversas pesquisas em certo número de grupamentos amplos. Assim, Duverger (1962) distingue três níveis de pesquisa: descrição, classificação e explicação. Selltiz et al. (1967) classificam as pesquisas em três grupos: estudos exploratórios, estudos descritivos e estudos que verificam hipóteses causais. Esta última é a classificação mais adotada na atualidade e também o será aqui, com uma alteração de nomenclatura: as pesquisas do último grupo serão denominadas explicativas.

3.2.1 Pesquisas exploratórias

As pesquisas exploratórias têm como principal finalidade desenvolver, esclarecer e modificar conceitos e ideias, tendo em vista a formulação de problemas mais precisos ou hipóteses a serem testadas em estudos posteriores. De todos os tipos de pesquisa, estas são as que apresentam menor rigidez no planejamento. Habitualmente envolvem levantamento bibliográfico e documental, entrevistas não padronizadas e análises de casos. Procedimentos de amostragem e técnicas quantitativas de coleta de dados não são costumeiramente aplicados nestas pesquisas.

Pesquisas exploratórias são desenvolvidas com o objetivo de proporcionar visão geral, de tipo aproximativo, acerca de determinado fato. Este tipo de pesquisa é realizado especialmente quando o tema escolhido é pouco explorado e torna-se difícil formular hipóteses precisas e operacionalizáveis sobre ele.

Muitas vezes as pesquisas exploratórias constituem a primeira etapa de uma investigação mais ampla. Quando o tema escolhido é bastante genérico, torna-se necessário seu esclarecimento e delimitação, o que exige revisão da literatura, discussão com especialistas e outros procedimentos. O produto final deste processo passa a ser um problema mais esclarecido, passível de investigação mediante procedimentos mais sistematizados.

3.2.2 Pesquisas descritivas

As pesquisas deste tipo têm como objetivo primordial a descrição das características de determinada população ou fenômeno ou o estabelecimento de relações entre variáveis. São inúmeros os estudos que podem ser classificados sob este título e uma de suas características mais significativas está na utilização de técnicas padronizadas de coleta de dados.

Dentre as pesquisas descritivas salientam-se aquelas que têm por objetivo estudar as características de um grupo: sua distribuição por idade, sexo, procedência, nível de escolaridade, nível de renda, estado de saúde física e mental etc. Outras pesquisas deste tipo são as que se propõem estudar o nível de atendimento dos órgãos públicos de uma comunidade, as condições de habitação de seus habitantes, o índice de criminalidade que aí se registra etc. São incluídas neste grupo as pesquisas que têm por objetivo levantar as opiniões, atitudes e crenças de uma população. Também são pesquisas descritivas aquelas que visam descobrir a existência de associações entre variáveis, como as pesquisas eleitorais que indicam a relação entre preferência político-partidária e nível de rendimentos ou de escolaridade.

Algumas pesquisas descritivas vão além da simples identificação da existência de relações entre variáveis, pretendendo determinar a natureza dessa relação. Neste caso, tem-se uma pesquisa descritiva que se aproxima da explicativa. Por outro lado, há pesquisas que, embora definidas como descritivas a partir de seus objetivos, acabam servindo mais para proporcionar uma nova visão do problema, o que as aproxima das pesquisas exploratórias.

As pesquisas descritivas são, juntamente com as exploratórias, as que habitualmente realizam os pesquisadores sociais preocupados com a atuação prática. São também as mais solicitadas por organizações como instituições educacionais, empresas comerciais, partidos políticos etc.

3.2.3 Pesquisas explicativas

São aquelas pesquisas que têm como preocupação central identificar os fatores que determinam ou que contribuem para a ocorrência dos fenômenos. Este é o tipo de pesquisa que mais aprofunda o conhecimento da realidade, porque explica a razão, o porquê das coisas. Por isso mesmo é considerado o tipo mais complexo, já que o risco de cometer erros aumenta consideravelmente.

Pode-se dizer que o conhecimento científico está assentado nos resultados oferecidos pelos estudos explicativos. Isso não significa, porém, que as pesquisas exploratórias e descritivas tenham menos valor, porque quase sempre constituem etapa prévia indispensável para que se possam obter explicações científicas. Uma pesquisa explicativa pode ser a continuação de outra descritiva, posto que a identificação dos fatores que determinam um fenômeno exige que este esteja suficientemente descrito e detalhado.

As pesquisas explicativas nas ciências naturais valem-se principalmente do método experimental. Nas ciências sociais, em virtude das dificuldades já comentadas, recorre-se a outros métodos, sobretudo ao observacional. Nem sempre se torna possível a realização de pesquisas rigidamente explicativas em ciências sociais, mas em algumas áreas, sobretudo da Psicologia, as pesquisas revestem-se de elevado grau de controle, chegando mesmo a ser designadas "quase experimentais".

3.3 Etapas da pesquisa

As pesquisas sociais, tanto por seus objetivos, quanto pelos procedimentos que envolvem, são muito diferentes entre si. Por essa razão, torna-se impossível apresentar um esquema que indique todos os passos do processo de pesquisa. Há consenso, no entanto, que a pesquisa é um processo que envolve quatro grandes etapas: planejamento, coleta de dados, análise e interpretação e redação do relatório.

3.3.1 Planejamento

Como muitas outras atividades, a pesquisa, para que possa ser racionalmente executada, requer planejamento, ou seja, o estabelecimento de um plano para otimizar o alcance de seus objetivos. O planejamento consiste, pois, na previsão das ações necessárias para se atingir os objetivos da pesquisa com vistas à provisão dos meios requeridos para sua efetivação. Assim, pode-se afirmar que o planejamento da pesquisa busca fornecer respostas a cinco indagações: "o que pesquisar?", "como pesquisar?", "quando pesquisar?", "onde pesquisar?" e "por que pesquisar?".

As respostas a essas indagações referem-se, portanto: 1) à definição do problema e dos objetivos da pesquisa, 2) à determinação dos métodos que serão utilizados, 3) à delimitação espacial, 4) à delimitação temporal e 5) à justificativa de sua realização.

3.3.2 Coleta de dados

Os dados requeridos pela pesquisa são obtidos em diferentes naturezas. Podem ser dados de campo, ou seja, obtidos no local em que os fenômenos ocorrem espontaneamente, mediante procedimentos como observação, aplicação de questionários e entrevistas. Podem ser obtidos em laboratório, ou seja, em local em que os fenômenos ocorrem de maneira controlada. Nesse caso, os dados são obtidos mediante procedimentos experimentais; o que não é muito frequente em pesquisas sociais. Os dados também podem ser obtidos mediante consulta a arquivos, análise de documentos ou análise de artefatos físicos, já que documento, em acepção ampla, corresponde a qualquer suporte material que incorpora algum tipo de informação. Podem, ainda, ser de natureza bibliográfica, quando são obtidos mediante textos elaborados com a finalidade explícita de serem lidos. São, pois, dados obtidos mediante a leitura de livros, artigos de periódicos, anais de eventos e impressos diversos.

3.3.3 Análise e interpretação dos dados

Os dados obtidos, para que tenham significado, precisam passar pelo processo de análise e interpretação. Precisam ser tabulados, resumidos, organizados e apresentados em tabelas, gráficos ou diagramas. Tem-se, assim, a análise dos dados. Mas esses dados precisam também ser interpretados. Uma das formas de se proceder à análise consiste no cotejo dos dados obtidos na pesquisa com outros dados, que podem ser de arquivo ou obtidos em pesquisas realizadas anteriormente. A interpretação também pode ser feita mediante a análise dos dados obtidos à luz de alguma teoria. É o que torna a interpretação mais rica, pois um dos mais importantes papéis da teoria na pesquisa é o de conferir maior significância aos dados.

3.3.4 Redação do relatório

A pesquisa se conclui com a redação do relatório, que é o documento que esclarece acerca da maneira como a pesquisa foi concebida, como seu projeto foi executado, como os dados foram obtidos e como foram analisados e interpretados. Constitui documento fundamental para a comunicação dos resultados da pesquisa. Para sua elaboração deverão ser consideradas tanto as implicações relativas à estrutura e ao estilo do texto quanto as normas referentes aos aspectos gráficos do relatório. Importante é, pois, a observação das normas da ABNT, notadamente as relacionadas com a organização do texto, as citações e as referências.

3.4 Envolvimento do pesquisador na pesquisa

Pesquisa social é uma construção humana. Seus resultados, consequentemente, não são indiferentes nem à forma de obtenção nem à maneira como o pesquisador concebe o mundo, o homem e a ciência. Daí a existência de diferentes modelos de pesquisa segundo o grau de envolvimento do pesquisador.

3.4.1 Modelo clássico de pesquisa

O estabelecimento de regras acerca do proceder científico tem sido bastante influenciado pela orientação positivista, que preconiza a utilização de procedimentos rigorosamente empíricos com vistas na obtenção de um máximo de objetividade na pesquisa. Assim, Durkheim (1973, p. 378) estabelece como a primeira regra do método sociológico "Tratar dos fatos sociais como coisas". Skinner recomenda aos pesquisadores uma atitude de absoluta neutralidade em relação ao fenômeno pesquisado. Para ele, a ciência "é uma disposição para aceitar fatos, mesmo quando eles se opõem aos desejos" (SKINNER, 1953, p. 53).

A objetividade, entretanto, não é facilmente obtida por causa de sua sutileza e implicações complexas. Todo conhecimento do mundo é afetado pelas predisposições dos observadores. Quanto mais as observações se afastam da realidade física, maiores as possibilidades de distorção. Quando um biólogo lida com bactérias, por exemplo, há poucas possibilidades de distorção, porque seus pontos de vista e inclinações pessoais dificilmente interferirão no estudo. Mas quando os cientistas tratam de temas como personalidade, criatividade, autoritarismo ou classe social, as possibilidades de distorção aumentam consideravelmente.

Com o objetivo de evitar o problema da subjetividade, autores de orientação positivista sugerem que a investigação dos fenômenos sociais se restrinja àquilo que possa ser efetivamente observado. Assim, Skinner (1953, p. 13) indica que é "melhor ficar sem resposta do que aceitar uma resposta inadequada".

Essa postura positivista de estudar os fenômenos sociais da mesma forma similar aos fenômenos naturais tem muitos adeptos. A separação rígida entre os sistemas de valores do cientista e os fatos sociais enquanto objeto de análise é proposta por inúmeros metodólogos. Alegam em favor dessa postura que as ciências sociais devem ser neutras, apolíticas e descomprometidas. Nesse sentido, a maioria dos manuais clássicos de pesquisa social propõe o máximo distanciamento entre o pesquisador e o objeto pesquisado.

3.4.2 Modelos alternativos de pesquisa

Muitas críticas têm sido feitas ao modelo clássico de pesquisa empírica. Habermas (1971) afirma que os empiristas são marcados pela "ilusão objetivista", ao admitirem que, pela observação direta dos fatos, seja possível chegar às evidências imediatas, sem o auxílio de qualquer elemento subjetivo ou da ação consciente de sujeitos ativos. Marcuse (1968, p. 46), por sua vez, afirma que a realidade é uma coisa muito mais rica do que aquilo que está codificado na lógica dos fatos e que, para se compreender como as coisas verdadeiramente são, torna-se necessário recusar sua simples facticidade.

As críticas aos procedimentos clássicos de pesquisa têm sido motivadas por motivos de ordem prática ou ideológica. As primeiras ressaltam os vultosos custos da pesquisa e os comparam com seus resultados, nem sempre significativos. Alegam os críticos que a pesquisa rigorosa, a despeito de exigir a utilização de amplos recursos humanos, materiais e financeiros, não conduz a resultados de qualidade muito superior à obtida pelo senso comum. Lembram também que muitas dessas pesquisas, por envolverem exaustivas tarefas de planejamento, coleta de dados, análise e interpretação, só tornam possível a comunicação de seus resultados após decorrido razoável período de tempo a contar de seu início.

As críticas mais veementes contra as pesquisas rigorosamente empíricas têm sido, entretanto, determinadas por motivos de ordem ideológica. Os argumentos mais fortes têm sido os que identificam a pesquisa social empírica como formas de controle social. Nesse sentido, segundo Habermas (1971, p. 8), por trás dos métodos empíricos analíticos existe um interesse cognitivo – o do controle instrumental – que "prejulga o significado de determinados conceitos, interferindo, assim, não só na construção das teorias, como também na maneira como elas são tratadas". Oliveira e Oliveira (1983, p. 22) afirmam que "os cientistas sociais contribuíram para a implantação gradual de toda uma série de instituições de controle social – desde a escola até o asilo psiquiátrico e a prisão – cuja finalidade é modelar o comportamento de todos pelos padrões de normalidade definidos pelos donos do poder".

Com a finalidade de possibilitar a obtenção de resultados socialmente mais relevantes, alguns modelos alternativos de pesquisa vêm sendo propostos, sendo a "pesquisa-ação" e a "pesquisa participante" os mais divulgados.

A pesquisa-ação, segundo a definição de Thiollent (1985, p. 14) é

> "... um tipo de pesquisa social com base empírica que é concebida e realizada em estreita associação com uma ação ou com a resolução de um problema coletivo e no qual os pesquisadores e os participantes representativos da situação ou do problema estão envolvidos do modo cooperativo ou participativo."

A pesquisa participante, de acordo com Fals Borda (1983, p. 43) é a pesquisa

> "... que responde especialmente às necessidades de populações que compreendem operários, camponeses, agricultores e índios – as classes mais carentes nas estruturas sociais contemporâneas – levando em conta suas aspirações e potencialidades de conhecer e agir. É a metodologia que procura incentivar o desenvolvimento autônomo (autoconfiante) a partir das bases e uma relativa independência do exterior."

Tanto a pesquisa-ação quanto a pesquisa participante caracterizam-se pelo envolvimento dos pesquisadores e dos pesquisados no processo de pesquisa. O que tem levado autores vinculados ao paradigma positivista a rejeitá-las como pesquisas rigorosamente científicas, argumentando que nelas a rigorosa objetividade deixa de ser observada. Nesse sentido, os teóricos da pesquisa-ação propõem sua substituição pela "relatividade observacional" (THIOLLENT, 2005, p. 98), segundo a qual a realidade não é fixa e o observador e seus instrumentos desempenham papel ativo na coleta, análise e interpretação dos dados. Esses teóricos associam a pesquisa-ação – e também a pesquisa participante ao paradigma dialético, que trata a questão da objetividade de maneira diversa do positivismo. A dialética procura captar os fenômenos históricos, caracterizados pelo constante devir. Privilegia, pois, o lado conflituoso da realidade social. Assim, o relacionamento entre o pesquisador e pesquisado não se dá como mera observação do primeiro pelo segundo, mas ambos "acabam se identificando, sobretudo quando os objetos são sujeitos sociais também, o que permite desfazer a ideia de objeto que caberia somente em ciências naturais" (DEMO, 1984, p. 115).

O envolvimento do pesquisador também ocorre nas pesquisas denominadas qualitativas (narrativa, fenomenológica, etnográfica, teoria fundamentada etc.). São pesquisas que se orientam pelo paradigma interpretativista, que concebe a realidade como uma construção que se dá pela interação entre as pessoas e o mundo.

Assim, pode-se dizer que de acordo com esse paradigma, o conhecimento acerca da realidade é construído por meio da interação entre as pessoas e o mundo em que vivemos. Não existiria, portanto, uma realidade objetiva a ser descoberta por pesquisadores – como estabelece o positivismo – e nossas teorias acerca da realidade seriam sempre artifícios para conferir significado ao mundo vivido.

Também nas pesquisas que adotam o enfoque interpretativista – as pesquisas qualitativas – os pesquisadores procuram chegar o mais próximo possível dos participantes que estão sendo estudados. Dessa forma, o saber passa a ser conhecido por meio de experiências subjetivas de pessoas. Mesmo porque essas pesquisas são conduzidas no "campo", ou seja, onde os participantes vivem e trabalham. Os pesquisadores deliberadamente procuram minimizar a distância entre eles e os participantes (CRESWELL, 2014).

Exercícios e trabalhos práticos

1. Indique razões de ordem prática para a realização de pesquisas sobre: religiosidade, agressividade, preconceito racial e motivação no trabalho.
2. Analise a expressão: "Pesquisas descritivas referem-se ao **quê** e explicativas ao **porquê**".
3. Analise as implicações na pesquisa da regra definida por Durkheim: "Tratar os fatos sociais como coisas".
4. Estabeleça relações entre o método dialético e a pesquisa-participante, sobretudo no que se refere ao papel do pesquisador.
5. Analise alguns relatórios de pesquisa. Procure classificá-los em exploratórios, descritivos e explicativos.

4

ÉTICA NA PESQUISA SOCIAL

Ética é um termo derivado do grego *ethos*, que tem o significado de caráter ou modo de ser. Designa o conjunto de valores morais e princípios que norteiam a conduta humana na sociedade. Refere-se, portanto, a um conceito de natureza essencialmente filosófico. Mas é frequentemente utilizado com um sentido mais prático, referindo-se a situações do dia a dia, notadamente ao comportamento de profissionais, como médicos, advogados, jornalistas. Também é utilizado para referir-se à conduta de pesquisadores nas múltiplas etapas do processo de pesquisa.

Espera-se dos pesquisadores que seu comportamento seja pautado por princípios éticos. É graças à observância desses princípios que se procura evitar que as ações desenvolvidas na pesquisa não sejam danosas para os seres humanos que dela participam. Também é a observância desses princípios que orienta os pesquisadores na busca do conhecimento verdadeiro, inibindo tentativas de falsificação de dados. São, ainda, esses princípios que incentivam a criação de um ambiente de confiança e respeito mútuo entre os pesquisadores, favorecendo a produção coletiva de conhecimento.

Considerando relevância da Ética, elaborou-se o presente capítulo, que é dedicado às principais questões éticas que envolvem a pesquisa social. Após estudá-lo cuidadosamente, você será capaz de:

- Reconhecer a importância das considerações éticas na pesquisa social.
- Descrever as principais questões éticas na pesquisa social.
- Identificar alternativas para superação de questões éticas na condução das pesquisas.
- Reconhecer situações que requerem a submissão de projetos a comitês de ética em pesquisa.

4.1 Participação voluntária

A coleta de dados na pesquisa social caracteriza-se não raro por uma intrusão na vida das pessoas. Os participantes são solicitados, frequentemente, em sua própria residência, a fornecer uma série de informações, a uma pessoa que não conhecem, acerca de um assunto que aparentemente não lhe diz respeito. É provável até mesmo que algumas dessas informações sejam de caráter bastante pessoal e que nem mesmo tenham sido compartilhadas com pessoas de seu círculo familiar.

Considerando esse caráter intrusivo da pesquisa, é preciso garantir que os participantes de um projeto de pesquisa estejam cientes de que sua participação é voluntária e que eles têm a liberdade de se retirar do estudo a qualquer momento, sem prejuízo algum. Assim, se um dirigente de empresa ou um professor solicitar aos seus empregados ou aos seus alunos que preencham um questionário, precisa informar que sua participação é voluntária e que, portanto, os empregados ou os alunos não precisam temer que sua não participação possa prejudicar sua vida funcional ou acadêmica.

Embora a participação voluntária constitua uma exigência ética, o pesquisador precisa estar consciente de que quando um sujeito selecionado para compor a amostra nega-se a participar, os resultados da pesquisas poderão ficar comprometidos. De fato, se muitos dos sujeitos se negarem a participar da pesquisa, os resultados obtidos provavelmente não serão adequados para expressar com fidelidade as características da população que se desejava conhecer.

4.2 Danos aos participantes

Um importante princípio ético é o da beneficência (BEAUCHAMP; CHILDRESS, 2002), que estabelece que devemos fazer o bem aos outros, independentemente de desejá-lo ou não. Dele deriva outro princípio – o da não maleficência, que propõe a obrigação de não infligir dano intencional aos outros. Esses dois princípios são reconhecidos como dos mais fundamentais no campo da saúde, pois orientam os profissionais a fazerem o maior bem possível aos pacientes e evitar todo e qualquer mal.

Transpostos para o campo da pesquisa social, esses dois princípios estabelecem que não pode haver danos aos participantes, independentemente de sua aceitação para participar voluntariamente da pesquisa. É pouco provável que nas pesquisas sociais diferentemente do que ocorre nas pesquisas em saúde – os participantes estejam sujeitos a danos à sua saúde física. Mas é evidente que ao longo de seu curso poderão estar sujeitos a danos psicológicos. Os participantes poderão ser solicitados a fornecer informações acerca de comportamentos reconhecidos como socialmente indesejáveis. Também podem ser solicitados a manifestar que consideram impopulares ou a revelar características pessoais que lhes provocam desconforto, tais como baixos rendimentos, condições precárias de habitação e ocupação de baixo *status* social (BABBIE, 2017).

Um exemplo já clássico de danos provocados em participantes de pesquisa social é o da pesquisa conduzida em 1971 pelo psicólogo Philip Zimbardo, conhecida como Experimento da Prisão de Stanford. A experiência consistiu na simulação de uma prisão em que foram atribuídos papéis de guardas prisionais e de prisioneiros a estudantes voluntários, visando estudar os efeitos psicológicos da vida numa prisão.

Previa-se que o experimento tivesse a duração de quinze dias e que cada participante poderia se afastar do estudo a qualquer momento. O experimento, no entanto, foi interrompido ao fim do sexto dia, porque os participantes começaram a vivenciar seus papéis com tamanha intensidade a ponto de confundir a representação com a realidade vivida e a identificar-se com os personagens que representavam. Alguns estudantes que desempenhavam o papel de guardas tornaram-se violentos, passaram a abusar da autoridade e a humilhar os estudantes que desempenhavam o papel de prisioneiros (HANEY; BANKS; ZIMBARDO, 1973).

Evidentemente, qualquer pesquisa social envolve algum risco de ferir os participantes. Se, pois, a condução de um projeto de pesquisa tornar provável a ocorrência de efeitos desagradáveis para os participantes, o pesquisador precisa justificar firmemente as razões para fazê-lo. Será necessário demonstrar que os benefícios produzidos pela pesquisa compensem eventuais injúrias aos participantes.

Tanto a questão dos danos aos participantes quanto a da participação voluntária na pesquisa remetem ao conceito de consentimento informado, segundo o qual a participação dos sujeitos da pesquisa deve ocorrer de forma voluntária e com a adequada compreensão dos riscos envolvidos. Daí a exigência do Termo de Consentimento Livre e Esclarecido – TCLE – nas pesquisas que envolvem seres humanos, estabelecida na Resolução nº 510, de 7 de abril de 2016, do Conselho Nacional de Saúde. Essa resolução estabelece, em seu artigo 10, que "o pesquisador deve esclarecer o potencial participante, na medida de sua compreensão e respeitadas suas singularidades, sobre a natureza da pesquisa, seus objetivos, métodos, direitos, riscos e potenciais benefícios". Isso significa que o TCLE deverá ser obtido após o participante da pesquisa e/ou seu responsável legal estar suficientemente esclarecido de todos os procedimentos que serão realizados e de seus possíveis riscos e benefícios.

4.3 Anonimato e confidencialidade

Anonimato e confidencialidade são termos que se referem a conceitos diferentes, mas tendem a ser utilizados de forma intercambiável. Convêm, porém, estabelecer as diferenças entre os dois conceitos.

O anonimato ocorre quando em nenhum momento o pesquisador ou qualquer pessoa associada ao projeto de pesquisa tem condições de conhecer a identidade dos participantes. Quando ocorre, as informações obtidas não permitem a identificação de quem as forneceu. Isso significa que nenhuma pesquisa em que os dados são obtidos mediante entrevista pessoal pode ser considerada anônima. Já as pesquisas em que os dados foram obtidos mediante questionários enviados pelo correio, por *e-mail*, ou depositados em urnas podem ser consideradas anônimas.

Garantir o anonimato é fundamental para obtenção de informações relativas a assuntos que de alguma forma podem constranger os participantes. Como comportamento sexual e uso de drogas. Mas pode-se admitir, também, que muitas pessoas não se sintam à vontade também para informar acerca de seus rendimentos ou das dificuldades com que se deparam no dia a dia em seu trabalho.

A confidencialidade ocorre quando o pesquisador tem a possibilidade de identificar a pessoa que forneceu as respostas, mas garante que suas informações permanecerão em sigilo. Ou, ainda, que as informações obtidas não serão acessadas por outras pessoas ou instituições, que não serão utilizadas com outras finalidades e que serão protegidas contra falseamento ou perda. Assim, quando a forma adotada para coletar dados não garante o anonimato dos respondentes, o pesquisador deve deixar claro para os respondentes que as informações obtidas serão protegidas pela confidencialidade.

Cuidados especiais precisam ser tomados para garantir a confidencialidade na pesquisa. Qualquer informação que possibilite a identificação dos respondentes deve ser removida. Os nomes e endereços que por ventura aparecerem nos questionários ou nas folhas de transcrição das entrevistas devem ser substituídos por números de identificação. Poderá, no entanto, ser criado um arquivo que vincule esses números aos nomes dos respondentes para possibilitar a posterior correção de informações ausentes ou contraditórias, mas esse arquivo não poderá ser disponibilizado para outros fins (BABBIE, 2017).

4.4 Engano

Há situações em que os pesquisadores preferem não se identificar como tal ou ocultar sua filiação com a instituição que promove a pesquisa. Também há situações em que os pesquisadores deliberadamente fornecem informações falsas ou incompletas aos participantes. A justificativa que esses pesquisadores apresentam é a de que agindo assim os respondentes fornecerão informações mais adequadas.

De fato, há situações em que o conhecimento prévio dos objetivos da pesquisa pode comprometer seus resultados. Mas é preciso considerar que quando o pesquisador encobre sua condição ou não fornece informações reais acerca dos objetivos da pesquisa, está enganando as pessoas. Mesmo admitindo que agindo assim estará conferindo maior qualidade aos resultados da pesquisa, o engano levanta uma séria questão ética. Torna-se necessário, então, que o engano dentro da pesquisa seja justificado. Embora essa justificativa também seja discutível.

Caso o projeto de pesquisa inclua o uso do engano, o pesquisador precisa elaborar cuidadosa justificativa, que demonstre que a pesquisa não pode ser adequadamente conduzida se não envolver a condição de engano. Convêm também, que a justificativa descreva as alternativas ao engano e uma explicação do motivo pelo qual foram rejeitadas. A justificativa deve também esclarecer de que maneira e em que momento ocorrerá a situação de engano. Deverá, ainda, indicar se o engano implica a elevação do risco a que estão sujeitos os participantes. Seria conveniente indicar pesquisas semelhantes em que foi utilizado o engano com a descrição dos danos reais ou reações dos participantes. E também a confirmação de que o projeto atende a todos os requisitos para que os participantes possam renunciar ao consentimento.

4.5 Relato dos resultados

As obrigações éticas dos pesquisadores não se referem apenas aos sujeitos da pesquisa, mas à comunidade científica. Essas obrigações dizem respeito à maneira como a pesquisa foi conduzida e seus resultados são apresentados. O que significa que uma pesquisa conduzida deliberadamente com falhas metodológicas graves não pode ser considerada ética. Caso tenham ocorrido falhas ao longo do processo de pesquisa ou os resultados tenham se mostrado deficientes, isto deverá ser indicado no relatório. Os pesquisadores têm obrigação de informar seus leitores acerca das limitações da pesquisa. Precisam indicar falhas que por ventura tenham ocorrido na elaboração dos instrumentos de pesquisa e na coleta dos dados.

Importante atenção deve ser dedicada à apresentação dos resultados, sobretudo em pesquisas de caráter explicativo. Pode ocorrer que as hipóteses formuladas não tenham sido confirmadas. O pesquisador não pode encobrir esse fato. Mesmo que possa significar que a pesquisa não tenha valido a pena. Vale a pena apresentar resultados negativos. Se as hipóteses não foram confirmadas, é necessário deixar claro. A ciência progride através da honestidade. Os pesquisadores precisam dizer a verdade.

4.6 Comitês de ética de pesquisa

Com vistas a garantir a observância de princípios éticos na pesquisa, universidades e instituições de pesquisa vêm constituindo comitês de ética. Esses comitês são responsáveis pela avaliação e acompanhamento dos aspectos éticos nas pesquisas que envolvem seres humanos. No Brasil, são constituídos, em observância à Resolução CNS 196/96, como colegiados interdisciplinares para defender os interesses dos sujeitos em sua integridade e dignidade e para contribuir no desenvolvimento da pesquisa dentro dos padrões éticos.

A principal responsabilidade dos comitês de ética é garantir que os riscos a que estão sujeitos os participantes da pesquisa sejam mínimos. Assim, os pesquisadores são solicitados a submeter seus projetos a esses comitês, que podem se recusar a aprová-los caso não garantam a observância de princípios éticos, ou solicitar que os responsáveis pela pesquisa procedam às reformulaçõs necessárias.

Uma das principais exigências dos comitês para a aprovação dos projetos é a exigência do Termo de Consentimento Livre e Esclarecido, que precisa descrever minuciosamente os potenciais riscos a que estão sujeitas as pessoas que participam da pesquisa. A pesquisa só pode se efetivar com os participantes que, após terem lido o termo, manifestem sua concordância mediante assinatura.

Nem todos os pesquisadores sociais, no entanto, submetem seus projetos previamente a um comitê de ética. Isto porque as diretrizes e normas referentes à pesquisa no Brasil são estabelecidas pelo Conselho Nacional de Saúde, órgão vinculado ao Ministério da Saúde. Esta situação tende a dificultar seu conhecimento e observância em outros campos que não o da saúde. Mais ainda porque essas diretrizes são estabelecidas por uma resolução, documento que não tem força de lei.

De fato, pesquisas no campo das ciências humanas são muito diferentes das que são conduzidas no campo da saúde, principalmente no que se refere à possibilidade de danos aos participantes. O que tem gerado inconformidade das entidades que promovem pesquisas sociais com as exigências do Conselho Nacional de Saúde, consolidadas no Sistema dos Comitês de Ética em Pesquisa e da Comissão Nacional de Ética em Pesquisa (CEP/CONEP). Assim, com vistas a minimizar essas divergências, o Conselho Nacional de Saúde editou a Resolução nº 510, de 7 de abril de 2016, que estabelece em seu artigo 1º:

Parágrafo único. Não serão registradas nem avaliadas pelo sistema CEP/CONEP:

I – pesquisa de opinião pública com participantes não identificados;

II – pesquisa que utilize informações de acesso público, nos termos da Lei nº 12.527, de 18 de novembro de 2011;

III – pesquisa que utilize informações de domínio público;

IV – pesquisa censitária;

V – pesquisa com bancos de dados, cujas informações são agregadas, sem possibilidade de identificação individual;

VI – pesquisa realizada exclusivamente com textos científicos para revisão da literatura científica;

VII – pesquisa que objetiva o aprofundamento teórico de situações que emergem espontânea e contingencialmente na prática profissional, desde que não revelem dados que possam identificar o sujeito; e

VIII – atividade realizada com o intuito exclusivamente de educação, ensino ou treinamento sem finalidade de pesquisa científica, de alunos de graduação, de curso técnico ou de profissionais em especialização.

Exercícios e trabalhos práticos

1. Identifique algumas perguntas que poderiam causar incômodo ou constrangimento aos respondentes.
2. Dê exemplos de indivíduos ou grupos que são particularmente vulneráveis na pesquisa e que estão sob significativo risco de danos.
3. Considere a situação de um pesquisador que desenvolveu uma pesquisa cujos dados contrariam as hipóteses que havia formulado. Que cuidados deverá tomar ao relatar os resultados da pesquisa?
4. Discuta o comportamento ético de um pesquisador que, visando obter informações sobre a intimidade dos membros de uma comunidade, passa a agir como membro dessa comunidade sem revelar sua condição de pesquisador.

5

FORMULAÇÃO DO PROBLEMA

Toda pesquisa se inicia com algum tipo de problema ou de indagação. Com efeito, o que se propõe com a realização de uma pesquisa é proporcionar respostas aos problemas propostos mediante a utilização de procedimentos científicos. Formular um problema adequado para pesquisa, não constitui, no entanto, tarefa das mais simples. Cohen e Nagel (1968) chegam a considerar que a capacidade para perceber a ocorrência de um problema não é talento dos mais comuns, é um sinal de genialidade científica.

Considerando, portanto, a importância da formulação do problema de pesquisa, elaborou-se o presente capítulo. Após estudá-lo cuidadosamente, você será capaz de:

- Conceituar problema.
- Caracterizar o processo de formulação do problema.
- Reconhecer as implicações na escolha do problema.
- Incorporar as regras para formulação dos problemas de pesquisa.

5.1 O que é problema de pesquisa

Quando se diz que toda pesquisa tem início com algum tipo de problema, torna-se conveniente esclarecer o significado deste termo. Uma acepção bastante corrente identifica problema com questão que dá margem a hesitação ou perplexidade, por difícil de explicar ou resolver. Outra acepção identifica problema com algo que provoca desequilíbrio, mal-estar, sofrimento ou constrangimento às pessoas. Contudo, na acepção científica, problema é qualquer questão não solvida e que é objeto de discussão, em qualquer domínio do conhecimento.

Assim, podem ser consideradas como problemas científicos as indagações: qual a composição da atmosfera de Vênus? O que provoca a enxaqueca? Qual a origem do homem americano? Qual a probabilidade de êxito das operações para transplante de fígado?

As questões seguintes, por sua vez, podem ser consideradas como problemas do âmbito das ciências sociais: será que a propaganda de cigarro pela TV induz ao hábito de fumar? Em que medida a delinquência juvenil está relacionada com a carência afetiva? Qual a relação entre subdesenvolvimento e dependência econômica? Que fatores determinam a deterioração de uma área urbana? Quais as possíveis consequências culturais da abertura de uma estrada em território indígena? Qual a atitude dos alunos universitários em relação aos trabalhos em grupo? Como a população vê a inserção da Igreja nos movimentos sociais?

Para entender o que é um problema científico, Kerlinger (1980) propõe, primeiramente, que seja considerado aquilo que não é. Por exemplo: como fazer para melhorar os transportes urbanos? O que pode ser feito para se conseguir melhor distribuição de renda? O que pode ser feito para melhorar a situação dos pobres? Nenhum destes problemas é rigorosamente um problema científico, porque não podem ser pesquisados segundo métodos científicos, pelo menos sob a forma em que são propostos.

"Como melhorar os transportes urbanos" é um problema de "engenharia". Da mesma forma as questões referentes à distribuição de renda e à situação dos pobres, segundo a acepção de Kerlinger, são também questões de "engenharia". A ciência pode fornecer sugestões e inferências acerca de possíveis respostas, mas não responder diretamente a esses problemas. Eles não se referem a como são as coisas, suas causas e consequências, mas indagam acerca de como fazer as coisas.

Também não são científicos estes problemas: qual a melhor técnica psicoterápica? É bom adotar jogos e simulações como técnicas didáticas? Os pais devem dar palmadas nos filhos? São antes problemas de valor, assim como todos aqueles que indagam se uma coisa é boa, má, desejável, certa ou errada, ou se é melhor ou pior que outra. São igualmente problemas de valor aqueles que indagam se algo deve ou deveria ser feito.

Embora não se possa afirmar que o cientista nada tem a ver com esses problemas, o certo é que a pesquisa científica não pode dar respostas a questões de "engenharia" e de valor, porque sua correção ou incorreção não é passível de verificação empírica.

A partir dessas considerações pode-se dizer que um problema é testável cientificamente quando envolve variáveis que podem ser observadas ou manipuladas. As proposições que se seguem podem ser tidas como testáveis: em que medida a escolaridade influencia a preferência político-partidária? A desnutrição contribui para o rebaixamento intelectual? Técnicas de dinâmica de grupo facilitam a interação entre os alunos? Todos esses problemas envolvem variáveis suscetíveis de observação ou de manipulação. É possível, por exemplo, verificar a preferência político-partidária de determinado grupo, bem como o seu nível de escolaridade, para depois determinar em que medida essas variáveis estão relacionadas entre si.

5.2 Escolha do problema de pesquisa

No processo de investigação social, a primeira tarefa é escolher o problema a ser pesquisado. Essa escolha, por sua vez, conduz a indagações. Por que pesquisar? Qual a importância do fenômeno a ser pesquisado? Que pessoas ou grupos se beneficiarão com os seus resultados?

A preocupação em buscar respostas para indagações não é imune às influências e contradições sociais. O pesquisador, desde a escolha do problema, recebe influência de seu meio cultural, social e econômico. A escolha do problema tem a ver com grupos, instituições, comunidades ou ideologias com que o pesquisador se relaciona. Assim, na escolha do problema de pesquisa podem ser verificadas muitas implicações, tais como relevância, oportunidade e comprometimento (TRUJILLO FERRARI, 1982, p. 188).

5.2.1 Relevância do problema

A pesquisa social visa fornecer respostas tanto a problemas determinados por interesses intelectuais quanto por interesses práticos. Interessa, pois, na formulação do problema determinar qual a sua relevância em termos científicos e práticos.

Um problema será relevante em termos científicos à medida que conduzir à obtenção de novos conhecimentos. Para se assegurar disso, o pesquisador necessita fazer um levantamento da literatura pertinente, entrando em contato com as pesquisas já realizadas, verificando quais os problemas que não foram pesquisados, quais os que não o foram adequadamente e quais os que vêm recebendo respostas contraditórias. Esse levantamento poderá constituir até mesmo uma pesquisa de cunho exploratório, cujo produto final será a recolocação do problema sob um novo prisma.

A relevância prática do problema está nos benefícios que podem decorrer de sua solução. Muitas pesquisas são propostas por órgãos governamentais, associações de classe, empresas, instituições educacionais ou partidos políticos, visando à utilização prática de seus resultados. Assim, o problema será relevante à medida que as respostas obtidas trouxerem consequências favoráveis a quem o propôs.

Ao se falar da relevância prática do problema, cabe considerá-la também do ponto de vista social. Nesse sentido, várias questões podem ser formuladas: Qual a relevância do estudo para determinada sociedade? Quem se beneficiará com a resolução do problema? Quais as consequências sociais do estudo?

A relevância social de um problema está relacionada com os valores de quem a julga, pois o que pode ser relevante para um pode não ser para outro. Entretanto, essa discussão torna-se importante à medida que ajuda a explicitar as direções possíveis de uma investigação e suas diferentes consequências.

5.2.2 Oportunidade de pesquisa

Muitas vezes a escolha de um problema é determinada não por sua relevância, mas pela oportunidade que oferecem determinadas instituições. Há entidades que oferecem financiamento para pesquisas em determinada área. Outras, embora não proporcionando os meios financeiros, oferecem certas condições materiais para o desenvolvimento de pesquisas. Essas condições podem ser o acesso a determinada população, o uso de documentos ou a utilização de instrumental para coleta e análise dos dados. Em ambas as situações, o direcionamento da pesquisa será determinado mais pelas circunstâncias das organizações do que por seu interesse científico. Isso não impede, porém, que pesquisas importantes possam ser desenvolvidas com esses condicionantes. O que se torna necessário é a suficiente habilidade do pesquisador no sentido de adequar as oportunidades oferecidas a objetivos adequados.

5.2.3 Comprometimento na escolha do problema

A escolha do problema de pesquisa sempre implica algum tipo de comprometimento. Quando o pesquisador está integrado como técnico numa organização, tende a desenvolver as pesquisas que lhe são propostas pela direção ou por seus clientes. Mesmo que a escolha do problema seja de livre escolha do pesquisador, o comprometimento pode estar ligado aos interesses ou à ideologia da organização. Mesmo quando o pesquisador desenvolve o seu trabalho de forma autônoma, com objetivos fundamentalmente científicos, existe um mínimo de comprometimento, pois os padrões culturais, filosofias de vida e ideologia criam certo engajamento na seleção do problema.

Um pesquisador pode, por exemplo, pesquisar o fenômeno da toxicomania, formulando o seguinte problema:

> "Qual a relação entre o vício em entorpecentes e a estrutura da personalidade dos viciados?"

Outro pesquisador poderia formular o problema sob outro prisma:

> "Em que medida o vício em entorpecentes é influenciado pelo nível de frustração dos anseios sociais do indivíduo?"

Cada um dos pesquisadores se orienta numa direção diferente na busca de resposta para o problema. O primeiro pretende buscar a resposta no próprio indivíduo, e o segundo na sociedade. Refletem, portanto, dois modelos de concepção do homem. Fica claro, pois, que a ideologia do pesquisador pode influenciar significativamente na escolha do problema.

5.3 Processo de formulação do problema

Foi considerado no início deste capítulo que a formulação do problema não constitui tarefa simples, podendo requerer até mesmo alguma genialidade. Mas não basta um lampejo de genialidade. A adequada formulação de um problema requer muita energia. Parafraseando Thomas Edson, pode-se dizer que a formulação de um problema requer mais transpiração do que inspiração.

De modo geral, nas pesquisas sociais, começa-se com uma pergunta formulada de maneira provisória, ou seja, uma pergunta de partida, que poderá mudar de perspectiva ao longo do caminho. Muitas idas e vindas ocorrerão até que o problema seja definitivamente formulado. Importante papel nesse processo é desempenhado pela revisão da literatura pertinente, por entrevistas com especialistas na área e contatos com pessoas que integram a população a que o estudo se refere. A revisão da literatura possibilita conhecer o "estado da arte", ou seja, o estágio atual do conhecimento acerca do assunto, e identificar lacunas no conhecimento. As entrevistas com especialistas, sobretudo com aqueles que já se empenharam em pesquisas no mesmo campo, poderão contribuir para o redirecionamento ou refinamento do problema. Os contatos com integrantes da população, por sua vez, poderão se tornar muito úteis para a compreensão do problema segundo a perspectiva dos próprios sujeitos da pesquisa.

Pode parecer ao pesquisador iniciante que essas leituras e entrevistas exploratórias contribuam para retardar o trabalho de pesquisa, mas o que geralmente ocorre é o inverso. À medida que as leituras e entrevistas vão sendo realizadas, o problema vai se tornando mais claro e mais específico, o que contribuirá, isso sim, para a construção de hipóteses mais pertinentes e elaboração de instrumentos mais adequados para a coleta de dados.

5.4 Regras para a formulação do problema

Não existem regras absolutamente rígidas para a formulação de problemas. O que existe são recomendações baseadas na experiência de pesquisadores sociais que, quando aplicadas, facilitam a formulação do problema.

5.4.1 O problema deve ser formulado como pergunta

A forma interrogativa apresenta a vantagem de ser simples e direta. As perguntas são um convite para uma resposta e ajudam a centrar a atenção do pesquisador nos dados necessários para proporcionar tal resposta. Mas há pesquisadores que preferem elaborar seus enunciados na forma declarativa, como o enunciado de um objetivo, por exemplo: o objetivo desta pesquisa é verificar a relação entre o nível de ansiedade dos candidatos a emprego e o seu desempenho em provas situacionais. O pesquisador que adota esta postura indica, de certa forma, os procedimentos a serem adotados para a busca dos dados necessários. Desde que os objetivos sejam expressos com verbos de ação, ou seja, verbos que indicam claramente os resultados pretendidos, como identificar, descrever, comparar etc.

5.4.2 O problema deve ser delimitado a uma dimensão viável

Pesquisadores iniciantes tendem a formular problemas tão amplos e genéricos que se torna inviável a realização da pesquisa. Já pesquisadores experientes preferem formular um problema amplo e, a seguir, mediante revisão da literatura e discussão com pessoas que tiveram experiência com o assunto, vão progressivamente tornando o problema mais específico. É preciso, portanto, rejeitar a ambição de formular um problema num curto espaço de tempo. A formulação de um problema viável é algo que se faz pacientemente, e não é despropositado afirmar que esta etapa requer dispêndio de tempo e energia superior a outras etapas da pesquisa.

5.4.3 O problema deve ter clareza

Os termos utilizados na formulação do problema devem ser claros, deixando explícito o significado com que estão sendo utilizados. Convém, portanto, utilizar termos próprios do vocabulário científico. Um problema que envolva, por exemplo, o termo *socialização*, deve ser esclarecido. Esse termo pode ser entendido como estatização dos meios de produção ou extensão de vantagens particulares à sociedade inteira. Mas em Sociologia refere-se ao processo através do qual os indivíduos aprendem e interiorizam as normas e os valores de uma determinada sociedade e de uma cultura específica.

5.4.4 O problema deve apresentar referências empíricas

A observância a este critério nem sempre é fácil nas ciências sociais, pois elas lidam também com valores sociais. Há uma certa expectativa de que as pesquisas sociais possam fornecer respostas a juízos de valor. Por isso é comum apresentar aos cientistas sociais problemas do tipo: "a pena de morte deve ser introduzida na legislação?", "O parlamentarismo é mais adequado que o presidencialismo?", "O consumo de drogas 'leves' deve ser descriminalizado?". Tais problemas envolvem considerações valorativas, não se adequando, portanto, a testes de verificação empírica.

Cabe considerar, no entanto, que o empirismo nas ciências sociais constitui questão crítica. Há, por exemplo, pesquisadores no campo da Psicologia que seguem orientação subjetivista, que considera o conhecimento como pura atividade da consciência, negando-lhe o status de existência real. Para estes, o critério do empirismo não se torna relevante.

5.4.5 O problema deve conduzir a uma pesquisa factível

Não basta formular um problema suficientemente delimitado. É preciso levar em consideração aspectos como o tempo para sua realização, existência de instrumentos adequados para a coleta de dados, recursos materiais, humanos e financeiros suficientes para levar a cabo a pesquisa. Também é necessário garantir que os sujeitos da pesquisa estejam disponíveis em número suficiente para proporcionar as informações requeridas. Uma situação crítica em muitas pesquisas é a constituída pelas autorizações. É muito arriscado, por exemplo, formular um problema de pesquisa que exija para a coleta de dados autorização de pessoas com as quais não houve contato prévio.

5.4.6 O problema deve ser ético

Pesquisas que envolvem seres humanos devem caracterizar-se pela observância a princípios éticos definidos por normas aceitas internacionalmente. Durante muito

Formulação do problema

tempo admitiu-se que apenas pesquisas de natureza biomédica deveriam ser realizadas mediante observação de normas internacionais, como o Código de Nurenberg, que disciplina as pesquisas com seres humanos. Mas hoje há consenso por parte dos pesquisadores de que pesquisas sociais podem adotar procedimentos que são tão ou mais invasivos que os adotados em pesquisas biomédicas. Considere-se, por exemplo, uma pesquisa referente ao comportamento de pessoas que passaram por situações de abuso sexual. Por essa razão, na maioria das universidades e instituições que realizam pesquisas com seres humanos existem comitês de ética, que têm como finalidade analisar previamente os projetos de pesquisa com vistas a identificar possíveis problemas de natureza ética em sua formulação e condução.

Exercícios e trabalhos práticos

1. Formule problemas de pesquisa a partir dos temas: agressividade, preconceito racial, preferência político-partidária e mobilidade social. Verifique, a seguir, se eles se ajustam às regras apresentadas para a formulação de problemas científicos.
2. Procure analisar em que medida o critério da objetividade na formulação do problema pode ser considerado por um pesquisador que tenha decidido adotar o método fenomenológico.
3. Procure relacionar alguns "modismos" que vêm determinando interesse pela realização de pesquisas sociais.
4. Peça a várias pessoas para formularem problemas. A seguir, procure classificá-los em problemas científicos, de valor ou de "engenharia".
5. Formule um problema de pesquisa referente a qualquer tema de seu interesse. A seguir, faça a si mesmo as seguintes perguntas: a) que experiências de minha vida contribuíram para a escolha desse problema? b) Como meus valores pessoais influenciaram nessa escolha? c) Que conhecimentos anteriores ajudaram na formulação do problema? d) Por que considero relevante este problema?

6

CONSTRUÇÃO DE HIPÓTESES

O primeiro passo a ser dado numa pesquisa científica, como foi esclarecido no capítulo anterior, é a formulação clara de um problema. Mas o que se espera com a pesquisa é que esse problema seja solucionado. Daí, então, a necessidade de construir hipóteses, ou seja, supostas respostas para o problema. As hipóteses podem ser verdadeiras ou falsas, mas, se bem elaboradas, conduzem à verificação empírica, que é o propósito da pesquisa científica.

Este capítulo é dedicado à construção de hipóteses. Após estudá-lo cuidadosamente, você será capaz de:

- Reconhecer a importância da construção de hipóteses na pesquisa científica.
- Conceituar variável.
- Identificar os tipos de relação que se estabelece entre as variáveis.
- Identificar fontes de hipóteses.
- Reconhecer as características da hipótese aplicável.

6.1 Papel das hipóteses na pesquisa

Hipótese é uma afirmação específica de previsão. Ela descreve o que se espera que ocorra na pesquisa. Apresenta-se, então, como uma proposição específica, clara e testável, ou como uma afirmação preditiva sobre o resultado da pesquisa científica. Ela pode estabelecer que existem diferenças entre os grupos pesquisados ou que as características neles observadas relacionam-se a determinados fatores. São, pois, as hipóteses que orientam todo o trabalho de pesquisa, desde a especificação de seus objetivos, passando pela coleta de dados e culminando com sua análise e interpretação.

6 Construção de hipóteses

Nem todas as pesquisas têm hipóteses. Quando são projetadas como pesquisas exploratórias, o que se espera como produto final é o conhecimento mais aprofundado de determinado tema. Como o conhecimento do pesquisador está em um nível muito baixo, não há como formular hipóteses. Pode ocorrer até mesmo que a pesquisa exploratória tenha como propósito desenvolver hipóteses que possam ser testadas em pesquisas futuras.

Se a pesquisa é descritiva, seu propósito pode ser unicamente o de descrever as características da população. Ela pode voltar-se até mesmo à comparação entre grupos e subgrupos, mas sem antecipar a existência de relação entre variáveis. Na pesquisa descritiva, em vez de antecipar hipóteses, definem-se objetivos suficientemente detalhados. Também nas pesquisas definidas como qualitativas, em que se adota a perspectiva interpretativista, buscando desenvolver conhecimentos mediante a compreensão de significados, de modo geral, não se constroem hipóteses.

6.2 Relações entre variáveis

Para que sejam úteis na pesquisa, as hipóteses devem ser testadas. Parte inferior do formulário. Para atender a esse critério, precisam ser operacionalizadas, ou seja, passíveis de mensuração. Um primeiro passo nesse sentido consiste em identificar nelas algumas características que apresentem relação entre si. Assim, Kerlinger (1980, p. 38) define hipótese como "um enunciado conjectural das relações entre duas ou mais variáveis".

6.2.1 Significado de variável

O termo *variável* é dos mais empregados na linguagem das ciências sociais. A apreensão correta de seu significado é necessária para a adequada caracterização das hipóteses deste grupo.

De maneira bastante prática, pode-se dizer que variável é qualquer coisa que pode ser classificada em duas ou mais categorias: "Sexo", por exemplo, é uma variável, pois envolve duas categorias: masculino e feminino. "Classe Social" também é variável, pois envolve diversas categorias, como alta, média e baixa. Também idade constitui uma variável, podendo abranger uma quantidade infinita de valores numéricos. Outros exemplos de variáveis são: estatura, estado civil, nível de escolaridade, agressividade, introversão, conservadorismo político, nível intelectual etc.

Deve ficar claro que o conceito *variável* provém da Matemática. Logicamente é de natureza quantitativa, o que faz com que as variáveis usualmente sejam classificadas como contínuas e discretas. As primeiras são aquelas cujos valores podem ser fracionados, por exemplo, idade, peso, estatura etc. As últimas, por sua vez, apresentam-se sempre sob a forma de números inteiros, como o número de filhos de casal, quantidade de países que possuem bomba atômica etc. Nas ciências sociais, entretanto, boa parte das variáveis é qualitativa e estas podem ser classificadas em ordenáveis e não ordenáveis. As primeiras são suscetíveis de algum tipo de ordenação, por exemplo, classe social, estágio de desenvolvimento econômico etc. As últimas

Construção de hipóteses

apenas possibilitam classificação em categorias, sem nenhuma ordenação, como sexo, nacionalidade, estado civil etc.

O significado de relação é "ir junto", ou seja, o que as variáveis têm em comum. Pode-se dizer, por exemplo, que existe relação entre aproveitamento escolar e classe social. Isso significa que as crianças apresentam aproveitamento escolar diferenciado, segundo pertençam a uma classe social mais alta ou baixa. Pode-se também afirmar que há relação entre conservadorismo político e preconceito racial, à medida que essas variáveis "andem juntas", ou seja, quanto maior o conservadorismo, maior o preconceito.

6.2.2 Variáveis independentes e dependentes

As hipóteses acima consideradas indicam apenas a existência de relação entre variáveis, sem indicar a natureza dessa relação. Em boa parte das pesquisas, entretanto, interessa verificar se uma variável interfere na outra ou, em outras palavras, se uma variável é causa da outra.

Essas pesquisas exigem a construção de hipóteses de relação causal, ou simplesmente hipóteses causais, que se caracterizam por envolver uma variável independente e outra dependente. Independente é a variável que se supõe influenciar outra variável, a dependente. Por exemplo, na hipótese que afirma que frustração provoca agressão, frustração é a variável independente e agressão a dependente. Já na hipótese que afirma que a preferência partidária depende do nível de escolaridade das pessoas, esta é a independente e preferência partidária a dependente.

Nas pesquisas, a variável independente é indicada pela letra x e a dependente pela letra y. Sejam os exemplos:

a) A classe social da mãe (x) influencia no tempo de amamentação dos filhos (y).
b) Quanto mais elevado for o posto de uma pessoa (x), maior será o conformismo em relação às normas do grupo (y).
c) A idade das pessoas (x) influencia na preferência político-partidária (y).

As hipóteses deste grupo envolvem o conceito de causalidade, que é extremamente complexo e merece algumas considerações. De acordo com o modelo clássico de causalidade, procura-se descobrir condições necessárias e suficientes para a ocorrência de determinado fenômeno.

Condição necessária é aquela que precisa existir para que ocorra o fenômeno de que é a causa. Se x é condição necessária de y, então y só poderá ocorrer caso ocorra x. Exemplo: a presença de oxigênio é condição necessária para que haja combustão.

Condição suficiente é aquela que é sempre seguida do fenômeno de que é uma causa. Se x é condição suficiente de y, sempre que x ocorrer, ocorrerá y. Exemplo: a destruição do nervo ótico é condição suficiente para a ocorrência da cegueira, pois ninguém pode enxergar com o nervo ótico destruído.

Uma condição só pode ser considerada se for suficiente e necessária para a ocorrência do fenômeno. Neste caso, y só ocorreria se x ocorresse, e sempre que x ocorresse, *y* também ocorreria. Nenhum dos dois exemplos citados se ajusta a esse modelo. Embora a combustão só possa ocorrer em presença de oxigênio, essa presença, por si só, não é condição suficiente para que ocorra a combustão. Por outro lado, embora a destruição do nervo ótico (x) sempre provoque cegueira (y), esta pode ser decorrente de outros fatores, mesmo com o nervo ótico perfeito. A destruição do nervo ótico constitui, portanto, condição suficiente, mas não necessária para a ocorrência da cegueira.

6.2.3 Tipos de relação entre variáveis

O modelo de explicação causal não se mostra muito adequado às ciências sociais, em virtude do grande número e da complexidade das variáveis que interferem na produção dos fenômenos sociais. Por essa razão, os filósofos da ciência e cientistas propõem modelos menos rígidos para a construção de hipóteses na pesquisa social. Para Rosenberg (1976), a causação é apenas uma das muitas vias para se chegar à explicação e à compreensão. Bunge (1973), por sua vez, afirma que a causalidade não é condição suficiente para compreender a realidade, embora seja, com frequência, um componente da explicação científica.

De modo geral, as hipóteses elaboradas nas ciências sociais não são rigorosamente causais; apenas indicam a existência de algum tipo de relação entre as variáveis.

A relação entre variáveis pode ser de natureza diversa. Quando uma das variáveis influencia a outra, tem-se a relação denominada assimétrica. Quando as variáveis se influenciam mutuamente, tem-se a relação chamada recíproca. Quando, por fim, nenhuma das variáveis influencia a outra, tem-se a relação do tipo simétrica.

As hipóteses que envolvem relações assimétricas são as mais significativas nas ciências sociais e podem ser classificadas em seis tipos, de acordo com o modelo proposto por Rosenberg (1976). O primeiro desses tipos envolve associação entre um estímulo e uma resposta. Por exemplo: adolescentes submetidos a castigos físicos na infância manifestam mais baixo nível de autoestima. Nesse caso, castigos físicos (x) são estímulos (x) que determinam como resposta o rebaixamento da autoestima (y).

O segundo tipo de relação é o da associação entre uma disposição e uma resposta. Essas disposições podem ser constituídas por atitudes, capacidades, hábitos, valores, impulsos, traços de personalidade etc. Exemplo: pessoas autoritárias manifestam preconceito racial em grau elevado. O autoritarismo (x) é uma disposição que determina como resposta o preconceito racial (y).

O terceiro tipo é o que envolve uma propriedade do indivíduo como variável independente e uma disposição ou ato como dependente. Como exemplos de propriedades tem-se: sexo, idade, naturalidade, religião, cor da pele etc. Quando se afirma, por exemplo, que os católicos são menos favoráveis ao divórcio que os protestantes, tem-se uma propriedade – a religião (x) – que conduz a uma disposição, qual seja a atitude perante o divórcio (y).

O quarto tipo é aquele em que a variável independente constitui pré-requisito indispensável para a ocorrência de determinado efeito. Pode-se verificar, por exemplo, a relação entre desenvolvimento tecnológico de uma nação e posse de armamento nuclear. O desenvolvimento tecnológico não causa o armamento nuclear, apenas torna-o possível. Algumas nações tecnologicamente desenvolvidas, como a Suécia, não possuem bombas atômicas. A tecnologia seria, portanto, condição necessária, mas não suficiente para que uma nação produza armamento nuclear.

O quinto tipo envolve uma relação imanente entre duas variáveis. Por exemplo, há inequívoca relação entre urbanização e secularização. À medida que se observa o crescimento das cidades e o desenvolvimento de estilos urbanos de vida, as explicações religiosas do mundo cedem lugar a explicações racionais. Não é que uma variável cause outra, mas que a secularização nasce da urbanização.

O último tipo envolve relação entre meios e fins. Verifica-se, por exemplo, que existe uma relação entre o tempo dedicado ao estudo e as notas de aproveitamento, entre os cuidados com a aparência pessoal e o índice de casamentos. Relações deste tipo são tratadas criticamente por muitos autores, já que apresentam caráter finalista, tornando difícil sua verificação empírica.

Em muitas hipóteses, as variáveis não podem, de imediato, ser classificadas como independentes e dependentes. É o caso das hipóteses cujas variáveis apresentam relações simétricas e recíprocas.

No caso das relações simétricas, nenhuma das variáveis tem ação sobre a outra. Sua relação pode derivar de razões diversas. Uma das razões mais claras da simetria está no fato de as variáveis serem efeitos de uma causa comum. Por exemplo, a relação entre consumo de café e incidência de câncer de pulmão não significa que o consumo de café seja capaz de levar ao câncer de pulmão, mas que uma coisa e outra podem ser decorrência do hábito de fumar.

No caso das relações recíprocas, as variáveis interagem e reforçam-se mutuamente. Por exemplo, as pessoas conservadoras tendem a ler jornais conservadores e os esquerdistas a ler jornais de esquerda. Nesse caso, a influência entre as variáveis leituras de jornais e ideologia política atua nos dois sentidos. Convicções conservadoras levam a pessoa a preferir notícias conservadoras e, por outro lado, essas mensagens reforçam as convicções conservadoras.

6.3 Fontes de hipóteses

As hipóteses originam-se das mais diversas fontes. Algumas decorrem da simples observação dos fatos. Outras derivam de pesquisas. Há também hipóteses que são obtidas a partir de teorias. Há, ainda, teorias que têm origem na intuição.

A observação dos fatos constitui procedimento dos mais fundamentais na construção de hipóteses. O estabelecimento assimétrico de relações entre fatos no dia a dia tem fornecido indícios para a solução de muitos problemas. Todavia, por si sós, essas hipóteses oferecem poucas possibilidades de conduzir a um conhecimento suficientemente geral e explicativo.

As hipóteses decorrentes dos resultados de outras pesquisas conduzem a conclusões mais amplas. À medida que uma hipótese se baseia em estudos anteriores, e se o estudo em que se insere a confirma, o resultado auxilia na demonstração de que a relação se repete regularmente. Por exemplo, se uma pesquisa realizada nos Estados Unidos confirma que empregados de nível elevado são menos motivados por salários que por desafios, e pesquisa posterior a confirma no Brasil, esses resultados passam a gozar de significativo grau de confiabilidade.

As hipóteses derivadas de teorias são as que apresentam maiores chances de serem adequadamente testadas, pois decorrem logicamente de proposições, que são reconhecidas como válidas e sustentáveis. Não é, porém, em todos os campos das ciências sociais que se dispõe de teorias suficientemente esclarecedoras da realidade.

Também há hipóteses derivadas de simples palpites ou de intuições. A história da ciência registra vários casos de hipóteses desse tipo que conduziram a importantes descobertas. Como, porém, as intuições, por sua própria natureza, não deixam claro as razões que as determinaram, torna-se difícil avaliar *a priori* a qualidade dessas hipóteses.

6.4 Características da hipótese aplicável

Nem todas as hipóteses são testáveis. Com frequência, pesquisadores elaboram extensa relação de hipóteses e, depois de detida análise, descartam a maior parte delas. Para que uma hipótese possa ser considerada logicamente aceitável, deve apresentar algumas características.

6.4.1 Deve ser conceitualmente clara

Os conceitos contidos na hipótese, particularmente os referentes a variáveis, precisam estar claramente definidos. Deve-se preferir as definições operacionais, isto é, aquelas que indicam as operações particulares que possibilitam o esclarecimento do conceito. Por exemplo, uma hipótese pode-se referir a nível de religiosidade, que será definido operacionalmente a partir da frequência aos cultos religiosos.

6.4.2 Deve ser específica

Muitas hipóteses são conceitualmente claras, mas envolvem conceitos tão amplos que sua operacionalização se torna difícil. Por exemplo, o conceito de *status social* é claro, porém, envolve diferentes dimensões, tais como a ocupacional e a educacional. Por essa razão são preferíveis as hipóteses que especificam o que de fato se pretende verificar. Assim, uma hipótese referente a *status* social poderia ser subdividida em sub-hipóteses mais específicas, referindo-se, por exemplo, a *status* ocupacional ou educacional.

6.4.3 Deve ter referências empíricas

As hipóteses que envolvem julgamentos de valor não podem ser adequadamente testadas. Palavras como *bom, mau, deve e deveria* não conduzem à verificação empírica, devendo ser evitadas na construção de hipóteses. A afirmação "Maus alunos não devem ingressar em faculdades de medicina" pode ser tomada como exemplo de hipótese que não pode ser testada empiricamente. Poderia ser o caso de se apresentá-la sob a forma "alunos com baixo nível de aproveitamento escolar apresentam maiores dificuldades para o exercício da profissão de médico". Neste caso, a hipótese envolve conceitos que podem ser verificados pela observação.

6.4.4 Deve ser testável

Hipóteses que não geram testes observacionais não podem ser consideradas na pesquisa científica. Por exemplo, uma hipótese referente a como será o relacionamento entre as pessoas no futuro poderá ser interessante para provocar a reflexão, mas não é uma hipótese científica. Não há como promover observações para verificar se é verdadeira ou falsa.

6.4.5 Deve ser parcimoniosa

Uma hipótese simples é sempre preferível a uma mais complexa, desde que tenha o mesmo poder explicativo. A lei de Lloyd Morgan (1894) constitui importante guia para a aplicação do princípio da parcimônia à pesquisa psicológica, pois estabelece que nenhuma atividade mental deve ser interpretada, em termos de processos psicológicos mais altos, se puder ser razoavelmente interpretada por processos mais baixos na escala de evolução e desenvolvimento psicológico. Um exemplo citado por McGuigan (1976, p. 53) esclarece este requisito. Se uma pessoa adivinhou corretamente o símbolo de um número maior de cartas do que seria provável casualmente, pode-se levantar uma série de hipóteses para explicar o fenômeno. Uma delas poderia considerar a percepção extrassensorial e outra que o sujeito espiou de alguma forma. É lógico que a última é a mais parcimoniosa e deve ser a preferida, pelo menos num primeiro momento da investigação.

6.4.6 Deve estar relacionada com as técnicas disponíveis

Nem sempre uma hipótese teoricamente bem elaborada pode ser testada empiricamente. É necessário que haja técnicas adequadas para a coleta dos dados exigidos para o seu teste. Por essa razão, recomenda-se aos pesquisadores o exame de relatórios de pesquisa sobre o assunto a ser investigado, com vistas no conhecimento das técnicas utilizadas. Quando não forem encontradas técnicas disponíveis para o teste das hipóteses, o mais conveniente passa a ser a realização de uma pesquisa sobre as técnicas de pesquisa necessárias. Ou, então, a reformulação da hipótese com vistas no seu ajustamento às técnicas disponíveis.

6.4.7 Deve estar relacionada com uma teoria

Em muitas pesquisas sociais este critério não é considerado. Entretanto, as hipóteses elaboradas sem nenhuma vinculação às teorias existentes não possibilitam a generalização de seus resultados. Goode e Hatt (1969) citam o exemplo das hipóteses relacionando raça e nível intelectual, que foram testadas nos Estados Unidos, no período compreendido entre as duas guerras mundiais. Mediante a aplicação de testes de nível intelectual, verificou-se que filhos de imigrantes italianos e negros apresentavam nível intelectual mais baixo do que os americanos de origem anglo-saxônica. Essas hipóteses, porém, embora confirmadas, são bastante críticas quanto à sua generalidade. Há teorias sugerindo que a estrutura intelectual da mente humana é determinada pela estrutura da sociedade. A partir dessas teorias foram elaboradas várias hipóteses relacionando o nível intelectual com as experiências por que passaram os indivíduos. Essas hipóteses foram confirmadas e, por se vincularem a um sistema teórico consistente, possuem maior poder de explicação que as anteriores.

Exercícios e trabalhos práticos

1. Formule várias hipóteses indicando causas de determinado fenômeno social. Em seguida, identifique as variáveis contidas nessas hipóteses e classifique-as em independentes e dependentes.
2. Formule várias hipóteses e depois indique o tipo de pesquisa (exploratória, descritiva ou explicativa) a que correspondem.
3. Construa algumas hipóteses que envolvam relações causais entre variáveis e depois verifique se a variável independente é de fato condição necessária o suficiente para a ocorrência do fenômeno.
4. Analise relatórios de pesquisa e identifique as hipóteses elaboradas pelos pesquisadores.

7

DELINEAMENTO DA PESQUISA

A formulação do problema, a construção de hipóteses e a identificação das relações entre variáveis constituem passos do estabelecimento do contexto teórico da pesquisa, que é essencial para que esta assuma um caráter científico. Para que a pesquisa se efetive, torna-se necessário, no entanto, confrontar a visão teórica do problema, com os dados da realidade. Ou, em outras palavras, proceder ao delineamento (*design*) da pesquisa.

O delineamento refere-se à estratégia global adotada pelo pesquisador para integrar os diferentes componentes do estudo da pesquisa maneira coerente e lógica, garantindo o efetivo tratamento do problema e a consecução de seus objetivos. Constitui o modelo para a coleta, análise e interpretação dos dados. Deve, portanto, ser elaborado de forma a possibilitar uma abordagem ordenada dos procedimentos a serem adotados ao longo do processo de pesquisa.

Este capítulo trata, pois, do delineamento da pesquisa social. Após estudá-lo cuidadosamente, você será capaz de:

- Reconhecer a importância do delineamento da pesquisa.
- Identificar os aspectos a serem considerados no delineamento da pesquisa.
- Classificar os delineamentos de pesquisa social.
- Caracterizar os diferentes delineamentos de pesquisa quantitativa e qualitativa.

7.1 O significado do delineamento da pesquisa

O conceito de delineamento de pesquisa está longe de ser tratado uniformemente pelos pesquisadores de língua portuguesa. O que se propõe usualmente nos manuais de pesquisa corresponde à tradução do termo inglês *design*, que tem sido utilizado com muitos significados, tais como esboço, desenho, plano, projeto, planejamento, propósito e intenção. Com efeito, todos estes significados têm algo a ver com o delineamento da pesquisa. Não pode, porém, o delineamento ser entendido apenas como um plano geral da pesquisa. Não é algo que se efetiva com uma simples proposta de pesquisa, pois requer o exame crítico das informações necessárias para que se possa dar respostas significativas ao problema proposto.

O efetivo delineamento da pesquisa só ocorre após a consecução de seu marco teórico, que implica a clara formulação do problema e definição dos objetivos, o estabelecimento de um sistema conceitual, a construção de hipóteses, quando for o caso, e o estabelecimento de relações entre as variáveis.

O delineamenteo pesquisa refere-se à estratégia determinada para integrar os diferentes componentes do estudo de forma coerente e lógica, garantindo a efetiva abordagem do problema de pesquisa. Como indica Yin (2014), o delineamento da pesquisa lida com um problema lógico, não com um problema logístico. Constitui, portanto, o modelo para a coleta, medição, análise e interpretação dos dados. Sua função é garantir que as evidências obtidas permitam a resolução do problema da forma mais inequívoca possível. Sua efetivação requer:

1. Identificação clara do problema e justificativa de sua relevância.
2. Revisão da literatura associada à área em que se insere o problema.
3. Especificação dos objetivos, hipóteses ou questões de pesquisa.
4. Identificação dos dados requeridos e dos procedimentos para sua obtenção.
5. Descrição dos métodos de análise e interpretação dos dados.

7.2 A diversidade de delineamentos

Como toda pesquisa decorre de um problema específico, pode-se afirmar que para cada pesquisa deverá haver um delineamento específico. Mas como o delineamento é uma estratégia geral que integra os diferentes componentes do estudo, tona-se possível definir um certo número de delineamentos que correspondem a pesquisas assemelhadas quanto a seus propósitos e formas de execução. Assim, o pesquisador, após ter decidido acerca dos propósitos, do alcance e do *modus operandi* da pesquisa, escolhe um dos delineamentos disponíveis para orientar o seu desenvolvimento. Ele pode até mesmo, neste momento, "rotular" a sua pesquisa.

Em algumas áreas do conhecimento pode-se definir um certo número de delineamentos que podem até mesmo ser hierarquizados de acordo com seu poder de explicação. Assim, em Medicina, tradicionalmente definem-se os delineamentos: metanálises, ensaios clínicos, estudos de coorte, estudos caso-controle, estudos transversais e relatos de caso; ordenados segundo o critério da evidência. No campo das ciências sociais, até meados do século passado, definir os delineamentos de pesquisa constituía tarefa bastante simples. Tanto é que Chapin (1920) caracterizava apenas três modalidades (ou delineamentos) de pesquisa empírica: estudos de caso (*case works*), pesquisas por amostragem e censos. Bogardus (1926), por sua vez, estabelecia apenas

Delineamento da pesquisa 7

duas grandes modalidades de pesquisa social: bibliográficas e de campo. Mas com o desenvolvimento das ciências sociais, novas modalidades de pesquisa foram sendo incorporadas. O que incentivou o estabelecimento de sistemas classificatórios.

Um dos sistemas mais adotados contemporaneamente é o que classifica as pesquisas segundo seus objetivos mais gerais:

1. **Pesquisas exploratórias**, que têm como propósito proporcionar maior familiaridade com o problema, com vistas a torná-lo mais explícito ou a construir hipóteses.
2. **Pesquisas descritivas** têm como objetivo a descrição das características de determinada população ou fenômeno.
3. **Pesquisas explicativas**, que têm como propósito identificar fatores que determinam ou contribuem para a ocorrência de fenômenos. Este sistema, a rigor, caracteriza as pesquisas segundo o nível de explicação dos fatos e fenômenos, já que parte do mais simples para o mais complexo.

As pesquisas também podem ser classificadas segundo a natureza dos dados, determinado a existência de pesquisas quantitativas e qualitativas. As **pesquisas quantitativas** caracterizam-se pela utilização de números e medidas estatísticas que possibilitam descrever populações e fenômenos e verificar a existência de relação entre variáveis. As **pesquisas qualitativas**, por sua vez, caracterizam-se pela utilização de dados qualitativos, com o propósito de estudar a experiência vivida das pessoas e ambientes sociais complexos, segundo a perspectiva dos próprios atores sociais. Há, também, pesquisas que se valem tanto de procedimentos quantitativos quanto qualitativos, designadas como **pesquisas de métodos mistos**.

As pesquisas podem, ainda, ser classificadas e acordo com a interferência do pesquisador. Assim, podem ser definidas pesquisas interferentes e não interferentes. **Pesquisas interferentes** são as que envolvem a obtenção de dados diretamente dos detentores de informação. A interferência manifesta-se em diferentes graus, sendo as mais interferentes as que utilizam a técnica da observação participante, em que o pesquisador atua como membro do grupo pesquisado. Pesquisas experimentais e levantamentos também são pesquisas interferentes, pois o pesquisador manipula as variáveis ou estimula as pessoas a fornecer respostas. **Pesquisas não interferentes** são as que não envolvem participação direta do pesquisador na coleta de dados. É o caso das pesquisas comparativas, bem como das que se valem de dados estatísticos disponíveis e da análise de conteúdo.

Com base nessas considerações, procede-se à caracterização dos principais delineamentos de pesquisa social. Não há como garantir que esta relação abranja a totalidade das pesquisas sociais, nem que as categorias constituídas por delineamentos específicos, sejam mutuamente exclusivas. Busca-se, no entanto, classificar as pesquisas, considerando, principalmente, a natureza dos dados, o que leva a três grupamentos: pesquisas quantitativas, pesquisas qualitativas e pesquisas de métodos mistos. Considera-se, ainda, outro grupamento abrangendo as pesquisas não interferentes, que podem ocorrer tanto em um contexto quantitativo como qualitativo.

7.3 Pesquisas quantitativas

As pesquisas qualitativas durante muito tempo foram consideradas as únicas capazes de ser conduzidas com rigor científico. Isto porque a origem das ciências sociais vincula-se ao Positivismo, doutrina filosófica que preconiza a utilização dos mesmos métodos das ciências naturais, que são essencialmente quantitativos. Essas pesquisas continuam sendo as mais prestigiadas no campo das ciências sociais, embora seja crescente o número de pesquisas qualitativas, bem como o das definidas como de métodos mistos.

7.3.1 Pesquisa experimental

A pesquisa experimental é considerada a mais rigorosa entre as pesquisas científicas. Consiste basicamente em determinar um objeto de estudo, selecionar as variáveis que seriam capazes de influenciá-lo e definir as formas de controle e de observação dos efeitos que a variável produz no objeto. Seu esquema básico pode ser assim descrito: seja Z o fenômeno estudado, que em condições não experimentais se apresenta perante os fatores A, B, C e D. A primeira prova consiste em controlar cada um desses fatores, anulando sua influência, para observar o que ocorre com os restantes. Seja o exemplo:

A, B e C produzem Z

A, B e D não produzem Z

B, C e D produzem Z

Dos resultados dessas provas pode-se inferir que C é condição necessária para a produção de Z. Se for comprovado ainda que unicamente com o fator C, excluindo-se os demais, Z também ocorre, pode-se também afirmar que C é condição necessária e suficiente para a ocorrência de Z, ou, em outras palavras, que é sua causa.

Quando os objetos em estudo são entidades físicas, tais como porções de líquidos, bactérias ou ratos, não se identificam grandes limitações quanto à possibilidade de experimentação. Quando, porém, se trata de experimentos com pessoas, grupos ou organizações, as limitações tornam-se bastante evidentes. Muitos fatores, inclusive de ordem ética, impedem que a experimentação se faça eficientemente nas ciências sociais, razão pela qual os procedimentos experimentais adequem-se a um número reduzido de situações. Assim, nem todas as pesquisas que se valem de experimentos podem ser consideradas genuinamente experimentais. Algumas são quase experimentais e outras pré-experimentais (CAMPBELL; STANLEY,1979).

Pesquisa genuinamente experimental. Para que um estudo seja reconhecido como genuinamente experimental precisa apresentar algumas características. Primeiramente, é necessário que os indivíduos que participam do experimento componham dois grupos: o experimental e o de controle. A inclusão em um ou em outro grupo deverá ser feita por um processo de distribuição aleatória, que consiste em formar dois grupos com características semelhantes. Procedendo dessa maneira, os fatores que poderiam confundir a interpretação dos resultados tendem a se distribuir igualmente nos grupos, tendo, assim, seus efeitos anulados.

Os indivíduos do grupo experimental deverão ser submetidos a algum tipo de estímulo de influência ou, em outras palavras, à ação da variável independente. Imagine-se, por exemplo, que o objetivo da pesquisa seja o de verificar a influência da iluminação sobre a produtividade. Nesse caso, seriam constituídos dois grupos de trabalhadores. O primeiro (grupo experimental) seria submetido a variações de intensidade luminosa, ao passo que o segundo (grupo de controle) ficaria submetido a condições normais de iluminação. Os dois grupos seriam, a seguir, acompanhados de maneira semelhante para verificar os efeitos da iluminação sobre a produtividade. Um cuidado importante nessa fase consiste em não promover diferenças entre os grupos a partir da forma de acompanhamento. Se, por fim, forem constatadas diferenças significativas entre os grupos, admite-se a veracidade da hipótese.

Podem ser identificados diferentes tipos de delineamento experimental. O exemplo dado refere-se ao *delineamento de dois grupos casualizados*, já que os sujeitos são distribuídos aleatoriamente tanto para o grupo experimental como para o grupo de comparação. Outro tipo é o *delineamento antes-depois com dois grupos*, que permite ao experimentador perceber se os dois grupos eram equivalentes antes do tratamento e proceder a ajustamentos nas medidas do pós-teste para possibilitar um teste mais eficaz do tratamento. Outros delineamentos mais dispendiosos são o *delineamento de quatro grupos de Solomon*, que requer quatro grupos de sujeitos para testar apenas dois níveis de um tratamento e o *delineamento fatorial*, em que duas ou mais variáveis independentes são apresentadas com todas as suas combinações (ou fatores) possíveis.

Pesquisa quase experimental. Há pesquisas em que, embora a variável independente seja manipulada, os participantes não são designados aleatoriamente. Estas são denominadas **quase** experimentais. São realizadas em contextos em que a designação aleatória é difícil ou impossível. Considere-se, por exemplo, uma pesquisa que tenha como propósito avaliar um novo método de ensino de línguas para estudantes do ensino médio. Nesse estudo os estudantes não seriam designados aleatoriamente, mas mediante decisão do pesquisador, que poderia definir um grupo experimental constituído por estudantes de uma turma da primeira série e um grupo de controle por outra turma de estudantes também da primeira série. Torna-se possível nesse estudo observar o que ocorre, quando ocorre e com quem ocorre, possibilitando, de alguma forma, a análise de relações causa e efeito. Como, porém, a designação dos estudantes não foi aleatória, pode haver diferenças importantes entre eles. Assim, é possível que, se no final do estudo for constatada diferença significativa no conhecimento de línguas, esta poderia ter sido causada pela diferença entre os métodos de ensino. Mas poderia ter sido determinada por diferenças entre os estudantes que não puderam ser controladas. O que faz com que este não constitua um delineamento rigoroso.

Pesquisa pré-experimental. Também há estudos que, embora designados por seus autores como experimentais, não podem, a rigor, serem considerados como tal. Um desses tipos de estudo é aquele em que um único grupo é estudado apenas uma vez, seguido de algum agente ou tratamento presumivelmente capaz de causar algum tipo de mudança. Suponha-se, por exemplo, que se queira testar a hipótese de que a oração torna as pessoas mais conformistas. Para tanto, entrevistam-se pessoas que costumam rezar. Tem-se um grupo único, sem controle, em que X é o hábito de rezar e Y é o conformismo. Imagine-se, então, que após serem realizadas entrevistas, altos níveis de conformismo tenham sido verificados entre pessoas que costumam rezar. Seria possível, então, concluir que a hipótese é verdadeira? Rigorosamente, não. Não é possível concluir sem comparações. Pode-se objetar que a maioria das pessoas que adquiriram o hábito de orar eram conformistas. Pode-se objetar também que o conformismo verificado seja menos um reflexo das atitudes individuais do que do clima social dominante no momento em que a pesquisa foi realizada. Não seria despropositado, ainda, supor que os entrevistados constituiriam um tipo seleto de pessoas que oram. Se fossem entrevistadas outras pessoas, poderiam não ter sido encontrados altos níveis de conformismo. Assim, delineamentos desse tipo, realizados com um único grupo, sem nenhum controle anterior ao experimento e sem nenhum nível de comparação são muito vulneráveis. Por essa razão são denominados mais adequadamente como pré-experimentais (CAMPBELL, STANLEY, 1979).

7.3.2 Pesquisa *ex-post facto*

Nem sempre na pesquisa social é possível manter algum tipo de controle dos estímulos experimentais. Com frequência, a distribuição aleatória dos participantes da pesquisa e o controle de laboratório são inviáveis. É possível, entretanto, em algumas situações, adotar um tipo de delineamento que apresenta certa semelhança com o experimental: o delineamento *ex-post facto* (a partir do fato passado).

Pode-se definir pesquisa *ex-post facto* como uma investigação sistemática e empírica na qual o pesquisador não tem controle direto sobre as variáveis independentes, porque suas manifestações já ocorreram ou porque são intrinsecamente não manipuláveis (KERLINGER, 1980). Nesse caso, são feitas inferências sobre a relação entre variáveis sem observação direta, a partir da variação concomitante entre as variáveis independentes e dependentes.

Na pesquisa *ex-post facto* a manipulação da variável independente é impossível. Elas chegam ao pesquisador já tendo exercido os seus efeitos. A pesquisa *ex-post facto* lida com variáveis que por sua natureza não são manipuláveis, como: sexo, classe social, nível intelectual, preconceito, autoritarismo etc. Por exemplo, numa pesquisa para verificar a influência da privação na infância sobre o desenvolvimento mental futuro, não seria possível fazer com que grupos diferentes de crianças sofressem privações em graus diferentes, à vontade do pesquisador. Seria possível, contudo, encontrar grupos de indivíduos que já tivessem passado por níveis diferentes de privação e depois estudar seu desenvolvimento mental. Assim, Goldfarb (1955), em estudo clássico, comparou a inteligência de adolescentes que haviam passado seus três primeiros anos em instituições com a inteligência de outros adolescentes. Constatou, então, que a média de inteligência do grupo institucional era substancialmente mais baixa do que a média do outro grupo.

Esses resultados, no entanto, são críticos. Como há estudos indicando que a inteligência está fortemente relacionada com a classe social, não seria possível admitir que as crianças que viveram em instituições eram provenientes principalmente de famílias de classes inferiores? Dessa forma, a diferença observada entre os dois grupos de crianças poderia ser creditada mais à classe social do que propriamente ao fato de terem passado ou não seus três primeiros anos em instituições.

Apesar de serem óbvias as limitações da pesquisa *ex-post facto*, muitos são os problemas nas ciências sociais que requerem pesquisas *ex-post facto* simplesmente porque as variáveis independentes não são manipuláveis. O que se faz necessário nesses estudos é considerar outras variáveis possivelmente relevantes e controlá-las estatisticamente. Dessa forma, a provável influência dessas variáveis poderia ser analisada e neutralizada na análise dos resultados da pesquisa.

7.3.3 Levantamento de campo (*survey*)

Levantamento de campo é a modalidade de pesquisa caracterizada pela interrogação direta das pessoas cujo comportamento se deseja conhecer. Consiste basicamente na solicitação de informações a um grupo significativo de pessoas acerca do problema estudado para em seguida, mediante análise quantitativa, obter as conclusões correspondentes dos dados coletados. Constitui um dos delineamentos mais valorizados no campo das ciências sociais, visto serem muitas as vantagens decorrentes de sua utilização. O levantamento de campo possibilita o contato direto com as pessoas cujos comportamentos, atitudes, opiniões, crenças e valores se deseja conhecer. Possibilita, também, a obtenção de uma grande quantidade de dados em curto espaço de tempo, com custos relativamente baixos. E como os dados obtidos são suscetíveis de tratamento estatístico, possibilita a obtenção de resultados com razoáveis níveis de precisão.

Mas, apesar dessas indiscutíveis vantagens, o levantamento de campo também apresenta limitações. Como os dados são obtidos mediante interrogação, torna-se um delineamento mais útil para verificar com mais propriedade as opiniões das pessoas do que o seu comportamento presente ou passado. Por outro lado, como os dados são obtidos mediante questionários estruturados ou entrevistas com pautas limitadas, os resultados da pesquisa não se caracterizam pela profundidade. Como os dados, de modo geral, são recolhidos em curto espaço de tempo, tendem a refletir o fenômeno pesquisado de uma maneira estática. E como os dados referem-se principalmente a características individuais, o levantamento de campo não se mostra adequado para pesquisar com profundidade as estruturas e os processos sociais.

Em face dessas vantagens e limitações, fica evidente que o levantamento de campo não é o delineamento mais apropriado para investigações aprofundadas de comportamentos e estruturas sociais complexas. É mais adequado a investigações de caráter descritivo do que explicativo. Constitui, no entanto, o delineamento mais adotado para a solução de problemas relacionados com a opinião pública, o comportamento eleitoral e o consumo, entre outros.

A adequada condução de um levantamento de campo requer a observância de uma sucessão de etapas.

1. **Especificação dos objetivos.** Os objetivos devem ser suficientemente específicos para identificar todas as variáveis que são objeto da investigação. Alguns levantamentos, por serem de caráter explicativo, podem exigir também a construção de hipóteses.
2. **Operacionalização das variáveis.** Muitas das variáveis consideradas nos levantamentos referem-se a fatos ou fenômenos facilmente observáveis e mensuráveis. É o caso, por exemplo, de idade, nível de escolaridade e rendimentos. Muitos outros fatos e fenômenos, no entanto, não são passíveis de observação imediata e muito menos de mensuração. É o caso, por exemplo, de "*status* social" e nível de socialização urbana. Nesses casos, torna-se necessário operacionalizar os conceitos ou variáveis, ou seja, torná-los passíveis de observação empírica e de mensuração (ver Capítulo 9).
3. **Elaboração do instrumento de coleta de dados.** Para coleta de dados nos levantamentos são utilizados procedimentos de interrogação. O mais adotado é o questionário, que pode ser enviado pelo correio, distribuído aos participantes, respondido por meios eletrônicos ou aplicado com a presença de um entrevistador (ver Capítulo 13).
4. **Pré-teste do instrumento**. Para garantir que o instrumento esteja adequado aos respondentes, procede-se ao seu pré-teste, que consiste geralmente em sua aplicação a uma amostra da população, com entre 10 e 20 participantes (ver Capítulo 13).
5. **Seleção da amostra.** É pouco frequente a aplicação do instrumento à totalidade de população. Então, procede-se geralmente à seleção de uma amostra proporcional e representativa dessa população (ver Capítulo 10).
6. **Coleta de dados.** A coleta de dados ocorre mediante a aplicação de questionários ou realização de entrevistas. Cuidados especiais devem ser tomados nesta etapa para garantir que os dados sejam obtidos de forma completa e sem vieses.
7. **Análise e interpretação dos dados.** Esta etapa envolve procedimentos diversos: estabelecimento de categorias analíticas, codificação, análise estatística e discussão dos resultados (ver Capítulo 17).
8. **Redação do relatório.** Para que os resultados do levantamento possam ser adequadamente comunicados, é necessário elaborar um relatório, que inclua também a problematização do tema, a fundamentação teórica e o método adotado (ver Capítulo 18).

7.4 Pesquisas qualitativas

A mais evidente diferença entre as pesquisas quantitativas e qualitativas é que nas primeiras os resultados são apresentados em termos numéricos e, nas qualitativas, mediante descrições verbais. A forma quantitativa é a clássica na pesquisa. Tanto é que

Delineamento da pesquisa

as pesquisas qualitativas só passaram a ser reconhecidas como adequadas à pesquisa social a partir da década de 1970. Não como alternativas à pesquisa quantitativa, mas como procedimentos adequados para produzir resultados que não são alcançados mediante procedimentos quantitativos (STRAUSS; CORBIN, 2008). Assim, é preciso considerar que as pesquisas qualitativas não se distinguem das quantitativas apenas em decorrência da natureza de seus dados. Elas se distinguem das quantitativas em decorrência, principalmente, da adoção do enfoque interpretativista, que se distingue do enfoque positivista, tradicionalmente adotado como fundamento das pesquisas quantitativas, e que preconizam a adoção dos mesmos procedimentos adotados nas ciências naturais. Segundo o enfoque interpretativista, o mundo e a sociedade devem ser entendidos segundo a perspectiva daqueles que o vivenciam, o que implica considerar que o objeto de pesquisa é construído socialmente. Assim, a pesquisa qualitativa passou a ser reconhecida como importante para o estudo da experiência vivida e dos complexos processos de interação social.

7.4.1 Estudo de caso

O estudo de caso é uma modalidade de pesquisa amplamente utilizada nas ciências sociais. Consiste no estudo profundo e exaustivo de um ou poucos casos, de maneira que permita seu amplo e detalhado conhecimento, tarefa praticamente impossível mediante outros delineamentos já considerados. Não se trata de um delineamento essencialmente qualitativo, visto que há estudos de caso caracterizados pela ampla utilização de dados quantitativos. A maioria das pesquisas definidas como estudo de caso, no entanto, são de natureza qualitativa.

Durante muito tempo, o estudo de caso foi encarado como procedimento pouco rigoroso, que serviria apenas para estudos de natureza exploratória. Hoje, porém, é reconhecido como delineamento adequado para a investigação de fenômenos contemporâneos dentro de seu contexto real, em que os limites entre o fenômeno e o contexto não são claramente percebidos (YIN, 2014). Nas ciências sociais, a distinção entre o fenômeno e o seu contexto representa uma das grandes dificuldades com que se deparam os pesquisadores; o que, muitas vezes, chega a impedir o tratamento de determinados problemas mediante procedimentos altamente estruturados, como os experimentos e levantamentos. Daí, então, a crescente utilização do estudo de caso no âmbito dessas ciências, com diferentes propósitos, tais como:

a) Explorar situações da vida real cujos limites não estão claramente definidos.
b) Preservar o caráter unitário do objeto estudado.
c) Descrever a situação do contexto em que está sendo feita determinada investigação.
d) Formular hipóteses ou desenvolver teorias.
e) Explicar as variáveis causais de determinado fenômeno em situações muito complexas que não possibilitam a utilização de levantamentos e experimentos.

Para alcançar o que se propõe o estudo de caso, que é o estudo profundo e exaustivo de um fenômeno, requer-se a utilização de múltiplas fontes de evidência, ou seja, de procedimentos diversos para a obtenção dos dados, tais como: análise de documentos, observação e entrevistas. Requer-se também prolongada permanência do pesquisador em campo. Considere-se, ainda, que as entrevistas, para que sejam adequadas, precisam envolver os mais diversos tipos de sujeitos. Por exemplo, se o caso se referir a uma empresa, poderá requerer a realização de entrevistas com proprietários, empregados, fornecedores, clientes e integrantes de outros grupos capazes de influenciar ou de serem influenciados pela empresa.

Convém ressaltar, ainda, que um bom estudo de caso constitui tarefa difícil de realizar. Mas é comum encontrar pesquisadores inexperientes, entusiasmados pela flexibilidade metodológica dos estudos de caso, que decidem adotá-lo em situações para as quais não é recomendado. Como consequência, ao final de sua pesquisa, conseguem apenas um amontoado de dados que não conseguem analisar.

7.4.2 Pesquisa fenomenológica

Esta modalidade de pesquisa utiliza o método fenomenológico, considerado no Capítulo 2. Trata-se de pesquisa qualitativa por excelência, já que seu propósito é de interpretar o mundo através da consciência dos sujeitos formulada com base em suas experiências. Seu objeto é, portanto, o próprio fenômeno tal como se apresenta à consciência, ou seja, o que aparece, e não o que se pensa ou se afirma a seu respeito (HUSSERL, 1986). Assim, a pesquisa fenomenológica aplica-se a problemas que se referem ao dia a dia das pessoas. Por exemplo, para estudar o convívio com a frustração, com a depressão, com a separação e com a sexualidade.

Na pesquisa fenomenológica identificam-se dois momentos. O primeiro é o da redução fenomenológica (*epoché* em grego = colocar entre parênteses), que consiste em restringir o conhecimento ao fenômeno da experiência de consciência, o que implica desconsiderar o mundo real. Trata-se, pois, do processo pelo qual tudo que é informado pelos sentidos é mudado em uma experiência de consciência, em um fenômeno que consiste em se estar consciente de algo. O segundo momento é o da redução eidética (do grego *eidos* = ideia ou essência), que consiste na redução do objeto da percepção à ideia, o que significa a abstração da existência, de tudo o que é acidental, para permitir a intuição das essências.

As técnicas mais adequadas para coleta de dados na pesquisa fenomenológica são as que possibilitam a livre expressão dos participantes, que é essencial tanto para a descrição quanto para a interpretação da experiência vivida. A mais comum dessas técnicas é a entrevista focalizada, que, ao mesmo tempo em que permite a livre expressão do entrevistado, garante a manutenção de seu foco pelo entrevistador. A seleção dos participantes de uma pesquisa não requer a utilização do processo de amostragem probabilística nem mesmo um número elevado de informantes. Isso porque seu propósito não é o de garantir que seus resultados sejam representativos das características de determinada população. O que interessa é dispor de participantes que sejam capazes de descrever de maneira acurada a sua experiência vivida.

Delineamento da pesquisa

7.4.3 Pesquisa etnográfica

A pesquisa etnográfica tem origem na Antropologia, sendo utilizada tradicionalmente para a descrição dos elementos de uma cultura específica, tais como comportamentos, crenças e valores, baseada em informações coletadas mediante trabalho de campo. Foi utilizada originariamente para a descrição das sociedades sem escrita. Seu uso, no entanto, foi se difundindo e nos dias atuais é utilizada também no estudo de organizações e sociedades complexas.

Pode-se dizer que a pesquisa etnográfica tem como propósito o estudo das pessoas em seu próprio ambiente mediante a utilização de procedimentos como entrevistas em profundidade e observação participante. É a pesquisa antropológica por excelência, já que se volta para o estudo das múltiplas manifestações de uma comunidade ao longo do tempo e do espaço. A pesquisa etnográfica clássica envolve uma detalhada descrição da cultura como um todo, o que requer dos pesquisadores – pessoas estranhas à comunidade – longa permanência em campo.

A maioria das pesquisas etnográficas conduzidas contemporaneamente, todavia, não se voltam para o estudo da cultura como um todo. Embora algumas pesquisas possam ser caracterizadas como estudos de comunidade, a maioria realiza-se no âmbito de unidades menores, como empresas, escolas, hospitais, clubes e parques. E valem-se de ampla multiplicidade de técnicas de coleta de dados, tais como entrevista, observação, análise de artefatos físicos e toda sorte de documentos.

A pesquisa etnográfica apresenta uma série de vantagens em relação a outros delineamentos. Como é realizada no próprio local em que ocorre o fenômeno, seus resultados costumam ser mais fidedignos. Como não requer equipamentos especiais para coleta de dados, tende a ser mais econômica. Como o pesquisador apresenta maior nível de participação, torna-se maior a probabilidade de os sujeitos oferecerem respostas mais confiáveis. Mas a pesquisa etnográfica também apresenta desvantagens. De modo geral, sua realização demanda mais tempo do que outras modalidades de pesquisa, como o levantamento, por exemplo. A pesquisa etnográfica fundamenta-se num pequeno número de casos, não se tornando apropriada para promover generalizações. O pesquisador, por sua vez, precisa participar ativamente de todas as etapas da pesquisa, já que não há como atribuir a outros a tarefa de coleta de dados.

7.4.4 Teoria fundamentada (*grounded theory*)

A *grounded theory* tem sua origem nos trabalhos desenvolvidos por Barney Glaser e Anselm Strauss (1967), com o objetivo de proporcionar uma alternativa ao processo de geração dedutiva de teorias sociais. Esses dois sociólogos consideraram que as grandes teorias eram muito abstratas e, portanto, difíceis de serem testadas empiricamente. Propuseram, então, um método de pesquisa que facilitasse a explicação da realidade social mediante a construção de teorias indutivas, baseadas na análise sistemática dos dados.

Na *grounded theory*, o pesquisador, mediante diversos procedimentos, reúne um volume de dados referente a determinado fenômeno. Após compará-los, codificá-los e extrair suas regularidades, conclui com uma teoria que emerge desse processo de análise. Seu produto é, pois, uma teoria fundamentada nos dados. O propósito do pesquisador não é testar uma teoria, mas entender uma determinada situação, como e por que os participantes agem dessa maneira e por que essa situação se desenvolve daquele modo. A teoria que emerge dos dados revela o comportamento das pessoas em situações específicas. Não podem, portanto, ser entendidas como representativas de uma realidade objetiva, externa aos sujeitos. São, a rigor, reconstruções da experiência.

Nessa modalidade de pesquisa o pesquisador em conjunto com os sujeitos da pesquisa reconta suas experiências por meio de uma teoria. Esta teoria tem uma amplitude restrita. Não pode ser entendida como um conjunto de proposições ou hipóteses que formam um sistema dedutivo. É uma teoria substantiva, específica para determinado grupo ou situação, que não pode, portanto, ser generalizada. Não pode ser encarada como uma verdade absoluta, mas como a explicação de uma realidade tornada real pelos sujeitos da pesquisa.

O procedimento mais adotado para coleta de dados na *grounded theory* é a entrevista, que é dirigida não a integrantes de uma categoria específica, mas a pessoas que de alguma forma se relacionam com o fenômeno a ser pesquisado. Numa pesquisa referente ao processo de recuperação de acidentados no trânsito, por exemplo, podem-se entrevistar, além dos próprios pacientes, também, médicos, enfermeiras, pessoas da família e visitantes. Não se estabelece nas entrevistas um roteiro prévio, nem é preciso garantir que as mesmas perguntas sejam feitas a todos os informantes. Mas é necessário que ao longo do processo o entrevistador vá se perguntando: O que está acontecendo? Qual é a situação? O que de fato esta pessoa está querendo dizer? Que categorias de análise sugerem estas respostas?

Cada entrevista deve se relacionar com a anterior. Assim, pode-se dizer que a construção da teoria fundamentada se inicia com a coleta de dados. À medida que se vai avançando nas entrevistas, o pesquisador vai promovendo sucessivas comparações e a teoria vai emergindo. Por essa razão é que se torna conveniente ao entrevistador elaborar memorandos, ou seja, anotar ideias significativas para a construção da teoria à medida que estas forem surgindo.

7.5 Pesquisa narrativa

A pesquisa narrativa fundamenta-se nas experiências pessoais expressas em histórias contadas pelas pessoas. Consiste, portanto, em pesquisa focada em um ou poucos indivíduos, cujos dados são obtidos mediante o relato de suas experiências pessoais, sua ordenação cronológica e a interpretação de seu significado.

Podem ser identificadas diferentes modalidades de pesquisa narrativa. A biografia é a modalidade de pesquisa em que o pesquisador analisa cronologicamente a experiência de vida de outras pessoas. A autobiografia é outra modalidade, sendo que nesta as próprias pessoas a que se refere o estudo registram sua história pessoal. A história de vida fundamenta-se na obtenção pelo pesquisador da narrativa da vida inteira da vida de um indivíduo ou de suas experiências pessoais ao longo de determinado período

Delineamento da pesquisa

de tempo. A história oral, por fim, consiste na reunião de depoimentos considerados relevantes para o estudo de eventos, organizações ou comunidades.

7.6 Pesquisa de métodos mistos

A partir do final da década de 1990 passou-se a discutir a possibilidade e a conveniência da realização de pesquisas de métodos mistos, ou seja, de pesquisas que combinam elementos de pesquisa qualitativa e quantitativa com o propósito de ampliar e aprofundar o entendimento e a corroboração dos resultados (CRESWELL, 2013). Embora haja ainda muita discussão acerca dessa modalidade de pesquisa, podem-se identificar situações em que se justifica sua aplicação: 1) quando uma única fonte de dados (quantitativa ou qualitativa) for insuficiente; 2) quando se percebe a necessidade de explicar os resultados iniciais de uma pesquisa quantitativa ou qualitativa; 3) quando existe uma necessidade de generalizar os achados exploratórios; 4) quando existe a necessidade de aperfeiçoar o estudo com um segundo método; 5) Quando existe uma necessidade de empregar melhor uma postura teórica; 6) Quando existe uma necessidade de entender um objetivo da pesquisa por meio de múltiplas fases.

São considerados, a seguir, os principais delineamentos de pesquisa de métodos mistos.

7.6.1 Delineamento sequencial explanatório

O delineamento sequencial explanatório caracteriza-se pela coleta e análise de dados quantitativos seguida pela coleta e análise de dados qualitativos. É adotado com o propósito de utilizar dados qualitativos para auxiliar na interpretação dos resultados de um estudo primariamente quantitativo. Sua utilização é recomendada quando o pesquisador percebe a necessidade de dados qualitativos para explicar resultados obtidos com dados quantitativos que se mostraram discrepantes ou surpreendentes.

7.6.2 Delineamento sequencial exploratório

O delineamento sequencial exploratório é conduzido em duas fases, sendo a primeira caracterizada pela coleta e análise de dados qualitativos e a segunda pela coleta e análise de dados quantitativos. Seu propósito é utilizar resultados quantitativos para auxiliar na interpretação de resultados qualitativos. Diferentemente do delineamento sequencial explanatório, que é mais apropriado para explicar e interpretar relações, o propósito desse delineamento é o de explorar o fenômeno. Pode ser utilizado, por exemplo, para desenvolver um instrumento que ainda não está disponível para generalizar resultados qualitativos, para estudar um fenômeno em profundidade ou para testar aspectos de uma teoria emergente.

7.6.3 Delineamento convergente

O delineamento convergente caracteriza-se pela coleta e análise tanto de dados quantitativos quanto qualitativos durante a mesma etapa do processo de pesquisa, seguida da fusão dos dois conjuntos de dados em uma interpretação geral. Seu propósito é o de obter dados diferentes, mas complementares, sobre o mesmo tópico, para melhor entender o problema de pesquisa. O que se pretende com esse delineamento é aliar as vantagens dos métodos quantitativos (amostragem representativa, quantificação, generalização) às vantagens dos métodos qualitativos (pequenas amostras, profundidade).

7.6.4 Delineamento incorporado

O delineamento incorporado, assim como o paralelo convergente, caracteriza-se pela coleta tanto de dados quantitativos como qualitativos em determinada pesquisa. Todavia, diversamente do delineamento paralelo convergente, existe um método predominante (quantitativo ou qualitativo) que guia o projeto. O pesquisador pode incorporar um elemento qualitativo em um delineamento quantitativo, como um experimento, ou incorporar um elemento quantitativo a um delineamento qualitativo, como um estudo de caso. Esse elemento suplementar geralmente é incorporado com o propósito de aprimorar a pesquisa com o uso de métodos diferentes, mantendo, porém, um método predominante.

7.6.5 Delineamento transformativo

O delineamento transformativo caracteriza-se pela utilização de uma estrutura teórica de base transformativa com o propósito de prever as necessidades de populações sub-representadas ou marginalizadas. Trata-se de um delineamento crítico, já que é subordinado a uma perspectiva ideológica. Há que se considerar, no entanto, que é cada vez mais frequente a utilização de pesquisas – notadamente qualitativas – que se valem de fundamentação fornecida por teorias feministas, étnicas, de orientação sexual e de incapacidade, com o propósito explícito de contribuir para melhorar a situação desses grupos. Essas pesquisas orientam-se no sentido de identificar os desequilíbrios de poder e a capacitação de indivíduos e comunidades e promover causas de justiça social.

7.6.6 Delineamento multifásico

É o mais complexo dentre todos os delineamentos de métodos mistos, pois o pesquisador investiga um problema mediante uma sequência de estudos quantitativos e qualitativos interconectados. É utilizado quando uma única pesquisa de métodos mistos não é suficiente para satisfazer objetivos de longo prazo. O delineamento multifásico desenvolve-se ao longo de três, quatro ou mais fases. O pesquisador, após definir o objetivo geral da pesquisa, inicia a primeira fase, determinando as questões de pesquisa. Em seguida, planeja, coleta dados, analisa e interpreta os resultados. Após relatar os resultados, passa para a segunda fase, para a terceira, e assim sucessivamente.

7.7 Pesquisas não interferentes

Existe uma longa tradição de pesquisas não interferentes nas ciências sociais. O clássico estudo de Émile Durkheim ([1897], 1973) acerca do suicídio constitui um dos mais notáveis exemplos. Com base em registros estatísticos disponíveis, demonstrou como sua ocorrência tem a ver com a quebra dos laços de solidariedade entre os indivíduos. Foi, porém, com o aparecimento do livro de Webb, Campbell, Schwartz e Sechrest (1966) que se difundiram os conceitos de pesquisa não reativa e de medidas não intrusivas. Esses autores definem medidas não intrusivas como as que não exigem que o pesquisador se intrometa no contexto da pesquisa e as propõem com vistas a reduzir os vieses dessa intrusão. Entre essas medidas estão tanto as obtidas em fontes convencionais, como registros históricos e estatísticos, quanto as obtidas em fontes incomuns, como lixo, grafites e obituários. São, pois, pesquisas que também podem ser definidas como documentais.

Três modalidades de pesquisas não interferentes são aqui consideradas: pesquisa comparativa, pesquisa baseada em registros estatísticos e análise de conteúdo.

7.7.1 Pesquisa comparativa

Esta modalidade de pesquisa consiste essencialmente na comparação de fatos e fenômenos de uma mesma série para verificar a existência de semelhanças e diferenças entre eles. Constitui modalidade de pesquisa das mais fundamentais nas ciências sociais. Tanto é que Émile Durkheim considerava o método comparativo o mais fundamental para a sociologia.

A pesquisa comparativa pode levar em consideração o espaço ou o tempo. Quando se considera o espaço, a principal modalidade de pesquisa comparativa é a que compara culturas nacionais. Mas vem se tornando cada vez mais frequentes pesquisas que comparam regiões, comunidades ou organizações. Com efeito, a lógica da comparação pode ser aplicada em diferentes níveis de análise. Mesmo porque os estudos culturais são atualmente desenvolvidos também no âmbito das organizações e de grupamentos menores que configuram as chamadas subculturas, constituídas por integrantes de grupos etários, religiosos profissionais etc.

Quando se considera a dimensão temporal a pesquisa comparativa assume o caráter de pesquisa histórica, focando sociedades, comunidades, organizações e outros agrupamentos humanos ao longo do tempo. Tem sido tradicionalmente utilizada no campo da sociologia, da antropologia e da ciência política. Auguste Comte, que cunhou o termo sociologia, concebia esta disciplina como o estágio final do desenvolvimento das ideias sociais. Lewis Morgan (1877) via a evolução da sociedade como uma progressão, que ia do "barbarismo" à "civilização". Émile Durkheim (1893) concebia a evolução social como decorrência da divisão do trabalho. Karl Marx ([1867], 2007) enfatizava a evolução dos fatores econômicos como determinantes da natureza da sociedade. Max Weber (1905) analisou o papel das ideias religiosas no desenvolvimento do capitalismo.

A pesquisa histórica caracteriza-se pela coleta, organização e análise crítica dos dados relacionados com ocorrências do passado. Seu propósito é o de desenvolver uma interpretação de eventos passados para fornecer uma compreensão mais adequada do presente. Isso porque o passado pode ser entendido como uma força viva e atuante que mantêm o mundo contemporâneo.

As pesquisas comparativas, quer enfatizem a dimensão temporal ou a espacial, valem-se, essencialmente de fontes documentais, principalmente primárias, ou seja, aquelas que ainda não passaram por nenhum tratamento analítico. Entre estas fontes estão: diários, memórias, autobiografias, discursos, cartas, fotografias, artefatos físicos, artigos de jornal, atas de reunião, estatutos de organizações, legislação, documentos oficiais etc.

7.7.2 Pesquisa baseada em registros estatísticos

É possível realizar pesquisas sociais utilizando registros estatísticos elaborados por orgãos governamentais ou por grandes organizações. O Instituto Brasileiro de Geografia e Estatística (IBGE) é o mais importante órgão oficial que oferece registros dessa natureza. As informações constantes desses registros são coletadas para subsidiar decisões políticas ou para atender a necessidades dos serviços públicos. Esta modalidade de pesquisa difere, portanto, das que se valem de dados secundários, que são obtidos com o objetivo de atender a necessidades específicas de alguma outra pesquisa.

Dados estatísticos existentes são utilizados frequentemente nas pesquisas com a finalidade de complementar dados obtidos por outros meios. Também podem ser utilizados para o esclarecimento do contexto em que ocorrem os fenômenos estudados mediante pesquisas como levantamentos de campo. Mas podem ser utilizados como procedimento fundamental, como no estudo desenvolvido por Durkheim sobre o suicídio.

São evidentes as limitações das pesquisas que se valem dessa modalidade de dados. Os dados disponíveis foram coletados para servir a propósitos outros que não o da pesquisa pretendida. Assim, podem não cobrir exatamente o que interessa pesquisar. Por outro lado, pode haver razões sérias para duvidar da qualidade dos dados fornecidos por órgãos governamentais, sobretudo em países que mantêm regimes não democráticos ou que apresentam elevados níveis de corrupção.

7.7.3 Análise de conteúdo

A análise de conteúdo foi concebida inicialmente como uma técnica de pesquisa destinada a proporcionar a descrição objetiva, sistemática e quantitativa do conteúdo manifesto das comunicações (BERELSON, 1952). Foi utilizada inicialmente para estudar o conteúdo dos meios de comunicação de massa, mediante a identificação da presença de certas palavras, conceitos, temas, frases, caracteres ou sentenças presentes nos textos. De acordo com essa concepção, as pesquisas que utilizavam esse procedimento poderiam ser consideradas pesquisas quantitativas. Seu significado, no entanto, foi se ampliando e passou a adotar também procedimentos de natureza qualitativa e considerar o contexto social econômico em que são utilizadas não apenas as palavras, mas também as imagens e os sons.

Em virtude dessas alterações, ampliou-se o alcance da análise de conteúdo, já que veio possibilitar fazer inferências acerca da sociedade e da cultura em que se manifestam as comunicações. Passou, então, a ser utilizada por pesquisadores no campo da sociologia, antropologia, psicologia e ciência política, sobretudo em campos difíceis de pesquisar mediante procedimentos de observação ou de interrogação, como os que envolvem questões de gênero, ideologia política, estratégia de negócios e convicções religiosas.

Exercícios e trabalhos práticos

1. Formule um problema de pesquisa e localize material bibliográfico presumivelmente importante para o seu desenvolvimento.
2. Formule problemas de pesquisa no âmbito das ciências sociais que possam ser pesquisados experimentalmente.
3. Analise relatórios de pesquisas e procure classificá-los de acordo com os vários tipos de delineamento.
4. Formule problemas de pesquisa cujos dados possam ser obtidos exclusivamente a partir da análise de documentos.

8

REVISÃO DA LITERATURA

Etapa das mais importantes no planejamento de pesquisas acadêmicas é constituída pela revisão da literatura, que pode ser definida como um relato acerca do que foi publicado em relação ao tema que está sendo pesquisado. A revisão da literatura é geralmente elaborada como seção específica tanto do projeto quanto do relatório final da pesquisa e tem como propósito informar o leitor acerca de contribuições teóricas e resultados de outros estudos realizados na área abordada. Quando bem elaborada, a revisão da literatura não apenas documenta o estudo da arte em relação ao tópico que está sendo pesquisado, mas analisa criticamente as informações coletadas, identificando limitações das teorias e das pesquisas já realizadas.

Este capítulo é dedicado à revisão da literatura em pesquisas sociais. Após estudá-lo cuidadosamente, você será capaz de:

- Reconhecer as finalidades da revisão da literatura na pesquisa social.
- Caracterizar as principais fontes bibliográficas.
- Reconhecer o potencial das bibliotecas convencionais e das bases de dados para a revisão da literatura.
- Descrever as etapas da revisão da literatura.

8.1 Finalidades da revisão da literatura

Embora se consolide como um relato, a revisão da literatura constitui etapa que se desenvolve ao longo de todo o processo de planejamento da pesquisa (RIDLEY, 2008). São múltiplas as suas finalidades, conforme indicam os itens a seguir.

8.1.1 Verificar o estado do conhecimento sobre o assunto

A revisão da literatura promove o levantamento acerca do que já se conhece em relação ao assunto que está sendo pesquisado. Possibilita, portanto, identificar lacunas no conhecimento existente e, consequentemente, orientar a pesquisa com o propósito de preenchê-las.

8.1.2 Esclarecer o significado de conceitos utilizados na pesquisa

É provável que muitos dos termos utilizados na pesquisa sejam utilizados de diferentes maneiras por pesquisadores. Considere-se, por exemplo, o termo atitude, que é um dos mais utilizados no campo da Psicologia Social. Gordon Alport (1935) reuniu mais de cem definições diferentes para esse conceito. Assim, os pesquisadores sociais procedem à revisão da literatura com o propósito de apresentar para o leitor a variedade de maneiras como determinado termo foi definido e interpretado e como será utilizado na pesquisa.

8.1.3 Discutir conceitos e teorias

A realização de pesquisas requer a utilização de conceitos e de teorias. Os conceitos, que são representados por palavras ou expressões, são utilizados para conferir significado às coisas. As teorias, que podem ser descritas como estruturas explicativas, são utilizadas para explicar e prever relações entre os fenômenos. Assim, a revisão da literatura pode ser utilizada para apresentar e discutir os conceitos e as teorias e que se pretende usar para orientar a pesquisa e ajudar a analisar e interpretar os dados. Cabe, pois, ao pesquisador, comparar e contrastar as teorias e conceitos e, quando for o caso, apresentar a própria interpretação.

8.2 Fontes bibliográficas

A revisão da literatura é feita mediante consulta a múltiplas fontes. Entre estas estão livros, periódicos científicos, anais de encontros científicos, teses e dissertações.

8.2.1 Livros

Os livros são importantes na revisão da literatura por possibilitarem acesso a textos capazes de proporcionar tanto referencial conceitual quanto fundamentação teórica dos trabalhos de pesquisa. Durante muito tempo representaram a principal modalidade de veiculação de produção artística, tecnológica e científica. Atualmente, porém, na maioria das áreas, a produção de conhecimentos vem se expressando preferencialmente na forma de artigos em periódicos. Mas os livros ainda são importantes nas revisões de literatura, pois constituem a forma mais adequada para a apresentação de teorias científicas complexas e relatos detalhados de pesquisas.

Cabe considerar, no entanto, que livros de caráter didático ou de divulgação científica devem ser evitados na revisão da literatura, pois, embora úteis para a formação acadêmica, não apresentam, de modo geral, as contribuições originais dos autores. Sem contar que, por não serem reeditados periodicamente, podem se mostrar desatualizados.

8.2.2 Periódicos científicos

Os periódicos constituem a principal fonte bibliográfica utilizadas nas revisões de literatura. São editados principalmente por universidades e institutos de pesquisa. Contam, geralmente, com um conselho editorial constituído por especialistas no respectivo campo de conhecimento e seus artigos são avaliados por pares. Seus artigos são constituídos por relatos de pesquisa, ensaios teóricos e também por revisões de literatura. Graças a eles é que se torna possível a comunicação formal dos resultados de pesquisas originais, de ensaios que promovem o aperfeiçoamento de teorias e informações atualizadas acerca do que tem sido produzido nos vários campos do conhecimento.

Para que os artigos possam ser úteis na revisão da literatura, é necessário que tenham sido elaborados com rigor científico. Como se dispõe atualmente de uma grande quantidade de periódicos nas mais diversas áreas do conhecimento, isso não constitui tarefa fácil. Assim, com vistas a proporcionar informação acerca da qualidade desses periódicos, a Coordenação de Aperfeiçoamento de Pessoal de Nível Superior (CAPES) afere anualmente a qualidade dos periódicos nacionais e internacionais nos vários campos do conhecimento. Para tanto classifica-os em estratos indicativos da qualidade - A1, o mais elevado; A2; B1; B2; B3; B4; B5 e C, com peso zero. A lista desses periódicos, organizada segundo as áreas de conhecimento pode ser encontrada no site http://qualis.capes.gov.br/.

8.2.3 Teses e dissertações

Fontes dessa natureza podem ser importantes para a pesquisa, pois muitas delas são constituídas por relatórios de investigações científicas originais ou acuradas revisões bibliográficas. Seu valor depende, no entanto, de muitos fatores, notadamente da qualidade dos programas em que esses trabalhos são produzidos.

As teses e dissertações correspondem a trabalhos desenvolvidos por estudantes ao longo de um curso de pós-graduação que são submetidos a uma banca avaliadora. De modo geral, esses trabalhos recebem algum tipo de crítica durante a avaliação. Como, porém, não podem ser efetuadas alterações substanciais nos trabalhos aprovados, pode ocorrer que muitas das deficiências em sua condução permaneçam no trabalho original. Situação bem frequente é a de que teses e dissertações de reconhecida qualidade deem origem a textos mais aprimorados e reduzidos que acabam por ser publicados em periódicos científicos.

8.2.4 Anais de encontros científicos

Os encontros científicos, tais como congressos, simpósios e fóruns, constituem locais privilegiados para apresentação de comunicações científicas. Seus resultados são publicados geralmente na forma de anais, que reúnem o conjunto dos trabalhos apresentados e as palestras e conferências ocorridas durante o evento. Durante muito tempo esses anais foram publicados em forma de livros ou de números especiais de periódicos. Atualmente, são publicados em CDs ou disponibilizados pela internet.

8.3 O uso da biblioteca

A revisão da literatura pode ser considerada uma modalidade de pesquisa bibliográfica, que tem sido tradicionalmente realizada no âmbito de bibliotecas convencionais. Todavia, em virtude da ampla disseminação de materiais bibliográficos em formato eletrônico, vem assumindo maior importância para a revisão da literatura a pesquisa feita em bibliotecas digitais. Mesmo porque muitos periódicos científicos são apresentados atualmente apenas em versão digital.

Na biblioteca tradicional, a maioria dos itens de seu acervo é constituída de documentos em papel. Sua importância para a realização de revisões de literatura tem diminuído significativamente, principalmente porque muitos periódicos científicos são apresentados atualmente apenas em versão digital. Mas essas bibliotecas ainda são importantes, não apenas porque existem livros e revistas disponíveis apenas em papel, mas porque há pesquisadores que, mesmo dispondo de competência para pesquisar em meio eletrônico, preferem, sempre que possível, localizar obras nas estantes e manusear suas folhas.

A principal habilidade a ser desenvolvida para pesquisar em biblioteca física é a consulta a seu catálogo, que possibilita a localização das fontes por autor, título ou assunto. Essa consulta mostra-se eficaz para a localização de livros. O mesmo não acontece em relação aos periódicos, cujos artigos de modo geral não são catalogados. Conhecendo-se, porém, os periódicos potencialmente interessantes em relação ao assunto, procede-se a sua consulta de forma retrospectiva, isto é, partindo dos mais recentes para os mais antigos. A consulta aos artigos mais recentes mostra-se particularmente interessante, porque com base em sua bibliografia torna-se possível localizar outros artigos de interesse.

As informações que aparecem nas fichas do catálogo identificam cada publicação da biblioteca por autor, título, local de publicação, editora, data de publicação, número de páginas e outras características. Essas informações podem ser úteis ao pesquisador na seleção das obras que melhor atendam às suas necessidades. O nome do autor pode indicar a autoridade no tratamento do assunto ou mesmo o ponto de vista que pode estar expresso na publicação. O mesmo pode ser dito em relação à editora. A data de publicação é um indicador do grau de atualização da informação contida na obra. O número de páginas, por sua vez, pode auxiliar na identificação da extensão do tratamento dado ao assunto.

As bibliotecas mais adequadas para pesquisa são aquelas em que o consulente tem acesso direto às estantes. Como o acervo é classificado de acordo com um sistema, fica fácil localizar as obras que tratam de determinado assunto. Desses sistemas, o mais utilizado nas bibliotecas brasileiras é o Sistema de Classificação Decimal de

Dewey, que agrupa as várias áreas do conhecimento em 10 classes, cada uma das quais subdividida em outras 10, e assim subsequentemente.

Esse sistema considera, inicialmente, dez classes que agrupam as diversas áreas do conhecimento.

000 Obras Gerais
100 Religião
200 Filosofia
300 Ciências Sociais
400 Filologia
500 Ciências Puras
600 Ciências Aplicadas
700 Artes
800 Literatura
900 História, Geografia e Biografias

A classe que agrupa as publicações no campo das ciências sociais é identificada pelo código 300. Essa classe, por sua vez, apresenta as subclasses:

300 Ciências Sociais
310 Estatística
320 Ciência Política
330 Economia
340 Direito
350 Administração Pública
360 Serviço Social
370 Educação
380 Serviços de Utilidade Pública
390 Usos e Costumes. Folclore

8.4 Pesquisa em bases de dados

As revisões de literatura realizadas atualmente valem-se principalmente de Bases de Dados Eletrônicos, que são locais na Web, em que se podem ser encontrados artigos de periódicos científicos, livros, teses, anais de congressos, entre outros documentos. Representam, portanto, recurso valioso para conhecer as publicações nos mais diversos setores da comunidade científica, por meio de informações bibliográficas atualizadas.

Algumas dessas bases são de acesso aberto, ou seja, podem ser acessadas a partir de qualquer computador com acesso à internet. Outras, porém, são de acesso restrito a professores, e estudantes de universidades ou a pesquisadores de instituições científicas. As mais importantes estão agrupadas no Portal da CAPES, que conta em seu acervo com mais de 1.400 periódicos e inclui nove bases referenciais em todas as áreas do conhecimento. O acesso pleno a seu acervo é restrito a professores, estudantes e funcionários das instituições participantes.

Indica-se, a seguir, a relação das principais bases de acesso restrito de interesse para pesquisadores no campo das ciências sociais. A maioria integra o Portal da CAPES.

Academic Search Premier – ASP (EBSCO)
African Newspaper
Anual Bulletin of Historical Literature
Annual Reviews
Asian Pacific Economic Literature – APEL
Applied Social Sciences Index and Abstracts – ASSIA (ProQuest)
Banco de Teses da CAPES
Dissertations & Theses
EBSCO HOST – Publicações Científicas
Emerald Fulltext (Emerald)
ERIC – Education Resources Information Center (ProQuest)
Gale – Academic OneFile
Historical Abstracts with Full Text
Highwire Press
JSTOR Arts & Sciences I Collection (Humanities)
Project Muse
PsycArticles (APA)
PsycINFO (APA)
ScienceDirect (Elsevier)
SciFinder web (CAS Chemical Abstracts Service)
SCOPUS (Elsevier)
SocINDEX with Full Text (EBSCO)
Sociological Abstracts (ProQuest)
SpringerLink (Periódicos e livros)

8.5 Etapas da revisão da literatura

A revisão da literatura pode ser entendida como uma espécie de pesquisa bibliográfica, envolvendo, consequentemente, as etapas de planejamento, coleta de dados, análise e interpretação e redação do relatório. Assim, considerando suas especificidades, é possível, embora de maneira não rígida, definir as etapas de seu processo.

8.5.1 Elaboração do plano da revisão da literatura

Com base nos objetivos da pesquisa, torna-se possível determinar os principais tópicos a serem considerados na pesquisa. É preciso considerar, no entanto, que a fixação dos objetivos implica ter sido já realizado alguma revisão preliminar da literatura. E também que, à medida que se avança na revisão da literatura os objetivos – e o próprio problema de pesquisa – podem sofrer alterações. Daí porque a determinação dos tópicos pode ser considerada como a elaboração do plano da revisão da literatura. Plano este que também pode sofrer alterações ao longo do processo.

Segue-se, então, um exemplo de elaboração de plano de revisão de literatura. Considere-se uma pesquisa que tenha como objetivo verificar como a consciência regional dos habitantes de diferentes municípios contribui para a constituição de organismos de governança numa região metropolitana. Com apoio no material preliminar utilizado para determinar os objetivos da pesquisa, define-se alguns tópicos que podem requerer clarificação conceitual ou fundamentação teórica para viabilização da pesquisa. Assim, poderão ser definidos os seguintes tópicos:

1. Regiões metropolitanas
2. Governança em regiões metropolitanas
3. Organismos de gestão metropolitana
4. Consciência regional.

Cada um desses tópicos, por sua vez, poderá abranger diversos subtópicos. Por exemplo, para desenvolver o tópico 2 – Governança em regiões metropolitanas – poderão ser definidos quatro subtópicos:

1.1 Conceituação e terminologia
1.2 Obstáculos à governança metropolitana
1.3 Arranjos institucionais de governança
1.4 Experiências em governança metropolitana.

O mesmo poderá ser feito em relação aos demais tópicos.

8.5.2 Identificação das fontes bibliográficas

Para bem conduzir esta etapa, é necessário ter bastante clareza acerca dos tópicos a serem consultados. Pode ocorrer que ao longo das buscas constate-se que determinado tópico é muito amplo, exigindo, portanto, um refinamento. É necessário também estar familiarizado com as diferentes bases de dados, buscando as que sejam mais relevantes para o campo de estudo. A busca por revisões de literatura que já tenham sido elaboradas sobre os mesmos tópicos também podem se mostrar muito úteis.

Quando se dispõe de conhecimento prévio das fontes bibliográficas relevantes para a pesquisa, é possível realizar as buscas por periódicos. Nesse caso, define-se previamente que periódicos serão objeto de busca, bem como o período a ser considerado. São frequentes as pesquisas que consideram os artigos publicados nos periódicos classificados nos estratos mais elevados pela CAPES nos últimos cinco anos. Mas é importante certificar-se também que estudos teóricos clássicos ou de referência sejam consultados. Também é importante considerar que algumas fontes não estão disponíveis pela internet. O que poderá exigir a consulta em livros na biblioteca convencional ou mesmo sua aquisição em livrarias.

Como as buscas são feitas geralmente por palavras-chave, é preciso garantir que sejam escolhidas as mais adequadas. Isso poderá exigir simulações prévias. Convêm considerar também que embora as bases aceitem palavras-chave em qualquer idioma, resultados melhores são obtidos utilizando-se a grafia em língua inglesa.

8.5.3 Leitura do material

Após a identificação e localização do material – que será constituído principalmente por artigos publicados – passa-se à sua leitura. Importante considerar que a leitura de textos científicos para subsidiar trabalhos de pesquisa difere significativamente da leitura que é feita com a finalidade de entretenimento. O que se busca com a leitura desses textos é:

1) Identificar as informações e os dados constantes dos materiais.
2) Estabelecer relações entre essas informações e dados e o problema proposto.
3) Analisar a consistência das informações e dados apresentados pelos autores.

Recomenda-se, primeiramente, uma *leitura exploratória* de todo o material selecionado. O que se pretende com esse tipo de leitura é decidir acerca da conveniência da leitura do material ou de parte dele. Boa parte do material selecionado será provavelmente descartado. Para decidir acerca da importância de um artigo para a pesquisa, basta geralmente a leitura de seu resumo. Já para decidir acerca de um livro, procede-se à leitura de seu sumário e de algumas passagens esparsas de seu texto.

Após terem sido definidos os textos a serem pesquisados, recomenda-se que seja feita uma *leitura seletiva*, que tem por finalidade selecionar as partes de seu texto de maior interesse para a pesquisa. Para tanto é necessário que o pesquisador tenha clareza acerca dos seus objetivos. É possível que o interesse do pesquisador em relação a um artigo restrinja-se, por exemplo, aos métodos adotados.

O procedimento seguinte consiste na *leitura analítica*, que tem por finalidade ordenar e sumariar as informações contidas nas fontes, de forma que possibilitem a obtenção de respostas da pesquisa. Nessa leitura – que se restringe aos textos selecionados – procede-se à identificação das ideias-chave e do relacionamento entre elas. Trata-se, portanto, de uma leitura que possibilitará a hierarquização das ideias e a elaboração de uma síntese.

Por fim, procede-se à *leitura interpretativa*, que visa estabelecer relação entre o conteúdo das fontes e conteúdos obtidos em outras fontes. Essa etapa da leitura muitas vezes ocorre juntamente com a pesquisa analítica. Seu propósito é conferir um significado mais amplo às ideias identificadas na leitura analítica.

Revisão da literatura

8.5.4 Seleção de trechos relevantes

A partir da leitura do material, procede-se à seleção dos trechos relevantes para a pesquisa encontrados nas obras consultadas. Esses trechos podem referir-se a: 1) Definições de termos ou conceitos; 2) Controvérsias relacionadas com o problema que está sendo pesquisado; 3) Resultados ou conclusões obtidas nos estudos; 4) Recomendações e sugestões apresentadas pelos autores; 5) Lacunas percebidas na literatura.

Após a seleção, passa-se à digitação dos textos em arquivos. Se o texto acessado estiver em formato adequado para isso, é possível copiar e colar usando as funções do processado de texto. Não se recomenda neste momento resumir o texto, mas podem ser excluídas as partes que não se mostrem relevantes. É imprescindível, no entanto, anotar o nome do autor, a obra e o número da página em que aparece o texto.

8.5.5 Fichamento

A revisão da literatura não se restringe à transcrição de textos de outros autores. É um trabalho de elaboração pessoal. Daí a importância do fichamento, que consiste na elaboração de fichas correspondentes aos textos selecionados. Dois tipos de fichas podem ser considerados: bibliográficas e de apontamentos. A primeira é utilizada essencialmente para anotar a referência bibliográfica do texto, mas pode incluir um resumo ou apreciação crítica de seu conteúdo. A segunda, para anotar as ideias obtidas a partir da leitura do texto.

As fichas de apontamentos constituem-se de três partes: cabeçalho, referências bibliográficas e texto. O cabeçalho é constituído pelo título do item definido no plano da revisão da literatura. As referências bibliográficas são constituídas pelas informações necessárias para identificar a fonte pesquisada. O corpo da ficha é constituído pelos apontamentos, que podem ser constituídos pela transcrição de pequenos trechos das obras consultados, resumos, esquemas comentários etc.

As anotações podem ser feitas utilizando processadores de texto, programas de banco de dados, como o File Maker, ou editores de planilhas, como Excel. Também é possível fazer anotações utilizando mapas mentais, manualmente ou com o auxílio de softwares. Ou, ainda, utilizando as tradicionais fichas de cartolina.

Apresenta-se a seguir um exemplo de ficha de anotações que poderia ser utilizada na pesquisa acima referida. Indica-se em sua parte superior o título do item: **1.2 Obstáculos à governança metropolitana**. Isso porque é o item mais adequado para o assunto abordado no artigo a que se referem as anotações constantes da ficha. Segue-se a referência bibliográfica e as anotações. Note-se que estas se iniciam com esclarecimentos acerca do conteúdo do artigo e são finalizadas com transcrição literal de um trecho, com a indicação do número da página.

1.2 Obstáculos à governança metropolitana

FREY, Klaus. **Abordagens de governança em áreas metropolitanas da América Latina**: avanços e entraves. *urbe, Rev. Bras. Gest. Urbana* [online]. 2012, vol. 4, n. 1, p. 87-102.

Neste artigo, o autor discute aspectos empíricos e teórico-conceituais das transformações das estruturas e práticas de governança em áreas metropolitanas na América Latina. Ênfase espacial é conferida ao papel do Estado central na criação de uma governabilidade metropolitana, no contexto de um sistema estatal unitário com autoridades locais frágeis.

"... o caminho em direção a uma efetiva governança em rede, necessária para superar os dilemas dos problemas interjurisdicionais, interescalares e interdisciplinares, pressupõe um papel ativo tanto da sociedade civil quanto dos governos municipais, cooperando uns com os outros, para pressionar no sentido de que sejam criadas as arenas deliberativas necessárias para um enfrentamento aberto, transparente e democrático dos problemas metropolitanos. Isso inclui, afinal, a criação de representações populares em nível metropolitano como condição básica para a politização das grandes questões estruturais das metrópoles. As autoridades eleitas precisam se conscientizar e enxergar a sociedade civil, os movimentos sociais e os cidadãos como efetivos parceiros e atores políticos cruciais da governança metropolitana" (p. 100).

8.5.6 Organização lógica do trabalho

É comum pensar-se que logo após o fichamento do material compulsado, parte-se para a redação do trabalho. Torna-se necessário, todavia, promover a organização lógica da literatura para que ela se torne útil para a consecução da pesquisa. Como as informações obtidas na revisão da literatura costumam ser muito numerosas, é preciso proceder à sua recuperação, organização e armazenamento. Essas tarefas são bastante facilitadas com o uso de gerenciadores de referências bibliográficas, softwares que reúnem automaticamente referências bibliográficas, criam e organizam bancos de dados de referências, imagens e PDFs e formatam o texto de acordo com as normas da ABNT. Os mais conhecidos são: *RefWorks*, *EndNote*, *Zoter* e *Mendeley*.

Mesmo que se utilize processos eletrônicos, convêm considerar como se faz a organização do trabalho com a utilização de fichas de cartolina, pois a base lógica para constituição desses programas é o fichamento tradicional. Após a elaboração das fichas, passa-se à sua ordenação, que consiste em colocá-las uma após a outra, o que é feito da seguinte forma: juntam-se as fichas de acordo com os capítulos considerados no plano de trabalho. A seguir, agrupam-se as fichas de acordo com as seções, subseções, e assim sucessivamente. Dessa forma, as fichas estarão dispostas segundo a ordem estabelecida no plano, o que facilitará a estruturação da revisão da literatura.

8.5.7 Redação do texto

A redação do texto consiste na expressão literária do raciocínio desenvolvido no trabalho. Com base no plano definitivo e mediante o confronto das fichas de documentação, passa-se a redigir o trabalho. Recomenda-se que a redação definitiva do texto seja precedida de um rascunho. Ao final dessa primeira redação, sua leitura completa permitirá a revisão adequada do todo e a correção de eventuais falhas lógicas ou redacionais. Recomenda-se, também, que o texto seja submetido a outras pessoas, tanto dotadas de conhecimento sobre o assunto quanto de prática em redação científica, tendo em vista o seu aprimoramento.

Há, ainda, uma série de normas e cuidados que devem ser observados na redação do relatório da pesquisa e que vêm explicitados no capítulo final deste livro.

Exercícios e trabalhos práticos

1. Formule problemas de pesquisa que possam ser investigados a partir de fontes exclusivamente bibliográficas.
2. Escolha um desses problemas formulados e elabore um plano de pesquisa bibliográfica.
3. Faça uma visita à biblioteca da sua faculdade e identifique o sistema de organização das fichas catalográficas.
4. Escolha um problema de pesquisa e, a seguir, mediante leitura exploratória, selecione alguns livros de interesse potencial para essa investigação.
5. Elabore fichas catalográficas correspondentes aos livros selecionados.
6. Selecione um trecho de um livro e faça sua leitura interpretativa. Em seguida, elabore uma ficha de apontamentos do texto lido.

9

OPERACIONALIZAÇÃO DAS VARIÁVEIS

Considerou-se no Capítulo 6 que a solução dos problemas de pesquisa passa pela construção de hipóteses, que são proposições que passam a ser aceitas após terem sido comprovadas mediante teste empírico. Considerou-se também que as hipóteses podem ser entendidas como enunciados de relações potenciais entre duas ou mais variáveis. Variáveis são entendidas aqui como qualquer coisa que pode ser classificada em duas ou mais categorias, como gênero, que pode ser masculino ou feminino, ou, idade, que pode ser classificada em infinitas categorias.

As variáveis constituem importante elemento a ser considerado no processo de pesquisa. Graças a elas torna-se possível identificar e mensurar os fenômenos que se deseja pesquisar. É possível até mesmo afirmar que o pesquisador só alcança maturidade quando se torna capaz de raciocinar em termos de variáveis e suas relações. Todavia, para que as variáveis sejam úteis na pesquisa, é necessário que sejam operacionalizadas. Isso porque muitas das variáveis consideradas na pesquisa social apresentam-se originariamente em elevado grau de abstração que dificulta sua manipulação pelo pesquisador.

Este capítulo é dedicado à explicitação do processo de operacionalização das variáveis. Após estudá-lo cuidadosamente, você será capaz de:

- Conceituar variável.
- Identificar as etapas do processo de operacionalização das variáveis.
- Descrever os procedimentos adotados na construção de índices e de escalas.
- Caracterizar as variáveis segundo o nível de mensuração.
- Reconhecer a importância da validade e fidedignidade dos instrumentos de medida.

9 Operacionalização das variáveis

9.1 Conceitualização

Os processos e os resultados das pesquisas expressam-se mediante conceitos. Com efeito, os pesquisadores não lidam diretamente com os fenômenos, mas com os conceitos que os representam. Conceitos são construções mentais utilizadas para representação dos objetos que se manifestam na natureza e na sociedade. Constituem a menor unidade de pensamento, devendo, portanto, ser considerados como um dos principais instrumentos de trabalho do pesquisador, pois, é graças a eles que se tornam inteligíveis os acontecimentos ou experiências que se dão no mundo real.

Os conceitos não existem no mundo real. São apenas produtos da atividade intelectual conhecida como conceitualização, que faz com que ideias difusas e imprecisas possam ser definidas em termos concretos e precisos. Graças, pois, aos conceitos, é que as imagens mentais podem ser comunicadas. No processo de pesquisa, a importância dos conceitos evidencia-se já na formulação do problema, que precisa ser expresso em termos claros, precisos e objetivos. A revisão da literatura, que é imprescindível na pesquisa acadêmica tem como finalidade, dentre outras, a definição de conceitos e o estabelecimento de sistemas conceituais. Para elaboração dos instrumentos de coleta de dados requer-se, por sua vez, a especificação dos conceitos expressos nos objetivos.

Considere-se, por exemplo, uma pesquisa que tenha como propósito investigar a liderança no âmbito das organizações. Para que esta pesquisa possa se viabilizar, o pesquisador procede inicialmente à conceitualização, ou seja, ao esclarecimento e especificação de noções a respeito de liderança que possivelmente ainda não estarão muito claros em sua mente. Assim, procede à identificação de diferentes definições de liderança disponíveis na literatura especializada, ao contraste entre elas e, eventualmente, à elaboração de uma definição pessoal. Estará, portanto, esse pesquisador, já ao iniciar seus trabalhos de pesquisa, operando com conceitos.

O que se almeja com os conceitos na pesquisa é garantir que os fenômenos observados na natureza e na sociedade possam ser definidos com clareza e precisão. Cabe considerar, porém, que em relação à observação, as "coisas" podem ser apresentadas em três classes. A primeira classe refere-se ao que é *diretamente observável*, como a cor dos cabelos e dos olhos das pessoas, os trajes que habitualmente usam, ou a maneira como se comportam à mesa. A segunda classe refere-se ao que é apenas *indiretamente observável*. É o caso, por exemplo, da situação matrimonial, da qualificação profissional e da preferência político-partidária das pessoas, características que podem ser conhecidas mediante a aplicação de questionários ou realização de entrevistas. A terceira classe, por fim, corresponde aos *construtos*, que são construções teóricas baseadas na observação, mas que não podem ser observadas nem mesmo indiretamente. É o caso, por exemplo, de nível intelectual, conceito que pode ser identificado mediante a aplicação de testes psicológicos. Ou do conceito de autoritarismo, que pode ser inferido a partir de um conjunto de expressões manifestadas pelas pessoas.

Para ressaltar a importância da conceitualização, considerem-se os exemplos apresentados por Bhattacherjee (2012). Quando se utiliza a palavra "preconceito",

Operacionalização das variáveis

esta evoca certa imagem em nossa mente. Mas em uma pesquisa teremos que definir exatamente o seu significado. Se alguém faz afirmações desfavoráveis a outros grupos raciais, isso será preconceito racial? Se mulheres ocupando cargos semelhantes aos ocupados por homens ganharem menos, será preconceito de gênero? Se os adeptos de uma igreja acreditarem que os não crentes irão para o inferno, será preconceito religioso? Fica claro que existem diferentes tipos de preconceito. Torna-se necessário, então, determinar quais são eles. Também fica claro que existem diferentes níveis de preconceito. Requer-se, portanto, o esclarecimento do que está incluído e o que está excluído no conceito de discriminação e do quanto as pessoas podem ser preconceituosas.

9.2 Operacionalização das variáveis

A conceitualização é imprescindível para conferir clareza aos achados das pesquisas. Como, porém, o propósito da maioria das pesquisas é o de mensurar os fenômenos, torna-se necessário converter os conceitos em variáveis. Para que um conceito possa ser concebido como variável é necessário que contenha um ou mais valores. Por exemplo, "homem" é um conceito que pode constituir unidade de estudo em uma pesquisa, mas não é uma variável. Somente quando se faz alusão a alguma de suas características é que se está tratando de variáveis. Por exemplo, ao se referir a características como "idade" ou "nacionalidade". Idade é uma variável, já que pode assumir diferentes valores, como anos de vida, ou atributos, como "jovem" ou "velho". Nacionalidade também é uma variável, visto que pode assumir diferentes atributos, como "brasileiro" ou "argentino", por exemplo.

A conversão de conceitos em variáveis ocorre pelo processo de operacionalização, que pode ser apresentado em quatro etapas:

1) Definição do conceito.
2) Estabelecimento das dimensões.
3) Seleção de indicadores.
4) Construção de índices e escalas.

9.2.1 Definição do conceito

Para que um conceito se torne claro, precisa ser definido. É necessário, ainda, que se adote uma definição *real*, ou seja, uma definição que apresente a natureza essencial do conceito. Não são adequadas as denominadas definições *nominais*, que apenas exprimem o sentido da palavra ou termo utilizado para representar. Um exemplo de definição real é o de instituição social: "conjunto relativamente estável de norma, valores, *status* e papéis que proveem uma estrutura para o comportamento numa área particular da vida social" (GIL, 2011, p. 86). Considere-se que esta é uma definição sociológica, que se refere a instituições como a família, a educação e a política, que constituem as bases da sociedade. Assim, descarta o entendimento de instituições como organismos instituídos na sociedade com função pública, como instituições de beneficência e de apoio a grupos sociais.

Cabe, também, considerar que diferentes definições para o conceito de instituição social – como para muitos outros conceitos utilizados na pesquisa social – podem ser identificadas na literatura. Daí a importância de proceder a uma adequada revisão da literatura para garantir que o conceito seja respaldado pela teoria, que tem como uma de suas principais funções na pesquisa proporcionar referencial conceitual adequado.

9.2.2 Estabelecimento das dimensões

Muitos dos conceitos utilizados na pesquisa social são unidimensionais, ou seja, podem ser analisados por um único ângulo. Por exemplo, *intenção de voto* é um conceito que pode ser entendido como referente unicamente à indicação do nome do candidato em que os eleitores pretendem votar em pleito. Mas há conceitos que são multidimensionais, cuja compreensão requer sua consideração sob diferentes aspectos. Com vistas a proporcionar seu esclarecimento, torna-se necessário estabelecer suas dimensões, ou seja, os aspectos identificáveis do conceito. É o caso, por exemplo, de *status social*, conceito que pode ser definido como a posição de um indivíduo na sociedade, tomando-se como referência a posição dos outros indivíduos em relação à sua. Assim, com base na literatura referente a estratificação social, pode-se definir três dimensões reconhecidas como as mais importantes para especificá-lo: renda, educação e prestígio ocupacional.

Considere-se agora outro conceito também bastante complexo: medo do crime. Para mensurá-lo, Jackson (2005) conduziu uma pesquisa em que estabeleceu três dimensões para o conceito: preocupação em se tornar vítima de crime, percepção de risco e vulnerabilidade em relação ao crime e percepção acerca da qualidade da comunidade e de seu ambiente físico e social.

9.2.3 Seleção de indicadores

Após o estabelecimento das dimensões do conceito, procede-se à seleção dos indicadores, que podem ser definidos como elementos observáveis que possibilitam definir e mensurar empiricamente o conceito. No caso de *status* socioeconômico, considerado no item anterior, as dimensões consideradas foram: renda, educação e prestígio ocupacional. Assim, para cada uma dessas dimensões, deverão ser selecionados indicadores. Um indicador de renda poderá ser o rendimento anual informado pela pessoa. Um indicador de escolaridade poderá ser dado pelo total de anos de educação formal manifestada pela pessoa. O indicador de prestígio ocupacional, por fim, poderá ser proporcionado por resultados de levantamentos elaborados especificamente com esse fim.

Cabe esclarecer que a qualidade das operações a serem realizadas com as dimensões de uma variável para torná-la mensurável dependem de sua distância em relação ao plano empírico. Assim, a dimensão educacional enquanto conceito está muito mais próxima da realidade concreta que a dimensão prestígio ocupacional. Tanto é que basta o conhecimento do grau de educação formal de um indivíduo para medir a dimensão educacional. Já a mensuração do prestígio ocupacional mostra-se mais complexa, exigindo a realização de um levantamento com finalidade específica, cujos dados são habitualmente disponibilizados por instituições de pesquisa.

Na pesquisa sobre medo do crime, também considerada na seção anterior, em que foram estabelecidas três dimensões, o autor selecionou sete indicadores (JACKSON, 2005):

1) Preocupação em se tornar vítima de crimes pessoais e de propriedade na vizinhança imediata.
2) Estimativa da probabilidade de ser vítima de cada crime.
3) Percepções de controle sobre a possibilidade de se tornar vítima de cada crime.
4) Percepções da gravidade das consequências de cada crime.
5) Crenças sobre a incidência de cada crime localmente.
6) Percepções sobre extensão de incivilidades sociais e físicas no bairro.
7) Percepções sobre a coesão da comunidade, incluindo controle social informal e confiança/capital social.

A tarefa de seleção dos indicadores, embora simples, exige do investigador muita argúcia e experiência. Constata-se, frequentemente, que existem muitos indicadores para uma mesma variável, tornando-se difícil selecionar o mais adequado. Em alguns casos os indicadores tidos como mais apropriados não são fáceis de se medir, devendo ser substituídos por outros menos confiáveis, todavia passíveis de medição pelos meios de que dispõe o pesquisador. Também há casos em que os indicadores não se referem exatamente à variável em questão, mas a um aspecto conexo de menor relevância. Para bem decidir acerca dos indicadores é necessário que o investigador seja dotado de grande intuição e que possua sólidos conhecimentos sobre o tema pesquisado. Caso, contrário, a pesquisa, a despeito de revestir-se de grande aparato técnico, tenderá a produzir resultados bastante equivocados.

9.2.4 Construção de índices

Nas pesquisas sociais algumas variáveis podem ser adequadamente mensuradas com base em apenas um indicador. É o caso, por exemplo, de variáveis como idade, escolaridade, ocupação etc. Há, porém, variáveis que são bem mais complexas – que correspondem aos construtos – que não são diretamente observáveis. Estas não podem ser mensuradas com base em unicamente um indicador. É o caso de variáveis como preconceito racial, conservadorismo político, religiosidade, clima organizacional etc.

Para superar essa dificuldade, os pesquisadores podem se valer da construção de índices e escalas, que são dispositivos que permitem resumir vários indicadores em uma única pontuação numérica. Mas os termos *índice* e *escala*, como acentua Babbie (2017), tem sido frequentemente utilizados de forma imprecisa e intercambiável. Tanto os índices quanto as escalas são, de fato, medidas compostas de variáveis, já que se baseiam em mais de um item. Tanto a pontuação de uma pessoa em uma escala ou em um índice de religiosidade, por exemplo, indicam sua religiosidade em relação a outras pessoas. Mas há diferenças entre esses dois tipos de medida.

Os índices são construídos mediante a acumulação de pontuações atribuídas a indicadores individuais. Podemos, por exemplo, construir um índice para medir conservadorismo político mediante a contagem do núnero de concordância com afirmações conservadoras indicadas pelos respondentes da pesquisa. Já as escalas são construídas mediante a atribuição de pontuações a padrões de respostas, admitindo-se que alguns itens refletem um grau relativamente fraco da variável enquanto outros refletem algo mais forte. Por exemplo, na construção de uma escala de preconceito, podemos pontuar a concordância com um item que afirma que "existem diferenças entre as raças" como tendo valor menor do que a concordância com um item que afirma que "é justo discriminar pessoas em virtude de sua origem racial". Assim, o resultado da escala seria determinado pelo somatório das pontuações de cada indivíduo em relação a cada item.

Apresentam-se, a seguir, as etapas do processo de construção de índices, que abrange as etapas: seleção dos itens, verificação de relacionamentos empíricos, pontuação dos itens, manejo dos dados perdidos, validação dos itens e construção dos índices.

> ***Seleção dos itens.*** Consiste em selecionar os itens que se deseja incluir no índice para a variável de interesse. Um primeiro critério a ser considerado nesse processo é a *validade de face*, o que significa que o item deve medir o que de fato se pretende medir. No caso da construção de um índice de religiosidade, por exemplo, itens como frequência à igreja e frequência de oração e aceitação de certas crenças teriam validade aparente porque indicam religiosidade. Um segundo critério é o da *unidimensionalidade*, ou seja, cada item deve representar apenas uma dimensão do conceito. Por exemplo, itens referentes a conservadorismo político não devem ser incluídos numa medida de religiosidade, mesmo que possam estar de alguma forma relacionadas entre si. Um terceiro critério é o relativo a quão *geral ou específica* é a variável. Por exemplo, se o que se deseja é medir a religiosidade segundo uma perspectiva que vá além da frequência à igreja e prática da oração, itens relativos ao conhecimento religioso e aceitação de dogmas deverão ser incluídos. Um último critério, por fim, é o da *variação* proporcionada por cada item. Por exemplo, se o índice visa medir conservadorismo religioso, será necessário atentar para a proporção das pessoas que seriam identificadas como conservadoras. Se o item não indica ninguém como religiosamente conservador ou todos como religiosamente conservadores, o item não será adequado.
>
> ***Análise dos relacionamentos empíricos.*** O segundo passo na construção de índices consiste no exame das relações empíricas entre os itens considerados para sua inclusão. Constata-se a existência de relação empírica quando as respostas dos repondentes a determinada pergunta possibilita prever como estes responderão às outras perguntas. Se dois itens se mostrarem relacionados, pode-se argumentar que ambos refletem a mesma variável, podendo, então, ser

incluídos no mesmo índice. Se, porém, dois itens não se mostrarem empiricamente relacionados entre si, é pouco provável que meçam a mesma variável. Será recomendável, portanto, que se descartem os itens que não estiverem relacionados a outros itens. Mas pode ocorrer, também, que se verifique um relacionamento muito forte entre dois itens. Neste caso, apenas um dos itens deverá ser incluído, pois o outro nada mais estará adicionando ao item. Para determinar se os itens estão empiricamente relacionados, testes de correlação são os procedimentos mais apropriados.

Pontuação dos índices. Após a escolha dos itens, procede-se à sua pontuação. Para tanto, torna-se necessário primeiramente decidir acerca do intervalo desejável. Um índice de religiosidade, por exemplo, poderia ir de "muito religioso" a "pouco religioso" ou de "extremamente religioso" a "antirreligioso". A primeira decisão, é, pois, a de determinar os extremos do índice. O pesquisador deverá, portanto, estar atento ao fato de que quanto mais extremos forem os pontos iniciais e finais do índice menor será a quantidade de casos que poderão ser identificados em seus limites. A segunda decisão diz respeito à real atribuição de pontuações para cada item do índice. Por exemplo, num índice de participação em ritos religiosos em que os extremos fossem "não participa" e "participa muito", seria possível estabelecer as posições intermediárias "participa pouco" e "participa moderadamente". Assim, poderia se atribuir 1 a quem não participa, 2 a quem participa pouco, 3 a quem participa moderadamente e 4 a quem participa muito.

Tratamento de dados ausentes. É frequente, principalmente em questionários autoaplicados, entrevistados não responderem perguntas ou escolherem uma resposta do tipo "não sei". Embora nem sempre sejam considerados pelos pesquisadores, os dados ausentes são bastante problemáticos na construção de índices. Por essa razão, foram estabelecidos diversos métodos para contornar esses problemas. Alguns deles foram desenvolvidos com elevado nível de sofisticação, como o da *máxima verossimilhança* e o da *imputação múltipla* (ENDERS, 2010). Mas é possível obter razoáveis resultados utilizando procedimentos já tradicionais. Assim, se o número de casos com dados ausentes for pequeno, será possível excluí-los da análise. Embora seja importante considerar se os números disponíveis serão suficientes para a análise e se a exclusão não poderá conduzir a um resultado tendencioso. Outra possibilidade é a de examinar mediante comparação com outras variáveis o que poderá ser excluído ou não do índice. É possível que os dados ausentes possam ser considerados como uma das respostas disponíveis. Considere-se, por exemplo, um questionário em que se tenha solicitado dos respondentes que indicassem sua participação em diferentes atividades marcando "sim" ou "não". Se alguns respondentes marcaram "sim" para algumas atividades e deixaram as restantes em branco, será razoável admitir a ocorrência de uma falha nas resposta: que ao deixarem de responder, estariam respondendo "não". Também é possível promover uma análise cuidadosa dos resultados com vistas a produzir uma interpretação de seu significado. Como num exemplo citado por Babbie (2017), referente a um estudo sobre crenças religiosas em que as pessoas que responderam "não sabe" em relação a determinada crença eram muito semelhantes aos "descrentes" em suas respostas sobre outras crenças. No caso, ainda, de itens que apresentam vários valores possíveis, é possível atribuir o valor médio para casos com dados perdidos. Por exemplo, se os valores forem 0, 1, 2, 3 e 4, seria atibuído o valor 2. Mas é importante considerar que qualquer que seja o método adotado, implicará sempre um enfraquecimento do índice.

Validação do índice. O passo final na construção de um índice é validá-lo para garantir que ele meça o que se pretende medir. Mais explicações acerca da validade, assim como da fidedignidade dos índices são considerados na Seção 9.4. Convêm, no entanto, considerar desde já para que um índice seja validado torna-se necessário primeiramente examinar em que medida o índice composto relaciona-se com cada um dos itens que o compõem. É o que se denomina verificar sua a *validade interna*. Depois, torna-se necessário verificar se o índice de fato mede o que se pretende medir. É o que se denomina análise da validade *externa*, que se faz mediante seu relacionamento com outros indicadores da mesma variável.

Indica-se a seguir, como exemplo, o *Critério de Classificação Econômica Brasil (CCE)*, índice construído com a finalidade de estimar o potencial de compra das famílias e segmentar o mercado em classes econômicas (ABEP, 2016). Sua última atualização ocorreu em 2015. Trata-se de instrumento que possibilita uma medida composta do nível socioeconômico da população. Não foi construído com a finalidade de dividir a sociedade em classes. Mas, em virtude de sua simplicidade, tem sido utilizado em muitas pesquisas sociais com o propósito de classificar segmentos de população segundo critérios socioeconômicos. Em sua construção foram consideradas três variáveis: poder aquisitivo, nível de escolaridade e acesso a serviços públicos.

Para mensurar o poder aquisitivo, este índice, considera itens como a posse de automóveis e aparelhos eletrodomésticos, empregados mensalistas que trabalham no domicílio e número de banheiros (Quadro 9.1). Para mensurar o nível de escolaridade do chefe da família foram incluídos itens correspondentes aos níveis do ensino oficial (Quadro 9.2). Por fim, para mensurar o acesso a serviços públicos foram estabelecidos dois itens, correspondentes a acesso a água encanada e pavimentação no trecho em que se situa o domicílio (Quadro 9.3).

Quadro 9.1 Poder aquisitivo

	Quantidade				
	0	1	2	3	4 ou +
Banheiros	0	3	7	10	14
Empregados domésticos	0	3	7	10	13
Automóveis	0	3	5	8	11

(continua)

Operacionalização das variáveis

	Quantidade				
	0	1	2	3	4 ou +
Microcomputador	0	3	6	8	11
Lava-louça	0	3	6	6	6
Geladeira	0	2	3	5	5
Freezer	0	2	4	6	6
Lava-roupa	0	2	4	6	6
DVD	0	1	3	4	6
Micro-ondas	0	2	4	4	4
Motocicleta	0	1	3	3	3
Secadora de roupa	0	2	2	2	2

Quadro 9.2 Escolaridade do chefe de família

Escolaridade	
Analfabeto/ Fundamental I incompleto	0
Fundamental I completo/ Fundamental II incompleto	1
Fundamental II completo/Médio incompleto	2
Médio completo/ Superior incompleto	4
Superior completo	7

Quadro 9.3 Acesso a serviços públicos

Serviços públicos	Não	Sim
Acesso a água encanada	0	4
Rua pavimentada	0	2

Quadro 9.4 Pontuação

Classe	
A	45-100
B	38-44
C1	29-37
C2	23-28
D/E	0-16

9.2.5 Construção de escalas

Conforme foi considerado na seção anterior, a construção de escalas apresenta muitas semelhanças com a construção de índices. Diferem, principalmente, porque enquanto os índices são construídos mediante a acumulação de indicadores individuais, as escalas são construídas mediante a atribuição de pontuação a padrões de respostas. Assim, pode-se afirmar que os índices, embora ofereçam uma boa classificação ordinal dos casos em uma determinada variável, não possibilitam a mensuração das diferenças de intensidade entre os itens. Por essa razão é que os índices têm se mostrado mais úteis no domínio socioeconômico, Daí a utilização de índices como o Índice de Desenvolvimento Humano (IDH), o Índice de Desenvolvimento Sustentável (IDS) e o Índice de Qualidade de Vida (IQV).

Dado o seu caráter acumulativo, os índices apresentam limitações. Um exemplo elaborado por Babbie (2017) mostra-se bastante esclarecedor. Um senador que votou favoravelmente a sete projetos conservadores será considerado mais conservador que outro que votou favoravelmente a apenas quatro deles. Mas pode ocorrer que este senador tenha votado nos sete projetos menos conservadores, enquanto o outro senador poderia ter votado nos quatro mais conservadores. Este exemplo indica que nem todos os indicadores de uma variável são igualmente importantes ou fortes. Por essa razão, em muitas situações, as escalas podem ser consideradas mais expressivas, já que levam em consideração as diferenças de intensidade dos indicadores das variáveis. É o que ocorre principalmente com a mensuração de atitudes, que são construtos complexos, que envolvem múltiplos componentes, ou variáveis, tanto cognitivas quanto afetivas e comportamentais.

Desde a primeira escala social (BOGARDUS, 1926), muitas outras foram construídas. Embora em sua construção sejam observados alguns procedimentos semelhantes aos da construção de índices, cada uma delas apresenta suas especificidades. Informações detalhadas acerca da aplicabilidade e da construção das principais escalas sociais são apresentadas no Capítulo 14.

9.3 Mensuração das variáveis

Tanto na construção de escalas quanto de índices, o que se almeja é a mensuração dos fenômenos a que se referem. Mesmo no caso de variáveis simples, que são consideradas isoladamente, é necessário que possam ser mensuradas, pois é necessário garantir que elas "variem".

É necessário, no entanto, ressaltar, que as variáveis são mensuradas com diferentes níveis de precisão. Basta considerar que no âmbito das ciências físicas e biológicas a mensuração dos fenômenos ocorre com muito mais precisão que no campo das ciências sociais. É muito mais fácil, por exemplo, medir a extensão de um campo de futebol ou a temperatura ambiente do que o clima organizacional ou a atitude perante o trabalho.

Foi indicado no Capítulo 5 que as variáveis podem ser quantitativas ou qualitativas. As variáveis quantitativas são expressas em termos numéricos, podendo ser contínuas ou discretas. Variáveis contínuas são aquelas cujos valores podem ser fracionados, como temperatura, idade e estatura. Variáveis discretas são as que se apresentam unicamente sob a forma de números inteiros, por exemplo, número de filhos de um casal ou número de países em que se fala determinado idioma. As variáveis

Operacionalização das variáveis

qualitativas não se expressam em termos numéricos, mas em categorias, que podem ser ordenáveis ou não ordenáveis.

A mensuração das variáveis ocorre, portanto, em diferentes níveis, que são representados por quatro diferentes tipos de escala: nominal, ordinal, de intervalo e de razão.

9.3.1 Escala nominal

A escala nominal utiliza números para identificar as categorias de uma variável. Esses números constituem apenas rótulos, não assumindo nenhum valor quantitativo. Por exemplo, uma escala que classifique pessoas segundo sua escolaridade poderia indicar: 1 = brasileiro, 2 = argentino, 3 = italiano, 4 = japonês, e assim sucessivamente. Assim, a análise estatística dos dados mensurados nesse nível restringe-se a poucas medidas, como a contagem dos casos presentes em cada categoria e o cálculo da moda. Trata-se, portanto, da mais fraca dentre as quatro escalas de mensuração. Ela não indica nenhuma distância entre as categorias, apenas as distingue.

A fraqueza da escala nominal em relação às demais não significa que seja pouco utilizada na pesquisa social. Pelo contrário. Ela é muito valiosa não apenas em estudos exploratórios em que o objetivo é conhecer melhor as variáveis com vistas a fundamentar futuras pesquisas, mas também em estudos descritivos e explicativos, dada a importância para a pesquisa social de certas variáveis categóricas como gênero, *status* matrimonial e ocupação profissional.

9.3.2 Escala ordinal

A escala ordinal define a posição relativa de objetos ou indivíduos em relação a uma característica, mas não tem suposições quanto à distância entre as posições. A exigência básica para uma escala ordinal é que possibilite verificar se o objeto ou o indivíduo que está sendo mensurado possui maior ou menor quantidade de determinada característica, quando comparado a outros objetos ou indivíduos. Mas não possibilita determinar quanto esse objeto tem a mais ou a menos daquela característica.

A escala ordinal agrupa categorias de acordo com sua magnitude em uma relação ordenada. Escalas ordinais típicas na pesquisa social são aquelas em que os respondentes avaliam algum objeto ou fenômeno assinalando uma das categorias: "excelente", "muito bom", "bom", "regular", "ruim" ou "muito ruim". Nesse caso é possível afirmar que "excelente" é maior que "muito bom", mas não o quanto mais.

9.3.3 Escala de intervalo

A escala de intervalo caracteriza-se por estar claramente determinada a diferença entre seus intervalos e por serem estes iguais entre si. Por exemplo, a escala de temperatura Celsius é de intervalo, porque entre 20 e 22 graus há a mesma diferença que entre 45 e 47. Mas não é possível determinar quantas vezes a temperatura está mais quente entre um grau e outro, pois o "zero" da escala foi fixado arbitrariamente. Não é possível afirmar, por exemplo, quando a temperatura estiver em 40 graus será duas vezes maior do que quando estiver em 20 graus.

Algumas variáveis utilizadas na pesquisa social podem, atualmente, ser mensuradas com escalas de intervalo: nível intelectual, aproveitamento escolar, distância social, conservadorismo etc. A principal limitação que apresenta este tipo de escala é que não possui um zero absoluto, um zero que expresse ausência absoluta da qualidade medida. Mas as escalas nesse nível possibilitam o uso de muitas medidas estatísticas, como a média aritmética, o desvio-padrão, os coeficientes de correlação e os testes de significância.

9.3.4 Escala de razão

A escala de razão é a que possibilita o mais elevado nível de mensuração. Ela supõe a existência de um valor zero absoluto, o que possibilita a realização de operações aritméticas como a obtenção de razões ou quocientes. Isto significa que, por exemplo, o valor 100 numa escala deste tipo é o dobro do valor 50 e o quíntuplo do valor 20. Como exemplos de escala de razão têm-se: peso, extensão, intensidade de corrente elétrica etc.

A escala de razão possibilita a utilização da soma, subtração, multiplicação e divisão. Assim, com dados apresentados nesse nível, podem-se utilizar todas as medidas estatísticas disponíveis. Ocorre, porém, que no âmbito das ciências sociais, a utilização da escala de razão é muito mais rara. Economia é a ciência social que mais possibilita a utilização da escala de razão, pois utiliza variáveis como renda, salário, preços e inflação, em que é possível considerar a existência de um zero absoluto.

9.4 Fidedignidade das medidas

Antes da coleta de dados, o pesquisador precisa garantir que os instrumentos utilizados para mensurar os conceitos o fazem de maneira satisfatória. Para tanto, torna-se necessário considerar dois critérios: fidedignidade e validade.

O conceito de fidedignidade refere-se à consistência ou estabilidade de uma medida. Tome-se o exemplo de uma balança. Se essa acusa o mesmo peso para um mesmo objeto em momentos diferentes, pode ser considerada fidedigna. Considere-se igualmente um teste psicológico. Se este fornecer a uma mesma pessoa um resultado mediano e na semana seguinte bastante superior à média, não poderá ser considerado fidedigno. Assim, para fins de pesquisa, considera-se que uma escala é fidedigna quando aplicada à mesma amostra produz consistentemente os mesmos resultados.

A importância da fidedignidade é evidente. Assim como uma fita métrica construída com material elástico é inadequada para medir a extensão de uma peça de tecido, uma escala de distância social não fidedigna não é útil para o estudo dessa variável. Os pesquisadores devem, portanto, usar medidas fidedignas. Tentar estudar o comportamento social utilizando medidas não fidedignas é, pois, no mínimo um desperdício de tempo, pois os resultados não serão confiáveis.

Operacionalização das variáveis

A fidedignidade refere-se, portanto, a consistência de uma medida. É possível falar em três tipos de consistência: ao longo do tempo, entre itens e entre diferentes pesquisadores.

A consistência ao longo do tempo é denominada **teste-reteste**. Consiste na aplicação do instrumento de medida a um grupo de pessoas e sua reaplicação em um momento posterior. Se as observações não tiverem se alterado substancialmente entre as duas medições, então a medida será considerada fidedigna. Para tanto utilizam-se testes de correlação. Um dos mais utilizados é o coeficiente de Pearson, que requer escalas intervalares.

O segundo tipo é o da consistência entre itens, denominada **consistência interna**, que indica a existência de consistência das respostas das pessoas entre os itens em uma medida de vários itens. Para tanto uma escala é apresentada a diversos respondentes. Se estes avaliarem os itens de maneira semelhante será um reflexo de consistência interna. O procedimento mais utilizado para verificar a consistência interna é o Alfa de Cronbach, representado pela média das correlações entre os itens que integram a escala.

O terceiro tipo é o da fidedignidade entre **avaliadores**, que é uma medida da consistência entre dois ou mais observadores independentes da mesma escala. Um dos processos dessa modalidade de avaliação consiste em solicitar uma pontuação para a relevância de cada item de um instrumento. A consistência sem suas pontuações indica o nível de confiabilidade entre avaliadores do instrumento. Essa confiabilidade também é avaliada utilizando o Alfa de Cronbach, quando os julgamentos são quantitativos, ou o Kappa de Cohen, quando são qualitativos.

9.5 Validade das medidas

Validade é a capacidade de uma medida para produzir os efeitos esperados. Ela se refere a quanto a definição operacional de uma variável reflete o significado real de um conceito. Assim, pode-se dizer que uma medida é considerada válida quando mede realmente o que se pretende medir.

A literatura especializada sob validade é bastante ampla, e seu desenvolvimento deve-se principalmente ao trabalho de psicólogos empenhados na construção de testes psicológicos úteis para a mensuração das características psicológicas dos indivíduos. Diversos tipos de validade foram definidos, podendo ser agrupadas em três grupos: validade de conteúdo, validade de critério e validade de construto.

9.5.1 Validade de conteúdo

Validade de conteúdo indica em que medida os elementos dentro de um procedimento de medição são relevantes e representativos do construto que serão usados para medir. Trata-se, portanto, de tarefa rigorosamente necessária na construção de índices e escalas. Cabe ressaltar, no entanto, que por se constituir como procedimento inicial de validação, geralmente seguida por outros procedimentos mais rigorosos, a validade de conteúdo é frequentemente confundida com validade de face. A validade de face é um procedimento muito mais fraco, baseado em procedimentos simples e subjetivos, que indicam apenas se o instrumento "parece" válido para um grupo de examinadores. Já a validade de conteúdo exige a avaliação dos itens por um painel de especialistas, incluindo tratamento estatístico.

9.5.2 Validade de construto

A validade de construto refere-se à adequação da definição operacional das variáveis. Ou seja, indica em que medida um teste mensura o conceito ou o construto que se pretende medir. A definição da variável mede de fato o construto teórico.

Para verificar a validade do construto, duas medidas devem ser feitas; a da validade convergente e a da validade discriminante. O teste de validade convergente indica até que ponto a medida está relacionada da forma prevista com outras variáveis. O teste de validade discriminante, por sua vez, indica se de fato a medida não está relacionada com variáveis que não dizem respeito ao construto.

Para estabelecer a validade convergente identifica-se, com base na teoria e na experiência, outro construto que supostamente mede o mesmo conceito. Obtêm-se, a seguir, resultados dos dois construtos e verifica-se o nível de correlação existente entre eles. Se os resultados mostrarem-se altamente correlacionados, a validade convergente está demonstrada.

Para estabelecer a validade discriminante, identifica-se, também com base na teoria e na experiência, outro construto supostamente diferente do que está sendo validado. Obtêm-se, a seguir, resultado dos dois construtos e verifica-se o nível de correlação. Se a correlação for baixa, conclui-se pela existência de validade discriminante.

9.5.3 Validade de critério

Na validade de critério, verifica-se o desempenho da operacionalização de uma variável em relação a outras variáveis reconhecidas como critérios significativos. Refere-se, portanto, à capacidade do teste de prever algum comportamento de critério externo ao próprio teste. Por exemplo, a validade de um teste referente ao desempenho no trabalho é a relação entre seus resultados e as avaliações de desempenho no trabalho feita pelos supervisores.

Existem dois tipos de validade de critério: concorrente e preditiva. A validade concorrente corresponde ao grau em que as pontuações de um instrumento estão relacionadas com pontuações obtidas para outros instrumentos já estabelecidos, que supostamente medem a mesma coisa. As pontuações obtidas em outros instumentos são, pois, definidas como critério. Assim, a validade concorrente é estabelecida pelo cálculo da correlação entre os resultados obtidos no instrumento que está sendo elaborado e os resultados do critério. Essa correlação é referida como o coeficiente de validade.

A validade preditiva corresponde ao grau de poder preditivo de um instrumento. Indica, portanto, quão bem um instrumento possibilita prever desempenhos ou

Operacionalização das variáveis

comportamentos futuros em relação a alguma medida avaliada que não seja o próprio teste. A validade preditiva é obtida mediante a correlação entre as pontuações obtidas com o instrumento que está sendo elaborado com resultados obtidos mediante algum critério. Se as pontuações do instrumento predizem bem algum comportamento futuro, o instrumento tem validade preditiva.

Exercícios e trabalhos práticos

1. Selecione certo número de variáveis e classifique-as de acordo com o seu nível de mensuração.
2. Selecione indicadores para as variáveis: ideologia política, prestígio ocupacional, satisfação no trabalho e preconceito racial.
3. Proponha definições operacionais para os conceitos: aspiração profissional, opinião sobre o casamento e nível intelectual.
4. Selecione ao acaso, 20 conceitos de um livro de psicologia ou de sociologia e verifique quais os que mais facilmente poderão ser operacionalizados.

10

AMOSTRAGEM NA PESQUISA SOCIAL

De modo geral, as pesquisas sociais abrangem um universo de elementos tão grande que se torna impossível considerá-los em sua totalidade. Por essa razão, nas pesquisas sociais trabalha-se geralmente com uma amostra, ou seja, com uma pequena parte dos elementos que compõem o universo.

Quando um pesquisador seleciona uma pequena parte de uma população, espera que ela seja representativa dessa população que pretende estudar. De fato, é possível garantir que uma amostra represente o universo, desde que seja composta por um número suficiente de elementos selecionados por critérios coerentes com a Teoria das Probabilidades. Mas nem sempre se torna possível proceder à seleção de uma amostra probabilística. Daí a existência das amostras não probabilísticas, que são recomendadas em muitas modalidades de pesquisa.

Qualquer que seja, no entanto, o processo de amostragem escolhido, para que produza resultados satisfatórios na realização de uma pesquisa, requer o domínio dos princípios fundamentais da amostragem e das técnicas para composição das amostras. Reconhecer os princípios fundamentais da amostragem.

Após estudar este capítulo cuidadosamente, você será capaz de:

- Caracterizar os diferentes tipos de amostragem.
- Calcular o tamanho adequado de uma amostra.
- Decidir acerca da escolha do tipo de amostragem.

10.1 Conceitos básicos

A definição de alguns conceitos básicos é fundamental para a compreensão do problema da amostragem na pesquisa social. São eles:

a) **Universo ou população:** é um conjunto definido de elementos que possuem determinadas características. Comumente fala-se de população como referência ao total de habitantes de determinado lugar. Todavia, em termos estatísticos, pode-se entender como população o conjunto de alunos matriculados numa escola, os operários filiados a um sindicato, os integrantes de um rebanho de determinada localidade, o total de indústrias de uma cidade ou a produção de televisores de uma fábrica em determinado período.

b) **Amostra:** subconjunto do universo ou da população, por meio do qual se estabelecem ou se estimam as características desse universo ou população. Uma amostra pode ser constituída, por exemplo, por cem empregados de uma população de 4.000 que trabalham em uma fábrica. Outro exemplo de amostra pode ser dado por determinado número de escolas que integram a rede estadual de ensino. Outros exemplos: uma quantidade definida de peixes retirados de determinado rio, certo número de parafusos retirados do total da produção diária de uma indústria ou um cálice de vinho de um tonel.

c) **Amostragem:** processo de seleção de um grupo de pessoas, eventos, comportamentos ou outros elementos de uma população a ser pesquisada.

d) **Elemento da população:** participante individual da população. Constitui a unidade de estudo da pesquisa por amostragem. Os elementos podem ser pessoas, estabelecimentos comerciais, escolas, igrejas, sindicatos ou qualquer unidade lógica relevante para o estudo.

e) **Censo:** pesquisa que envolve todos os elementos de uma população. Associa-se frequentemente o conceito de censo à contagem da população do país, mas pode se referir a qualquer população bem definida, como o conjunto de professores do ensino fundamental de determinado município ou a totalidade de estabelecimento de ensino universitários de determinado estado.

10.2 Princípios fundamentais da amostragem

A amostragem se fundamenta em três leis estatísticas que lhe conferem fundamentação científica: a lei dos grandes números, a lei da regularidade estatística e a lei da inércia dos grandes números.

A **lei dos grandes números** afirma que, se numa prova a probabilidade de um evento é p, e se este se repete grande número de vezes, a relação entre as vezes que se produz o sucesso e a quantidade total de provas, ou seja, f, tende a aproximar-se cada vez mais da probabilidade p. Ou, em outras palavras, se o número de provas é suficientemente grande, torna-se altamente improvável que a diferença entre f e p seja significativa.

A **lei da regularidade estatística** estabelece que quando um grande número de itens é selecionado aleatoriamente de um universo, é provável que ele possua as mesmas características de toda a população. Esta lei enfatiza a aleatoriedade na seleção da amostra, que garante que cada item tem as mesmas chances de ser selecionado. Dessa forma, um conjunto n unidades tomadas ao acaso de um conjunto N terá provavelmente as características do grupo maior. O que esta lei essencialmente estabelece é que o comportamento de um evento individual pode ser imponderável, mas quando se considera grande número de eventos da mesma categoria, emerge um comportamento estável.

A **lei da inércia dos grandes números** indica que, quanto maior o tamanho da amostra, mais provável será a conclusão. Esta lei é baseada na noção de que os grandes números são mais estáveis em suas características do que os pequenos, e a variação no agregado de grandes números tende a ser insignificante. Isso porque, ao lidar com grandes números, a variação nos componentes individuais tende a se equilibrar e, consequentemente, a variação no resultado agregado fica menor.

10.3 Tipos de amostragem

Na pesquisa social são utilizados diversos tipos de amostragem, que podem ser classificados em dois grandes grupos: amostragem probabilística e não probabilística. Os tipos do primeiro grupo fundamentam-se nos princípios estatísticos já considerados. São, portanto, baseados na premissa de que todos os elementos da população têm a mesma chance de serem selecionados para compor a amostra. Os do segundo grupo não apresentam fundamentação matemática ou estatística, dependendo dos critérios estabelecidos pelo pesquisador. O que significa que os componentes da população não terão a mesma chance de serem selecionados. Apesar dessa limitação, dependendo das habilidades do pesquisador, poderá proporcionar bons resultados, pois nem sempre a pesquisa tem como propósito representar com precisão o universo. Mas é importante ressaltar que com frequência a seleção de amostras não probabilísticas decorre de sua maior facilidade e menor custo.

Os tipos de amostragem probabilística mais usuais são: aleatória simples, sistemática, estratificada, por conglomerado e por etapas. Dentre os tipos de amostragem não probabilística, os mais conhecidos são: por acessibilidade, por tipicidade, por julgamento, por cotas e bola de neve.

10.3.1 Amostragem aleatória simples

A amostragem aleatória simples é o procedimento básico da amostragem científica. Pode-se dizer mesmo que todos os outros procedimentos adotados para compor amostras são variações deste.

A amostragem aleatória simples consiste em atribuir a cada elemento da população um número único para depois selecionar alguns desses elementos de forma casual. Para se garantir que a escolha dessa amostra seja devida realmente ao acaso, podem-se utilizar tábuas de números aleatórios. Essas tábuas são constituídas por números apresentados em colunas, em páginas consecutivas. Um fragmento de página de números aleatórios é aqui apresentado como ilustração.

52024	36684	59440	14520
96111	72520	15278	21058
26635	90903	11515	04184
30985	07372	72032	89628
35622	05020	77625	78849

As tábuas podem ser utilizadas da seguinte maneira: cada elemento da população é associado a um número. Determina-se a quantidade de algarismos do maior dos números associados aos elementos da população. Consulta-se, a seguir, qualquer uma das listas de números, considerando o número de algarismos. Por exemplo, para uma população de 500 elementos, assinala-se qualquer combinação de três colunas, ou conjuntos de três algarismos consecutivos, ou três linhas etc. Suponha-se que sejam utilizados os três últimos algarismos de cada conjunto de cinco. Caminhando-se de cima para baixo na coluna, partindo de 024, assinalam-se todos os números inferiores a 501, até que sejam alcançados tantos números quantos forem os elementos necessários para a composição da amostra. Será, assim, obtida a seguinte sequência:

024, 111, 372, 020, 440, ...

Os números dessa sequência serão, portanto, escolhidos para constituir a amostra.

A amostragem aleatória é a que mais se ajusta aos princípios da teoria das probabilidades, e os passos para seleção da amostra podem ser facilmente executados por *softwares* como o SPSS. Sua utilização na pesquisa, no entanto, nem sempre é fácil, sobretudo porque exige que se atribua a cada elemento da população um número único. Além disso, essa modalidade de amostragem despreza o conhecimento prévio da população que porventura o pesquisador possa ter.

10.3.2 Amostragem sistemática

A amostragem sistemática é uma variação da amostragem aleatória simples. Sua aplicação requer que a população seja ordenada de modo tal que cada um de seus elementos possa ser unicamente identificado pela posição. Apresentam condições para satisfação desse requisito uma população identificada a partir de uma lista que englobe todos os seus elementos, uma fila de pessoas ou o conjunto de candidatos a um concurso, identificados pela ficha de inscrição.

Para efetuar a escolha da amostra, procede-se à seleção de um ponto de partida aleatório entre 1 e o inteiro mais próximo à razão da amostragem (o número de elementos da população dividido pelo número de elementos da amostra – N/n). A seguir, selecionam-se itens em intervalos de amplitude N/n.

A composição da amostra por esse processo é bastante simples. Deve ficar claro, porém, que só é aplicável nos casos em que se possa previamente identificar a posição de cada elemento num sistema de ordenação da população.

10.3.3 Amostragem estratificada

A amostragem estratificada caracteriza-se pela seleção de uma amostra de cada subgrupo da população considerada. O fundamento para delimitar os subgrupos ou estratos pode ser encontrado em propriedades como sexo, idade ou classe social. Muitas vezes essas propriedades são combinadas, o que exige uma matriz de classificação. Por exemplo, quando se combina homem e mulher com "maior de 18 anos" e "menor de 18 anos", resultam quatro estratos: "homem menor de 18 anos", "mulher menor de 18 anos", "homem maior de 18 anos", "mulher maior de 18 anos".

A amostragem estratificada pode ser proporcional ou não proporcional. No primeiro caso, seleciona-se de cada grupo uma amostra aleatória, ou seja, proporcional à extensão de cada subgrupo determinado por alguma propriedade tida como relevante. Por exemplo, se uma população é formada por 70% de homens e 30% de mulheres, então a amostra deverá obedecer às mesmas proporções no que se refere ao sexo. Este tipo de amostragem tem como principal vantagem o fato de assegurar representatividade em relação às propriedades adotadas como critérios para estratificação.

No caso da amostragem estratificada não proporcional, a seleção dos elementos de cada estrato decorre de sua variabilidade relativa. Isso porque os estratos com mais alta variabilidade relativa poderão contribuir com uma maior proporção de elementos para a amostra total. Suponha-se, por exemplo, que haja interesse em pesquisar práticas religiosas no Brasil. Os dados censitários indicam que a população de católicos é muito superior à de protestantes. Por outro lado, observa-se muito maior variabilidade quanto às práticas religiosas entre os protestantes, visto que se distribuem em um grande número de igrejas e de seitas. Assim, uma amostra com um maior número de protestantes poderia representar com mais precisão a variação das práticas religiosas.

10.3.4 Amostragem por conglomerados

A amostragem por conglomerados é indicada em situações em que é bastante difícil a identificação de seus elementos. É o caso, por exemplo, de pesquisas cuja população seja constituída por todos os habitantes de uma cidade. Em casos desse tipo é possível proceder à seleção da amostra a partir de "conglomerados". Conglomerados são grupos relativamente homogêneos e formados naturalmente, podendo ser considerados como uma população. Conglomerados típicos são quarteirões, famílias, organizações, edifícios, fazendas etc.

Esses conglomerados devem ser homogêneos e representativos da população-alvo. Por exemplo, num levantamento da população de uma cidade pode-se dispor de um mapa indicando cada um dos quarteirões. Torna-se possível, então, selecionar uma amostra de quarteirões e fazer a contagem de todos os seus domicílios. Se os domicílios forem pouco numerosos, todos serão considerados como integrantes da amostra. Se forem em grande número, as informações serão coletadas a partir de uma amostra aleatória.

10.3.5 Amostragem por etapas

Esse tipo de amostragem pode ser utilizado quando a população se compõe de unidades que podem ser distribuídas em diversos estágios. Torna-se muito útil quando se deseja pesquisar uma população cujos elementos se encontram dispersos numa grande área, como um estado ou um país. Por exemplo, numa pesquisa que tivesse como universo todos os domicílios do Brasil, num primeiro estágio poderiam ser selecionadas microrregiões. Num segundo estágio, poderiam ser selecionados municípios. Num terceiro estágio, bairros, depois quarteirões e, num último estágio, os domicílios.

10.3.6 Amostragem por acessibilidade ou por conveniência

Nessa modalidade os elementos são selecionados por estarem mais disponíveis para participar do estudo. Constitui, portanto, o menos rigoroso de todos os tipos de amostragem. O pesquisador seleciona os elementos a que tem acesso, admitindo que estes possam, de alguma forma, representar o universo. Sua principal vantagem é a de possibilitar o acesso a um grande número de participantes a baixo custo. Mas não se recomenda sua utilização, pois não há nenhuma garantia de que os integrantes da amostra possam representar a população-alvo.

10.3.7 Amostragem por tipicidade

Também constitui um tipo de amostragem não probabilística e consiste em selecionar elementos um subgrupo da população que, com base nas informações disponíveis, possa ser considerado representativo de toda a população. A principal vantagem da amostragem por tipicidade está nos baixos custos de sua seleção. Entretanto, requer considerável conhecimento da população e do subgrupo selecionado. Por exemplo, para selecionar estudantes de administração de uma determinada região, poderá ser escolhida uma escola que se acredite ser típica em relação à população que se deseja atingir. Embora o fato de ser típica em relação a alguns aspectos não assegure que o seja em relação a outros.

10.3.8 Amostragem por intencionalidade

Trata-se de uma modalidade de amostragem que não é probabilística, mas que pode se adequar a muitas pesquisas. Nem todas as pesquisas tem como objetivo descrever com precisão as características de uma população. Em muitas pesquisas de cunho explicativo o que mais interessa na seleção da amostra é garantir a variabilidade de seus integrantes em relação a determinadas características. Por exemplo, numa pesquisa tenha como objetivo verificar a influência de características pessoais de médicos em relação a determinado procedimento clínico, o que mais interessa é garantir que a amostra seja constituída por médicos que se mostrem distintos em relação às variáveis que se deseja investigar.

10.3.9 Amostragem por cotas

De todos os procedimentos de amostragem definidos como não probabilísticos, este é o que apresenta maior rigor. De modo geral, é desenvolvido em três fases:

1) Classificação da população em função de propriedades tidas como relevantes para o fenômeno a ser estudado.
2) Determinação da proporção da população a ser colocada em cada classe, com base na constituição conhecida ou presumida da população.
3) Fixação de cotas para cada observador ou entrevistador encarregado de selecionar elementos da população a ser pesquisada, de modo tal que a amostra total seja composta em observância à proporção das classes consideradas.

Este procedimento é usualmente aplicado em levantamentos de mercado e em prévias eleitorais. Tem como principais vantagens o baixo custo e o fato de conferir alguma estratificação à amostra. Contudo, possibilita a introdução de vieses devidos à classificação que o pesquisador faz dos elementos e à seleção não aleatória em cada classe.

10.3.10 Amostragem bola de neve

Nessa modalidade, o pesquisador utiliza os respondentes iniciais para identificar outras pessoas que poderão integrar a amostra. Esse processo continua até que o tamanho desejável da amostra seja alcançado. É uma modalidade muito útil em pesquisas cujos integrantes sejam difíceis de se identificar e que os melhores contatos são efetivados mediante referências. É, pois, uma modalidade aplicável a pesquisas sobre consumo de drogas, prostituição, consumo de produtos contrabandeados, furtos em lojas ou qualquer outro comportamento socialmente discriminado.

10.3.11 Amostragem por saturação

É a modalidade de amostragem proposta para construção da teoria fundamentada (*grounded theory*). Não se determina previamente a extensão da amostra. À medida que as entrevistas vão se sucedendo, o pesquisador percebe que os dados começam a se repetir. E ao perceber que nenhuma nova informação é capaz de alterar a compreensão do fenômeno em estudo, conclui que a amostra atingiu o "ponto de saturação". É, pois, o momento de concluir a pesquisa. Cabe, entretanto, ressaltar que esta modalidade de amostra só se justifica quando em pesquisas rigorosamente qualitativas que tem como propósito a construção de teorias (GLASER; STRAUSS, 1967).

10.4 Tamanho da amostra

Um dos aspectos mais críticos da amostragem na pesquisa é a determinação do tamanho da amostra. Indaga-se com frequência qual a porcentagem do universo que deve ser adotada para determinar o número de elementos da amostra. A resposta, no entanto, não é tão simples. Requer-se, primeiramente, uma série de informações acerca do universo. Será possível, em seguida, estimar o tamanho adequado da amostra. Mas somente após a coleta dos dados é que se torna possível indicar com precisão sua margem de erro.

10.4.1 Fatores que determinam o tamanho da amostra

Para que uma amostra represente com fidedignidade as características do universo, deve ser composta por um número suficiente de casos. Esse número, por sua vez, depende dos seguintes fatores: extensão do universo, nível de confiança estabelecido, erro máximo permitido e percentagem com a qual o fenômeno se verifica.

Amplitude do universo. A extensão da amostra tem a ver com a extensão do universo. Para tanto, os universos de pesquisa são classificados em finitos e infinitos. Universos finitos são aqueles cujo número de elementos não excede a 100.000. Universos infinitos, por sua vez, são aqueles que apresentam elementos em número superior a esse. São assim denominados porque, acima de 100.000, qualquer que seja o número de elementos do universo, o número de elementos da amostra a ser selecionada será rigorosamente o mesmo.

Nível de confiança estabelecido. De acordo com a teoria geral das probabilidades, a distribuição das informações coletadas a partir de amostras ajusta-se geralmente à curva "normal" (curva de Gauss), que apresenta valores centrais elevados e valores externos reduzidos, conforme indica a Figura 10.1.

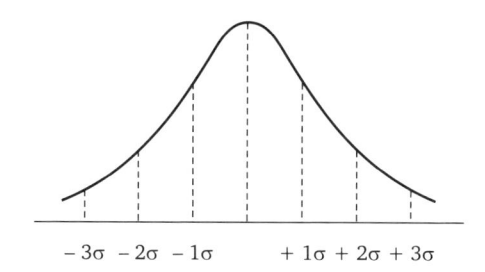

Figura 10.1 Curva "normal".

O nível de confiança de uma amostra refere-se à área da curva normal definida a partir dos desvios-padrão em relação à sua média. Numa curva normal, a área compreendida por um desvio-padrão à direita e um à esquerda da média corresponde a aproximadamente 68% de seu total. A área compreendida por dois desvios, por sua vez, corresponde a aproximadamente 95,5% de seu total. Por fim, a área compreendida por três desvios corresponde a 99,7% de seu total. Isso significa que, quando na seleção de uma amostra são considerados dois desvios-padrão, trabalha-se com um nível de confiança de 95,5%. Quando, por sua vez, são considerados três desvios-padrão, o nível de confiança passa a ser de 99,7%.

Erro máximo permitido: os resultados obtidos numa pesquisa a partir de amostras não são rigorosamente exatos em relação ao universo de onde foram extraídas.

Amostragem na pesquisa social

Esses resultados apresentam sempre um erro de medição, que diminui na proporção em que aumenta o tamanho da amostra. O erro de medição é expresso em termos percentuais e nas pesquisas sociais trabalha-se usualmente com uma estimativa de erro entre 3 e 5%.

Percentagem com que o fenômeno se verifica: a estimação prévia da percentagem com que se verifica um fenômeno é muito importante para a determinação do tamanho da amostra. Por exemplo, numa pesquisa cujo objetivo é verificar qual a percentagem de protestantes que residem numa cidade, a estimativa prévia desse número é bastante útil. Se for possível afirmar que essa percentagem não é superior a 10%, será necessário um número de casos bem maior do que numa situação em que a percentagem presumível estivesse próxima de 50%.

10.4.2 Cálculo do tamanho da amostra

O cálculo do tamanho de uma amostra pode exigir o concurso de procedimentos estatísticos bastante especializados. Estes, todavia, têm sempre o seu fundamento nas fórmulas básicas para o cálculo do tamanho da amostra de populações infinitas e finitas.

Fórmula para o cálculo de amostras para populações infinitas: a fórmula básica para o cálculo do tamanho de amostras para populações infinitas é a seguinte:

$$n = \frac{\sigma^2 \, p \cdot q}{e^2}$$

em que: n = tamanho da amostra

σ^2 = nível de confiança escolhido, expresso em número de desvios-padrão

p = porcentagem com a qual o fenômeno se verifica

q = porcentagem complementar $(100 - p)$

e^2 = erro máximo permitido

Seja o exemplo acima considerado: verificação do número de protestantes residentes em determinada cidade. Se esta cidade tiver uma população superior a 100.000 habitantes, ter-se-á, em termos estatísticos, uma população infinita. Logo, a fórmula será adequada.

Se for possível admitir que o número de protestantes se situa por volta de 10%, não excedendo essa percentagem, tem-se $p = 10$. Consequentemente, q será igual a $100 - 10$, ou seja, 90.

Se for desejado um nível de confiança bastante alto (superior a 99%), aplica-se à fórmula 3 desvios; logo, σ^2 será igual a 3^2, ou seja, 9.

Se o erro máximo tolerado for de 2%, e^2 será igual a σ^4, ou seja, 4.

Assim, tem-se a equação:

$$n = \frac{9.10.90}{4} = \frac{8.100}{4} = 1.025$$

Logo, para atender às exigências estabelecidas, o número de elementos da amostra deverá ser de 1.025.

Se, todavia, for aceito o nível de confiança de 95% (correspondente a dois desvios) e um erro máximo de 3%, o número de elementos da amostra será bem menor, como se vê mediante a aplicação da fórmula:

$$n = \frac{4.10.90}{9} = \frac{3.600}{9} = 400$$

Convém lembrar que neste caso a afirmativa da percentagem com a qual o fenômeno se verifica foi estabelecida previamente. Quando isto não é possível, adota-se o valor máximo de p, que é 50.

Fórmula para o cálculo de amostras para populações finitas: quando a população pesquisada não supera 100.000 elementos, a fórmula para o cálculo do tamanho da amostra passa a ser a seguinte:

$$n = \frac{\sigma^2 \, p \cdot q \cdot N}{e^2 \, (N-1) + \sigma^2 \, p \cdot q}$$

em que: n = tamanho da amostra

σ^2 = nível de confiança escolhido, expresso em número de desvios-padrão

p = porcentagem com a qual o fenômeno se verifica

q = porcentagem complementar

N = tamanho da população

e^2 = erro máximo permitido

Seja agora o exemplo de uma pesquisa que tenha por objetivo verificar quantos dos 10.000 empregados de uma fábrica são sindicalizados. Presume-se que esse número não seja superior a 30% do total, deseja-se um nível de confiança de 95% (dois desvios) e tolera-se um erro de até 3%.

Então:

$$n = \frac{4.30.70.10000}{9.(9.999) + 4.30.70} = \frac{84.000.000}{98.391} = 853$$

Logo, deverão ser pesquisados 853 empregados.

10.4.3 Determinação da margem de erro da amostra

Quando já se efetivou uma pesquisa e se deseja conhecer a margem de erro da amostra utilizada, aplica-se a fórmula:

$$\sigma_p = \sqrt{\frac{pq}{n}}$$

em que: σ_p = erro-padrão ou desvio da percentagem com que se verifica determinado fenômeno

p = porcentagem com que se verifica o fenômeno

q = porcentagem complementar $(100 - p)$

n = número de elementos incluídos na amostra

Se, por exemplo, em uma pesquisa efetuada com uma amostra de 1.000 pessoas adultas, verificou-se que 30% bebem café pelo menos uma vez por dia, qual a probabilidade de que tal resultado seja verdadeiro para todo o universo?

Ter-se-á, então:

$$\sigma = \sqrt{\frac{30 \times 70}{1.000}} = 1{,}45$$

Como o valor encontrado (1,45) corresponde a um desvio, para dois desvios, ter-se-á o dobro (2,95) e para três desvios o triplo (4,35). Isto significa que para um nível de confiança de 95% (dois desvios), o resultado da pesquisa apresentará como margem de erro 2, 95% a mais ou a menos. É provável, portanto, que o número de consumidores de café esteja entre 27,05 e 32,95%.

Exercícios e trabalhos práticos

1. Formule problemas de pesquisa e identifique o tipo de amostragem mais adequado para sua investigação.
2. Identifique situações em que a amostragem por tipicidade seja a mais indicada.
3. Procure, em jornais, pesquisas realizadas por amostragem que indiquem, além dos resultados, o número de elementos pesquisados. Verifique, a seguir, a margem de erro de seus resultados.
4. Localize um livro de estatística que trate da teoria das probabilidades. Procure aí a justificativa do nível de confiança da amostra.
5. Calcule o número de elementos da amostra correspondente a uma população de 10.000 pessoas para a qual não se dispõe de mais informações sobre a sua distribuição, com um erro máximo de 3% e nível de significância de 95%.

11

OBSERVAÇÃO

A observação constitui elemento fundamental para a pesquisa. A formulação do problema decorre frequentemente da observação. Uma das mais importantes fontes de hipóteses é a observação. O que se espera com a operacionalização de um conceito é que este se torne observável. É, todavia, na etapa de coleta de dados que o papel da observação se torna mais evidente. Em muitos delineamentos constitui o procedimento básico para a coleta. Em outros, aparece como procedimento complementar.

Dedica-se este capítulo à observação enquanto técnica de coleta de dados. Após estudá-lo cuidadosamente, você será capaz de:

- Conceituar observação científica.
- Reconhecer a aplicabilidade da observação nos diferentes delineamentos de pesquisa.
- Caracterizar as modalidades de observação: naturalística, estruturada e participante.
- Planejar a aplicação da observação na pesquisa social.

11.1 A observação científica

Boa parte daquilo que conhecemos, decorre da observação. É graças à atenção que dedicamos a coisas, seres e eventos que chegamos ao conhecimento. Assim, pode-se afirmar que a observação é a principal fonte do conhecimento vulgar. Mas também é fonte de conhecimento científico, à medida que serve a um objetivo formulado de pesquisa, é sistematicamente planejada, registrada e submetida a verificação e controles de validade e precisão (SELLTIZ et al., 1972). Como a observação pode ser considerada a base da vida social cotidiana para a maioria das pessoas, quando utilizada dessa forma, torna-se um dos mais importantes métodos das ciências sociais.

Uma vantagem fundamental da observação é a de que possibilita saber o que as pessoas de fato fazem, em vez do que elas dizem que fazem. Nem sempre as pessoas estão dispostas a expressar suas opiniões em um questionário ou a dizer ao estranho que as entrevista o que realmente fazem ou pensam. Já a observação pode ser feita em situações da vida real, permitindo ao pesquisador o acesso ao contexto relacionado com os fatos que estão sendo pesquisados. Mesmo porque há situações em que é pouco provável que a presença de entrevistadores ou aplicadores de questionários produza respostas positivas. E também existem situações em que a comunicação não verbal se torna mais valiosa do que a verbal.

Há, no entanto, vários problemas associados à pesquisa observacional. A presença do pesquisador exerce efeito sobre as pessoas e situações observadas, embora isso seja difícil de avaliar. Também, à medida que o pesquisador imerge nas situações ou na própria cultura do grupo, torna-se mais difícil para ele manter uma postura objetiva em relação ao objeto da pesquisa. O tempo dispendido nas pesquisas observacionais também precisa ser levado em conta, sobretudo quando estas são realizadas com propósitos acadêmicos. E as questões éticas, que estão presentes em todas as pesquisas, tornam-se mais evidentes nas pesquisas observacionais, já implicam, de alguma forma, intromissão na vida das pessoas.

11.2 A observação nos diferentes delineamentos de pesquisa

O método observacional é utilizado como procedimento fundamental ou complementar em diferentes delineamentos de pesquisa. Considera-se, a seguir, seu uso nas pesquisas experimentais, nos estudos de caso, nas pesquisas etnográficas e nos levantamentos de campo.

11.2.1 Na pesquisa experimental

O que se almeja com a pesquisa experimental é verificar a influência de uma variável independente sobre outra variável que é denominada dependente. O que exige a manipulação da variável independente, que se dá mediante a designação do grupo experimental – exposto ao tratamento – e do grupo de controle – não exposto. Prevê-se, então, que haja diferença entre os dois grupos, como consequência da manipulação da variável independente. O que frequentemente é feito mediante observação. Por exemplo, em uma pesquisa em que se deseja verificar a influência da religiosidade na disposição de estudantes para discutir assuntos relacionados com sexo, a mensuração da variável dependente poderá ser feita mediante observação de seções de discussão a respeito desse tema em sala de aula. Desde, é claro, que a seleção dos estudantes tenha sido efetuada de forma a garantir que estes variem em relação ao nível de religiosidade.

11.2.2 Em estudos de caso

Estudos de caso requerem múltiplas fontes de evidência. De modo geral, os dados são obtidos mediante a combinação de entrevistas, análise de documentos e observação. Os casos podem se referir a indivíduos, grupos, organizações, comunidades, fenômenos, processos etc. Assim, a observação pode se referir tanto a pessoas quanto a artefatos físicos, como edificações, mobiliário, máquinas, equipamentos etc. Por exemplo, em um estudo de caso focando o relacionamento interpessoal no âmbito de um hospital, a observação poderá abranger diferentes categorias profissionais, como médicos, enfermeiros e atendentes e diferentes unidades, tais como recepção, clínicas médicas, pronto-socorro etc. Considere-se, ainda, que a observação nesse delineamento de pesquisa tende a ser bastante exaustiva, tanto para garantir a unidade do estudo quanto a comparação dos resultados com os obtidos mediante outros procedimentos, como a entrevista e análise de documentos.

11.2.3 Em pesquisas etnográficas

A pesquisa etnográfica de modo geral envolve o estudo das formas costumeiras de viver de um grupo ou de uma comunidade de pessoas. Busca verificar como essas pessoas ou grupos conduzem suas vidas com vistas a revelar os significados de suas ações. A base dessa pesquisa é o trabalho de campo, que se dá mediante o contato intenso e prolongado do pesquisador com a cultura do grupo. Assim, a observação torna-se o procedimento mais importante para coleta de dados, sendo utilizado principalmente na modalidade participante, em que o pesquisador se insere no grupo que está sendo investigado.

11.2.4 Em levantamentos de campo

Embora os levantamentos de campos caracterizem-se pela coleta de dados mediante questionários e entrevistas, a observação assume importante papel complementar nessa modalidade de pesquisa. Especificamente nos levantamentos em que se utiliza o questionário aplicado com entrevista, é frequente a definição de uma seção de observação, em que o pesquisador é solicitado a fornecer informações sobre os sujeitos da pesquisa. Dentre as mais frequentes estão as informações referentes às suas características físicas, vestuário, interesse pela entrevista e espontaneidade das respostas. Também são frequentes questões referentes ao local em que realiza a pesquisa, tais como: tipo de edificação, dimensões, estado de conservação e de limpeza etc.

11.3 Modalidades de observação

A ampla flexibilidade do método observacional na pesquisa social determina múltiplas modalidades de observação. Diversos fatores podem ser identificados nessa determinação: estruturação da observação, ambiente da observação, caráter direto ou indireto da observação e papel do observador.

Pode-se falar em observação estruturada e não estruturada. Na **observação estruturada** o pesquisador especifica detalhadamente o que será observado, assim como a forma de registro e o nível de mensuração, o que implica a elaboração de um protocolo estruturado para a coleta dos dados. Já na **observação não estruturada**, apenas define os aspectos que pareçam mais relevantes para a solução do problema, podendo ser alterados, à medida que a pesquisa evolua.

Em relação ao ambiente da pesquisa, pode-se falar em observação em campo e observação em laboratório. A **observação em campo**, também denominada naturalística é feita no local em que o fenômeno ocorre naturalmente. O que se pretende com essa modalidade de observação é que o estudo corresponda ao comportamento real das pessoas. Já a **observação de laboratório**, que geralmente requer equipamentos especiais, é conduzida quando se torna difícil controlar o fenômeno em condições naturais.

A observação também pode ser direta ou indireta. A **observação direta** ocorre com o pesquisador fisicamente presente no local da pesquisa. É uma modalidade de observação bastante flexível, que permite ao pesquisador relatar aspectos sutis de eventos à medida que estes ocorrem. Na **observação indireta** o registro da observação ocorre com o auxílio de instrumentos mecânicos, fotográficos ou eletrônicos. É, pois, uma modalidade de observação bem menos flexível que a direta, mas capaz de produzir informações mais precisas.

Em relação ao papel desempenhado pelo pesquisador, a observação pode ser participante ou não participante. Na **observação não participante**, o pesquisador observa o ambiente e os sujeitos da pesquisa sem participar ativamente das atividades. Na **observação participante**, ao contrário, o pesquisador participa das atividades em curso. Ele assume um papel no grupo que está sendo estudado, podendo, por exemplo, atuar como garçom em um estudo desenvolvido em um restaurante.

A combinação desses fatores conduz a diferentes modalidades de delineamentos observacionais. Os mais usuais nas pesquisas sociais são observação estruturada, observação naturalística e observação participante, que vêm descritos a seguir.

11.4 Observação estruturada

A observação estruturada é frequentemente utilizada em pesquisas que têm como objetivo a descrição precisa dos fenômenos ou o teste de hipóteses. Nas pesquisas deste tipo, o pesquisador define previamente os aspectos da comunidade, da organização ou grupo que são significativos para alcançar os objetivos pretendidos. Com base nesses objetivos, elabora um plano para orientar a observação.

A observação estruturada pode ocorrer em situações de campo ou de laboratório. Quando utilizada em laboratório, pode chegar a um nível de controle que lhe confere o caráter de pesquisa quase experimental. Muitas das pesquisas realizadas no campo da psicologia experimental foram na realidade desenvolvidas a partir de observação sistemática.

Observação

11.4.1 Vantagens e limitações da observação estruturada

A principal vantagem da observação estruturada é a de possibilitar a obtenção de dados adequados para mensuração dos conceitos e a verificação da existência de relação entre as variáveis definidas como relevantes no planejamento da pesquisa. Os dados requeridos podem ser obtidos rápida e facilmente, permitindo a contagem da frequência e duração dos eventos observados. O que significa que as observações podem ser comparadas, favorecendo tanto a identificação de padrões de comportamento quanto o teste de hipóteses que estabelecem relações entre variáveis.

Como esta modalidade de observação tem uma estrutura relativamente objetiva, pode ser replicada. Seus resultados podem ser diretamente comparados com os resultados de outras observações realizadas usando o mesmo cronograma de observação. Também é possível utilizar mais de um pesquisador para a coleta dos dados.

A observação estruturada apresenta, no entanto diversas limitações. Como ela requer o estabelecimento prévio de categorias, pode ocorrer que determinados comportamentos ou interações entre os sujeitos não sejam facilmente enquadrados. Pode ocorrer mesmo que os eventos não se enquadrem em nenhuma categoria ou se sobreponham a várias categorias. Por outro lado, quando as observações são detalhadas e os intervalos de observação são curtos torna-se muito difícil a tarefa do observador. Sem contar que na observação estruturada é maior a consciência dos sujeitos de estarem sendo observados, o que pode comprometer a naturalidade da situação.

11.4.2 O que observar

Na observação estruturada o pesquisador precisa elaborar um plano que estabeleça o que deve ser observado, em que momentos, bem como a forma de registro e organização das informações. O primeiro passo consiste em definir o que deve ser observado. Essa definição precisa levar em consideração os objetivos da pesquisa, o que significa se eles não estiverem claramente definidos, será impossível conduzir adequadamente o processo de observação.

Cada pesquisa tem naturalmente objetivos diferentes de qualquer outra. Mas é possível definir alguns elementos que estarão presentes em qualquer pesquisa. Por essa razão é que no planejamento da pesquisa são definidas categorias que orientam a coleta, análise e interpretação dos dados. Assim, Lofland (1971) sugere seis categorias que podem ser utilizadas para a organização das informações. Essas categorias são organizadas da mais simples para a mais complexa e constituem ponto de partida para a obtenção das informações requeridas.

Atos: ações numa situação temporalmente breve, consumindo alguns segundos, minutos ou horas.

Atividades: ações de maior duração (dias, semanas ou meses), que constituem elementos significativos do envolvimento das pessoas.

Significados: produtos verbais e não verbais que definem ou direcionam as ações.

Participação: envolvimento global ou adaptação a uma situação ou posição que está sendo estudada.

Relacionamentos: relações entre diversas pessoas que ocorrem simultaneamente.

Situações: a completa situação concebida dentro do estudo como unidade de análise.

11.4.3 O registro da observação

O registro na observação estruturada é feito no momento em que esta ocorre e pode assumir diferentes formas. As mais frequentes são a tomada de notas por escrito e a gravação de sons ou imagens.

O instrumento de registro pode assumir diferentes níveis de estruturação. Em algumas pesquisas é bastante aberto, conferindo ao pesquisador ampla liberdade para proceder às anotações. Mas também pode assumir a forma de uma grade fechada em que os comportamentos a serem observados são prévia e minuciosamente definidos, de forma tal que cabe ao pesquisador apenas assinalá-los. Nesse caso, tem-se a lista preestabelecida, que consiste num quadro de linhas e colunas formando uma grade. Cada coluna corresponde a um comportamento a ser observado e cada linha indica o momento em que o comportamento ocorreu.

As categorias incluídas no instrumento de registro variam de acordo com os objetivos pretendidos. Mas de modo geral envolvem duas grandes categorias de informações. A primeira refere-se à observação do contexto, envolvendo: descrição dos locais, das pessoas observadas e das razões de sua presença no local. A descrição das pessoas é mais complexa do que a descrição do local, e para tornar-se significativa, envolve itens como: (1) sinais físicos exteriores, tais como aparência física e vestuário; (2) movimentos expressivos, tais como toques e riso; e (3) localização física, envolvendo principalmente a distância mantida em relação às outras pessoas.

A segunda categoria refere-se aos comportamentos das pessoas. São definidas em função dos objetivos da pesquisa. Por exemplo, Bakeman e Brownlee (1980) desenvolveram uma pesquisa com a finalidade de estudar o comportamento social de crianças pequenas. Para tanto definiram as seguintes categorias: (1) desocupada: a criança não faz nada em particular ou apenas observa as outras crianças; (2) brincadeira solitária: a criança brinca sozinha, não sendo afetada pelas atividades das outras crianças; (3) brincadeira junto: a criança está com outras crianças, mas não se ocupa com nenhuma atividade específica; (4) brincadeira paralela: a criança brinca ao lado de outras crianças, mas não com elas; (5) brincadeira em grupo: a criança brinca com as outras, compartilhando brinquedos ou participando de atividades como membro do grupo.

11.4.4 A amostragem na observação estruturada

É impossível observar tudo. Por isso a observação é sempre seletiva. E para garantir razoável nível de objetividade é necessário que o registro da observação esteja subordinado a algum tipo de amostragem, o que não é tão simples como nas pesquisas que adotam técnicas de interrogação. Um dos trabalhos mais utilizados para orientar esses procedimentos foi elaborado por Martin e Bateson (1986) para subsidiar estudos relativos ao comportamento animal. Esses autores definem quatro tipos de amostragem; ad libitum, focal, por varredura e de comportamentos.

A amostragem **ad libitum** (à vontade) não se pauta por procedimentos sistemáticos; o observador anota o que é visível e potencialmente relevante.

A amostragem **focal** envolve a observação de uma unidade num tempo definido e o registro das diversas facetas de seu comportamento. Essa unidade geralmente é constituída por um indivíduo e torna-se difícil sob certas condições, pois este pode movimentar-se ou mesmo ficar fora do alcance do observador.

A amostragem por **varredura** envolve o estudo detalhado de um conjunto de indivíduos em intervalos regulares. Nesta modalidade de amostragem, o mais comum é registrar apenas uma ou duas categorias de comportamento, definidas não apenas pelo critério de relevância, mas também de simplicidade.

A **amostragem de comportamentos**, por fim, requer a observação de um grupo num determinado contexto por inteiro. Em determinado período ocorre um comportamento particular e sua ocorrência é registrada com observações a respeito dos indivíduos. Este tipo de amostragem pode assumir duas formas: registro contínuo e amostragem temporal. No registro contínuo procura-se elaborar um registro rigoroso da frequência e duração de comportamentos específicos. Na amostragem temporal, as observações são registradas periodicamente, todavia os momentos de amostragem são selecionados aleatoriamente. O registro contínuo tem como vantagem o fato de permitir que os elementos sejam medidos com precisão, embora se torne uma atividade pesada para o pesquisador. Já na amostragem temporal, como a observação é realizada apenas intermitentemente, reduz-se a carga de trabalho do pesquisador.

11.5 Observação naturalista

Observação naturalista é a que ocorre quando as pessoas são estudas em seu *habitat* natural. Sua principal característica é a não intrusão do pesquisador no cenário e no comportamento de interesse. O pesquisador não manipula o estudo. Ele não interfere no comportamento das pessoas (ANGROSINO, 2007).

11.5.1 Utilização da observação naturalista

Diversas razões justificam a escolha desta modalidade de observação. É utilizada em situações em que a realização de pesquisas em laboratório se mostram custosas ou capazes de afetar indevidamente o comportamento dos sujeitos. Com efeito, as pessoas podem não se comportar de maneira natural em um ambiente de laboratório. Há comportamentos que precisam ser observados à medida que naturalmente ocorrem. Observando como as pessoas reagem a determinados estímulos na vida real é possível obter uma melhor compreensão acerca dos fatores que determinam seus comportamentos. Por exemplo, em uma pesquisa que objetiva estudar determinados comportamentos em sala de aula, como a interações entre estudantes e seus colegas, pode-se preferir a utilização da observação naturalista.

A observação naturalística torna-se fácil quando é dirigida ao conhecimento de fatos ou situações que tenham certo caráter público, ou que pelo menos não se situem estreitamente no âmbito das condutas privadas. É, pois, muito apropriada para o estudo das condutas mais manifestas das pessoas na vida social, tais como: hábitos de compra, de vestuário, de conveniência social, de frequência a lugares públicos etc.

As infromações obtidas, por sua vez, podem servir de inspiração para futuras investigações de comportamentos específicos. O que significa que a observação naturalista pode servir como pesquisa exploratória.

11.5.2 Vantagens e limitações da observação naturalista

A principal vantagem da observação naturalista em relação às demais é a de permitir a observação direta do comportameno dos sujeitos em um ambiente natural. Mas também é vantajosa porque permite aos pesquisadores que percebam coisas que dificilmente perceberiam se os fenômenos fossem observados em ambiente de laboratório. Mesmo porque muitos comportamentos não podem ser manipulados em laboratório devido a questões éticas. Considere-se, por exemplo, que não seria ético aprisionar pessoas e, em seguida, coletar informações acerca de seu comportamento. Mas seria possível obter informações dessa natureza utilizando a observação naturalista em prisões, ou seja, em ambiente real.

A despeito dessa notável vantagem, a observação naturalista também apresenta limitações:

Influências externas: fica difícil, mediante a utilização da observação naturalista, determinar a causa exata de um comportamento, já que o experimentador, por estar limitado ao ambiente natural, não tem como controlar variáveis externas. O que faz com que boa parte das pesquisas que adotam essa modalidade de observação sejam reconhecidas apenas como descritivas e não explicativas.

Problemas de percepção: é necessário considerar que a observação é um processo inerentemente preceptivo, possibilitando, portanto, a introdução de vieses tanto na classificação quanto na interpretação dos resultados. Tanto é que observadores diferentes podem tirar conclusões diferentes de um mesmo comportamento observado. Dois pesquisadores, por sua vez, podem ver as mesmas ações e atribuí-las a diferentes causas.

Influência do observador: também é importante considerar que as pessoas podem se comportar de maneira diferente quando sabem que estão sendo observadas. Elas podem tentar se comportar de maneira diferente da normal para se tornarem mais aceitáveis. Também pode ocorrer que as pessoas passem a se comportar de determinada maneira porque creem que é a forma reconhecida como a mais adequada pelo pesquisador, ou seja, para concordar com o que eles acham que os persquisadores querem. Claro que esse problema ficaria minimizado desde que o pesquisador se mantivesse anônimo. Mas não é muito

Observação

fácil conduzir uma observação sem que as pessoas saibam. Há, ainda que se considerar o problema do anonimato do ponto de vista ético.

Disponibilidade de tempo: para obter bons resultados poderá ser necessário observar um mesmo fenômeno muitas vezes e de maneiras diferentes. Assim, para se tornarem eficazes, algumas observações naturalísticas podem durar meses ou até anos para serem concluídas.

11.5.3 Coleta e registro dos dados na observação naturalista

Na observação naturalista, o pesquisador observa o ambiente, as pessoas e os relacionamentos que estabelecem entre si. Também entrevistam informantes-chave e examinam documentos produzidos no contexto, tais como jornais, anúncios e folhetos etc. Para obter informações mais detalhadas, fazem ainda gravações e filmagens.

O primeiro problema a ser enfrentado pelo pesquisador na pesquisa naturalista refere-se ao que deve ser observado. Embora não existam regras fixas acerca do que observar, há itens que, em virtude de serem significativos, costumam ser considerados pelos pesquisadores:

a) **Os sujeitos:** Quem são os participantes? Quantos são? A que sexo pertencem? Quais as suas idades? Como se vestem? Que adornos utilizam? O que os movimentos de seu corpo expressam?

b) **O cenário:** Onde as pessoas se situam? Quais as características desse local? Com que sistema social pode ser identificado?

c) **O comportamento social:** O que realmente ocorre em termos sociais? Como as pessoas se relacionam? De que modo o fazem? Que linguagem utilizam?

Outro problema refere-se ao registro da observação. Diferentemente da observação estruturada, em que se elabora previamente um instrumento detalhado acerca do que deve ser observado, na observação naturalista parte-se de um conjunto de itens bastante genéricos correspondente aos objetivos da pesquisa. Assim, o registro da observação tende a ser feito mediante gravação, diários ou cadernos de notas.

O momento mais adequado para o registro é, indiscutivelmente, o da própria ocorrência do fenômeno. Entretanto, em muitas situações pode ser inconveniente tomar notas no local para evitar que elementos significativos da situação possam ser perdidos pelo pesquisador e que a naturalidade da observação seja perturbada pela desconfiança das pessoas observadas. Também podem ser utilizados outros meios para o registro da observação, tais como gravadores, câmeras fotográficas, filmadoras etc.

11.6 Observação participante

A observação participante, ou observação ativa, consiste na participação real do pesquisador na vida da comunidade, da organização ou do grupo. Nesse caso, o observador assume, pelo menos até certo ponto, o papel de um membro do grupo. Daí por que se pode definir observação participante como a técnica pela qual se chega ao conhecimento da vida de um grupo a partir do interior dele mesmo.

A técnica de observação participante foi introduzida na pesquisa social pelos antropólogos no estudo das chamadas "sociedades primitivas" como a abordagem mais adequada para apender sobre a cultura desses povos. Posteriormente, passou a ser utilizada também no estudo de subculturas, ou seja, de grupos que compartilham um forte senso de identidade que dificilmente seria compreendido a não ser com a participação do observador nas circunstâncias vividas por seus membros. Também passou a ser adotada como técnica fundamental nos estudos designados como "pesquisa participante".

A observação participante é um método em que o pesquisador procura colocar-se no lugar das pessoas que estão sendo investigadas. É, pois, um método que reduz a distância entre o pesquisador e as pessoas que estão sendo estudadas. Seu objetivo fundamental é o de entender o mundo dos sujeitos do ponto de vista deles. O que o torna bastante compatível com a perspectiva interpretativista.

11.6.1 Níveis de participação do pesquisador

O nível de participação do pesquisador varia de pesquisa para pesquisa. Assim, Spradley (1980) define cinco tipos de observação, ordenadas num contínuo de acordo com o nível de participação:

- **Não participante:** o pesquisador não estabelece nenhum contato com integrantes da população. É possível, por exemplo, observar o que acontece em determinado local mediante a instalação de câmeras de televisão ou de vídeo.
- **Participação passiva:** os dados são coletados sem que o pesquisador se torne parte integrante do cenário. Ele pode, por exemplo, em pesquisa realizada no âmbito de uma organização, sentar-se no canto de um escritório e registrar como os demais funcionários atuam durante o expediente.
- **Participação moderada:** o pesquisador busca manter equilíbrio entre os papéis de observador e de participante, visando uma boa combinação entre distanciamento e envolvimento. Assim, ele pode, embora atuando como observador, interagir ocasionalmente com o grupo.
- **Participação ativa:** o pesquisador se envolve em quase tudo que o grupo está fazendo com vistas a aprender o máximo acerca de seu comportamento.
- **Participação completa:** o pesquisador integra-se no grupo como um participante completamente integrado. Só ocorre a participação nesse nível quando o pesquisador é reconhecido como participante pelos próprios membros do grupo. Por exemplo, um pesquisador interessado em estudar o relacionamento interpessoal em organizações de trabalho poderia ingressar como funcionário em uma empresa e observar o relacionamento entre seus membros.

É evidente que a situação mais desejada é a de participação completa, pois o pesquisador torna-se membro do grupo em estudo, possibilitando a sua compreensão do ponto de vista de um "insider". Embora neste caso exista o risco de o pesquisador perder completamente a objetividade, comprometendo a investigação.

11.6.2 Vantagens e desvantagens da observação participante

Os observadores participantes obtêm muito mais facilmente acesso a locais, eventos e situações locais do que teriam caso fossem observadores externos. Dispõem, portanto, de melhores condições para obter dados sobre as situações habituais em que os membros dos grupos, organizações ou comunidades estão envolvidos. Com efeito, o acesso à vida familiar, a rituais religiosos, a situações de lazer e a momentos privados dos participantes do grupo é muito útil para os pesquisadores, já que possibilita a obtenção de informações acerca da maneira como as pessoas realmente vivem. O que contribui para evitar interpretações inadequadas acerca da cultura do grupo.

Atuando como membro do grupo, o pesquisador participante também desenvolve a empatia mediante a própria experiência pessoal. O que pode contribuir para a obtenção de *insights* acerca dos usos, costumes, crenças, valores, temores e expectativas do grupo. Assim, a observação participante contribui significativamente para o desenvolvimento de novas questões e para a construção de hipóteses.

A observação participante também apresenta limitações. Uma das mais evidentes refere-se às restrições determinadas pela assunção de papéis pelo pesquisador. Numa comunidade rigidamente estratificada, o pesquisador, ao se identificar com determinado estrato social, poderá experimentar dificuldades ao tentar penetrar em outros estratos. Mesmo quando consegue transpor as barreiras sociais de uma camada a outra, sua participação poderá ser diminuída pela desconfiança, o que implica limitações na qualidade das informações obtidas.

A observação participante também é questionada em relação à objetividade. Primeiro porque a decisão acerca do que vale ou não a pena registrar depende dos valores do pesquisador. Depois porque é muito difícil evitar a subjetividade e a adoção de uma visão preconceituosa acerca do grupo com o qual o pesquisador convive. Como consequência de seu envolvimento, ele pode desenvolver atitudes favoráveis em relação ao grupo e omitir análises negativas de seu modo de vida.

A observação participante também apresenta limitações de ordem prática. É um procedimento demorado e custoso. Pode levar algum tempo para que o pesquisador ganhe a confiança dos observados. Além disso, é necessário que o pesquisador disponha de muita habilidade observacional e interpessoal para permanecer longos períodos em um ambiente que não é o seu.

11.6.3 Coleta e registro dos dados na observação participante

Como a observação participante requer o estabelecimento de uma relação relativamente estável com os participantes do grupo, o processo de coleta e registro de dados tende a ser bastante flexível. Há, no entanto, alguns procedimentos que precisam ser observados:

1. **Reconhecimento do ambiente e dos sujeitos da pesquisa:** como o pesquisador precisa se estabelecer por um período relativamente prolongado com certo número de pessoas, torna-se necessário visitar o local antes do início do

estudo e, ainda que sem estabelecer contatos mais intensos, identificar algumas das principais características das pessoas com quem irá conviver.

2. **Determinação dos objetivos da observação:** os objetivos na observação participante tendem a ser apresentados de forma muito mais genérica do que na observação estruturada. Mas é preciso ter alguma clareza acerca dos pontos essenciais que determinarão o que deve ser observado.

3. **Obtenção da permissão para realização do estudo:** de posse de algumas informações essenciais, como objetivos da pesquisa, entidade patrocinadora, fontes de financiamento e tempo planejado de estudo, o pesquisador entra em contato com as pessoas competentes para autorizar a permanência no local, que podem ser dirigentes, líderes comunitários etc.

4. **Estabelecimento do *rapport*:** o estabelecimento de uma relação de confiança com os membros do grupo é essencial para que estes se sintam seguros em compartilhar informações confidenciais com o pesquisador. Essa relação de confiança é algo que se estabelece ao longo do tempo e requer escuta ativa, sinceridade, demonstração de respeito e empatia.

5. **Determinação do que deve ser observado:** diferentemente da observação estruturada que é determinada por um roteiro detalhado, a observação nesta modalidade é apenas orientada pelos objetivos da pesquisa. Isso porque o pesquisador, cujo comportamento é em boa parte determinado pelo que estabelece em campo, passa a exercer pouco controle sobre a observação. Assim, o que lhe cabe é atentar para os objetivos da pesquisa com vistas a não perder o foco.

6. **Registro da observação:** o registro das anotações deve ser exaustivo, pois a definição acerca do que é essencial tende a ocorrer somente após repetidas observações. Não existe um modelo rígido para o registro das observações. Há pesquisadores que preferem utilizar cadernos ou fichários. Também há os que preferem listas de verificação, que não devem, no entanto, ser muito estruturadas. Há, ainda, os que preferem utilizar meios eletrônicos, como *notebooks* e *tablets* e *câmeras de vídeo*. Cabe, porém, considerar que a escolha do procedimento deverá levar em consideração o quanto as pessoas se sentem à vontade com seu comportamento sendo registrado.

Exercícios e trabalhos práticos

1. Formule problemas de pesquisa para os quais é indicada a coleta de dados por observação.
2. Identifique possíveis dificuldades com que se deparará um pesquisador que deseje pesquisar um grupo de ciganos através da observação participante.
3. Estabeleça categorias que possam servir para a observação da variável agressividade numa partida de futebol.
4. Elabore um instrumento para registro de observação numa pesquisa que tenha como objetivo verificar o comportamento de mulheres numa loja de calçados.

12

ENTREVISTA

A entrevista é uma das mais importantes dentre as técnicas disponíveis para a coleta de dados em pesquisas sociais. É também uma das mais curiosas, pois caracteriza-se por uma relação social muito atípica: duas pessoas que não se conhecem falam por um tempo relativamente longo e depois se separam para provavelmente não se reverem. Mas é exatamente essa estranheza que torna a entrevista uma técnica tão produtiva. O fato de o pesquisador estar fora da vida social do pesquisado é que o torna uma pessoa preparada para ouvir o que ele tem a dizer, até mesmo algumas de suas confidências (KVALE; BRINKMANN, 2014).

Pode-se considerar a entrevista como a técnica por excelência na investigação social, com valor muito semelhante ao tubo de ensaio na Química e ao microscópio na Microbiologia. Por sua flexibilidade, é adotada como técnica fundamental de investigação nos mais diversos campos e pode-se afirmar que parte importante do desenvolvimento das ciências sociais nas últimas décadas foi obtida graças à sua aplicação.

O presente capítulo é dedicado à técnica da entrevista. Após estudá-lo cuidadosamente, você será capaz de:

- Conceituar entrevista.
- Reconhecer vantagens e limitações da entrevista.
- Descrever as principais modalidades de entrevista.
- Identificar cuidados a serem tomados na condução de entrevistas.

12.1 Conceituação

Pode-se definir entrevista como a técnica em que o investigador se apresenta frente ao investigado e lhe formula perguntas, com o objetivo de obtenção dos dados que interessam à pesquisa. A entrevista é, portanto, uma forma de interação social. Mais especificamente, é uma forma de diálogo assimétrico, em que uma das partes busca coletar dados e a outra se apresenta como fonte de informação.

A entrevista é uma das técnicas de coleta de dados mais utilizadas no âmbito das ciências sociais. Psicólogos, sociólogos, pedagogos, jornalistas, assistentes sociais e praticamente todos os outros profissionais que tratam de problemas humanos valem-se dessa técnica. Sua utilização, no entanto, não se restringe à coleta de dados para fins de pesquisa, já que pode ser utilizada com muitos outros propósitos, como diagnóstico psicossocial, acompanhamento da aderência a tratamentos de saúde, aconselhamento profissional e terapêutico, orientação educacional etc.

Enquanto técnica de coleta de dados, a entrevista é adequada para a obtenção de uma multiplicidade de informações, como características demográficas, conhecimentos, comportamentos, opiniões, sentimentos, valores, expectativas e reações sensoriais dos participantes. Presta-se tanto para obtenção de dados qualitativos como quantitativos. Representa uma das formas mais tradicionais de coleta de dados, mas constitui também estratégia básica de algumas das mais recentes abordagens de pesquisa, como grupos focais e levantamentos baseados na Web.

12.2 Vantagens da entrevista

A ampla utilização da entrevista na pesquisa social deve-se principalmente às suas vantagens, que são em grande número.

12.2.1 Obtenção de dados em profundidade

Diferentemente do questionário, que geralmente é elaborado de forma a conter um pequeno número de perguntas que podem ser respondidas com facilidade, a entrevista, desde que conduzida por entrevistador habilidoso, possibilita a obtenção de dados mais profundos referentes ao comportamento humano.

12.2.2 Elevados níveis de adesão

As entrevistas proporcionam níveis de adesão mais elevados dos respondentes do que os questionários. Isso porque graças à presença do entrevistador, os respondentes tendem a ser menos relutantes em fornecer as respostas solicitadas. É mais fácil deixar de responder a um questionário do que negar-se a ser entrevistado.

12.2.3 Possibilidade de auxílio ao entrevistado

Pode ocorrer que algumas perguntas pareçam confusas para os respondentes. Assim, o entrevistador pode contribuir para torná-las mais claras e, consequentemente, obter respostas mais relevantes. Embora seja necessário que o entrevistado se mostre suficientemente competente para não influenciar o entrevistado no fornecimento das respostas.

Entrevista

12.2.4 Observação das características do entrevistado

Possibilita captar a expressão corporal do entrevistado, bem como a tonalidade de voz e ênfase nas respostas. Possibilita também, mediante observação, a obtenção de outras informações, como o gênero do entrevistado, sua idade, vestimentas e qualidade da habitação, quando a entrevista é realizada em sua casa.

12.2.5 Aplicação a múltiplos segmentos de população

Diferentemente do questionário, a entrevista pode ser aplicada a pessoas que não sabem ler e escrever. Também é mais adequada para a obtenção de informações de crianças e de pessoas que não se expressam bem em nossa língua.

12.2.6 Flexibilidade

A entrevista pode assumir os mais diversos formatos. Pode ser totalmente estruturada, com a definição de todas as alternativas ou rigorosamente não diretiva, a ponto de confundir-se com uma simples conversação. Assim, pode ajustar-se aos mais diversos objetivos e adaptar-se aos mais diversos segmentos populacionais. Pode também ser desenvolvida em mais de uma sessão e em diferentes ambientes, como residência, escola ou local de trabalho.

12.3 Limitações da entrevista

Embora considerada uma das mais importantes técnicas para coleta de dados em ciências sociais, a entrevista apresenta várias limitações, que precisam ser consideradas por quem planeja a realização das pesquisas que se valem dessa técnica de coleta de dados.

12.3.1 Dispêndio de tempo e de recursos financeiros

A utilização de entrevistas em pesquisas pode demandar considerável dispêndio de tempo e de recursos financeiros. As pessoas que integram a amostra da pesquisa podem estar geograficamente distantes, mas precisam ser entrevistadas. As entrevistas também poderão ser extensas e complexas, requerendo entrevistadores especialmente treinados atuando durante longos períodos de tempo. Também é preciso considerar que nem sempre a pessoa selecionada para uma entrevista é localizada no primeiro contato, exigindo novos contatos, o que contribui para elevar os custos da pesquisa.

12.3.2 Motivação do entrevistado

A entrevista deve ser reconhecida como uma relação social bastante assimétrica, pois o entrevistador tem muito interesse na obtenção de respostas às questões propostas. É pouco provável, no entanto, que o entrevistado se sinta muito motivado para fornecê-las, porque de modo geral ele nada recebe pela participação na entrevista.

12.3.3 Influência do entrevistador

As características pessoais do entrevistador podem influenciar na obtenção de respostas. Há evidências de que o gênero, a idade, a etnia, a ideologia e o estilo do entrevistador afetam a qualidade das respostas obtidas na entrevista (DIJKSTRA, 1983). Daí a rigorosa necessidade de seleção, treinamento e controle dos entrevistadores.

12.3.4 A questão do significado

Uma importante questão apresentada por autores vinculados à perspectiva do interacionismo simbólico é a de que quando as pessoas que se comunicam não estão apenas compartilhando significados. Mas estão simultaneamente criando novos significados. Assim, não há como garantir que entrevistador e entrevistado atribuam o mesmo significado aos termos que são utilizados na entrevista (BRIGGS, 1986).

12.4 Modalidades de entrevista

Como a entrevista é uma técnica bastante flexível, pode ser utilizada para coleta de dados nos mais variados tipos de pesquisa. Assim, podem ser definidos diferentes tipos de entrevista.

12.4.1 Entrevista estruturada

A entrevista estruturada desenvolve-se a partir de uma relação fixa de perguntas em que não apenas o enunciado e a ordem das perguntas, mas também as alternativas de resposta são definidas previamente. É a modalidade mais adequada para utilização em levantamentos de campo (*surveys*). Uma de suas principais vantagens é a de garantir que as respostas fornecidas pelos entrevistados tenham sido decorrentes do mesmo estímulo (as perguntas), mesmo que tenham sido formuladas por diferentes entrevistadores. Outra importante vantagem é a de possibilitar a utilização de rigorosos procedimentos de análise estatística, pois as respostas obtidas são padronizadas. Não se recomenda, no entanto, a utilização desta modalidade de entrevista quando se deseja a obtenção de dados em profundidade, notadamente nas denominadas pesquisas qualitativas.

Quando a técnica da entrevista se apoia em um roteiro rígido de perguntas com alternativas previamente definidas, é totalmente estruturada, com alternativas de resposta previamente estabelecidas que aproxima-se do questionário. Assim, é comum designar esta técnica como questionário aplicado com entrevista ou como formulário.

12.4.2 Entrevista semiestruturada

Este termo abrange vários tipos de entrevista. Tipicamente refere-se às entrevistas abertas, em que as perguntas são previamente estabelecidas, mas não são oferecidas alternativas de resposta. Os entrevistadores podem respondê-las livremente. Mas há muitas variações entre elas. Há entrevistas em que são formuladas poucas questões bastante gerais, servindo principalmente para estudos de caráter exploratório. Também há entrevistas em que as questões são em maior número, bem mais específicas e apresentadas aos entrevistados em uma sequência predeterminada, mostrando-se adequadas para estudos prévios em que se objetiva identificar alternativas para questões a serem incluídas em questionários ou entrevistas estruturadas. Mas a situação mais frequente é a da entrevista em que as questões são predeterminadas, mas o pesquisador define a sequência de formulação no curso da entrevista. Se percebe, por exemplo, com base nas respostas obtidas no início da entrevista, que determinadas questões poderão comprometer seu desenvolvimento, o pesquisador então poderá tomar a decisão de formulá-la em um momento que lhe parecer mais oportuno.

Esta modalidade de entrevista tem como principal vantagem sua adequação às características do entrevistado. Mas apresenta algumas limitações, tais como a possibilidade de tópicos importantes não serem considerados e o não aproveitamento do potencial de informações dos entrevistados.

12.4.3 Entrevista com pauta

Esta modalidade de entrevista também pode, de certa forma, ser considerada semiestruturada. Mas distingue-se das consideradas anteriormente porque nelas não se define previamente as questões a serem formuladas. O entrevistador dispõe apenas de uma pauta, ou seja, uma enumeração de assuntos a serem abordados. Ele dispõe de ampla liberdade para formular as questões, procurando apenas garantir que as respostas sejam significativas em relação aos propósitos da pesquisa. Para que a entrevista tenha eficácia, a pauta deve ser ordenada e constituída por itens que guardam certa relação entre si. O entrevistador faz poucas perguntas diretas e deixa o entrevistado falar livremente à medida que refere às pautas assinaladas. Quando este se afasta delas, o entrevistador intervém, embora de maneira suficientemente sutil, para preservar a espontaneidade do processo. Fica claro, portanto, que esta modalidade de entrevista requer não apenas mais habilidades do entrevistador como também maior conhecimento dos assuntos abordados na entrevista.

12.4.4 Entrevista focalizada

Esta modalidade de entrevista é bem menos estruturada que as anteriores, pois o entrevistador não estabelece nem mesmo uma pauta, mas apenas formula questões bastante abertas a respeito de uma situação ou evento específico que se mostra relevante para a compreensão do fato ou fenômeno que está sendo pesquisado.

Esse tipo de entrevista é empregado em situações experimentais, com o objetivo de explorar a fundo alguma experiência vivida em condições precisas. Também é utilizada com grupos de pessoas que passaram por uma experiência específica, como assistir a um filme, presenciar um acidente etc. Nesses casos, o entrevistador confere ao entrevistado ampla liberdade para expressar-se sobre o assunto. Constitui, portanto, modalidade de pesquisa que requer grande habilidade do pesquisador, que precisa se esforçar para manter o foco da entrevista.

12.4.5 Entrevista informal

Esta é a modalidade menos estruturada de entrevista, pois só se distingue da simples conversação porque tem como objetivo básico a coleta de dados. É adequada para estudos exploratórios, em que se busca investigar fatos e situações pouco conhecidas pelo pesquisador ou para proporcionar uma nova compreensão do problema a que se refere a pesquisa. Também é utilizada em pesquisas qualitativas, notadamente em estudos de caso e estudos etnográficos. Mostra-se especialmente útil em estudos em que interessa que o entrevistado expresse livremente suas opiniões e crenças sobre determinado assunto ou esclareça acerca de seu comportamento em determinada situação.

12.5 Entrevistas face a face e por telefone

As entrevistas tradicionalmente têm sido realizadas face a face. Essa tem sido a característica mais considerada para distingui-la do questionário, cujos itens são apresentados por escrito aos respondentes. Boa parte das considerações feitas nos manuais de pesquisa acerca da elaboração da entrevista referem-se à situação face a face. No entanto, nas últimas décadas vem se tornando cada vez mais frequente a entrevista por telefone.

Até meados da década de 1960, essa modalidade de entrevista foi encarada com ceticismo e mesmo desaconselhada pelos estudiosos de metodologia de pesquisa. A principal razão para essa relutância era a alta probabilidade de vieses na amostragem, posto que parcela significativa da população não tinha acesso ao telefone. Todavia, em decorrência da ampliação do número de residências com telefone fixo e, principalmente, da difusão dos aparelhos celulares, as entrevistas por telefone passaram a ser mais aceitas como procedimento adequado para pesquisa em ciências sociais. Basta considerar que no Brasil, em 2015, mais de 77% da população de dez anos ou mais tinham celular para uso pessoal (IBGE, 2016).

A maior das vantagens da realização de entrevistas por telefone está provavelmente na economia de tempo e de dinheiro. Para realização de uma entrevista face a face o entrevistador precisa se deslocar para o local de residência ou de trabalho do entrevistado. Não é raro, por sua vez, não encontrar a pessoa no local, situação que passa a requerer o retorno do entrevistador. Fica, pois, mais rápido e barato realizar a entrevista por telefone.

Quando a entrevista é realizada por telefone o risco de ser o entrevistado influenciado pela aparência física do entrevistador é diminuto. Apenas sua voz pode exercer alguma influência. Pode até mesmo ocorrer que o entrevistado se sinta mais à vontade para fornecer respostas desaprovadas socialmente por não se sentir frente a frente com o entrevistador. Assim, diversas vantagens podem ser identificadas na entrevista por telefone em relação à entrevista pessoal:

a) Custos mais baixos.
b) Maior facilidade na seleção da amostra.
c) Maior rapidez.

Entrevista

d) Maior aceitação por parte de pessoas que temem abrir a porta de suas casas para estranhos.
e) Possibilidade de agendar o momento mais apropriado para a realização da entrevista.
f) Facilidade de supervisão do trabalho dos entrevistadores.

A despeito, porém, dessas vantagens, a entrevista por telefone apresenta limitações:

a) Possibilidade de interrupção da entrevista pelo entrevistado.
b) Menor quantidade de informações.
c) Impossibilidade de descrever as características físicas do entrevistado e as circunstâncias em que a entrevista foi realizada.
d) Exclusão da população que não dispõe de telefone ou não tem seu nome na lista.

12.6 Entrevistas individuais e em grupo

As recomendações para preparação e condução de entrevistas referem-se geralmente a entrevistas realizadas individualmente. Mas entrevistas também podem ser realizadas em grupo, caracterizando a técnica conhecida como grupo focal (*focus group*). Sua origem encontra-se nos trabalhos desenvolvidos pelo sociólogo Robert K. Merton durante a Segunda Guerra Mundial com a finalidade de estudar o moral dos militares (MERTON; KENDALL, 1946). Seu uso só se disseminou, no entanto, a partir da década de 1980, quando passou a ser utilizado em pesquisas mercadológicas e passou a afirmar-se como procedimento dos mais adequados para fundamentar pesquisas qualitativas em diversos campos das ciências sociais (MORGAN, 1988).

Essas entrevistas são muito utilizadas em estudos exploratórios, com o propósito de proporcionar melhor compreensão do problema, gerar hipóteses e fornecer elementos para a construção de instrumentos de coleta de dados. Mas também podem ser utilizadas para investigar um tema em profundidade, como ocorre nas pesquisas designadas como qualitativas.

Os grupos focais são conduzidos pelo pesquisador, que atua como moderador, ou por uma equipe, que inclui, além do pesquisador, um ou mais moderadores e um assistente de pesquisa. O número de participantes varia entre 6 e 12 pessoas. A duração das reuniões, por sua vez, varia entre 2 e 3 horas.

De modo geral, o moderador inicia a reunião com a apresentação dos objetivos da pesquisa e das regras para participação. O assunto é introduzido como uma questão genérica, que vai sendo detalhada até que o moderador perceba que os dados necessários foram obtidos. Pode ocorrer também que o moderador decida encerrar a reunião ao perceber que está se tornando cansativa para os participantes.

12.7 Condução da entrevista

A condução da entrevista depende de muitos fatores: de seus objetivos, do conteúdo das perguntas, de seu nível de estruturação, das características dos entrevistados etc.

Alguns aspectos, no entanto, devem ser considerados na maioria das entrevistas, antes mesmo do recrutamento de seus participantes.

12.7.1 Preparação da entrevista

Primeiramente, é preciso definir seus objetivos. Nem sempre os objetivos da entrevista são os mesmos da pesquisa, visto que esta pode implicar a utilização de outras técnicas, como a observação e a análise de documentos. A definição de objetivos é fundamental para a determinação da modalidade de entrevista, pois ela deverá ser mais ou menos estruturada em função da maior ou menor especificidade de seus objetivos. Tendo sido, pois, definida a modalidade de entrevista, cabe determinar qual será o seu roteiro, caso a entrevista seja mais estruturada, ou sua pauta ou foco, caso seja menos estruturada.

Quando se decide pela elaboração do roteiro, é preciso garantir que seu nível de estruturação não prejudique a obtenção de respostas espontâneas. Também é preciso cuidar para que as questões sejam ordenadas de forma a favorecer o rápido engajamento do respondente, bem como a manutenção do seu interesse. Cuidado especial deve ser tomado em relação a questões potencialmente ameaçadoras, que podem inibir o fornecimento de respostas.

Convêm que o entrevistador obtenha informações prévias acerca das pessoas a serem entrevistadas. Isto é interessante porque dispondo de conhecimentos prévios acerca de algumas características dos participantes, o entrevistador poderá definir uma estratégia geral para abordagem, bem como táticas específicas para estimular o fornecimento de respostas.

A maioria das entrevistas conduzidas atualmente para fins de pesquisa é gravada em áudio. É preciso, portanto, precaver-se para que a entrevista seja conduzida em local livre de ruídos que possam dificultar sua transcrição. Mas mesmo com gravação, é necessário preparar-se para a tomada de notas durante a entrevista.

Como a pesquisa social é realizada com seres humanos, pode se tornar necessário, de acordo com a Resolução nº 510/2016, do Ministério da Saúde, preparar o Termo de Consentimento Livre e Esclarecido, que é feito em duas vias, uma das quais ficará em seu poder e a outra em poder do entrevistado.

12.7.2 Estabelecimento do contato inicial

Para que a entrevista seja adequadamente desenvolvida, é necessário, antes de mais nada, que o entrevistador seja bem recebido. Algumas vezes o grupo de pessoas a ser entrevistado é preparado antecipadamente, mediante comunicação escrita ou contato pessoal prévio. Outras vezes, todavia, os informantes são tomados de surpresa, o que passa a exigir do pesquisador muito mais habilidade na condução da entrevista.

Para iniciar a conversação, o mais aconselhável é falar amistosamente sobre qualquer tema do momento que possa interessar ao entrevistado. A seguir, o entrevistador deve explicar a finalidade de sua visita, o objetivo da pesquisa, o nome da entidade ou das pessoas que a patrocinam, sua importância para a comunidade ou grupo pesquisado e, particularmente, a importância da colaboração pessoal do entrevistado. O entrevistador precisa, também, nas situações em que for requerido, colher a assinatura do entrevistado no Termo de Consentimento Livre e Esclarecido, que é feito em duas vias, uma das quais ficará em seu poder.

É de fundamental importância que desde o primeiro momento se crie uma atmosfera de cordialidade e simpatia. O entrevistado deve sentir-se absolutamente livre de qualquer coerção, intimidação ou pressão. Desta forma, torna-se possível estabelecer o *rapport* (quebra de gelo) entre entrevistador e entrevistado.

À medida que essas questões preliminares tenham sido suficientes para a criação de uma atmosfera favorável, o entrevistador passará a abordar o tema central da entrevista. Como essa atmosfera deve ser mantida até o fim, convém que o entrevistador considere que na situação de pesquisa os únicos elementos motivadores do informante são o conteúdo da entrevista e o próprio entrevistador.

12.7.3 Escolha e formulação das perguntas

A formulação das perguntas depende da modalidade de entrevista. Quando é estruturada, a formulação das perguntas assume um caráter metódico, não requerendo maiores esforços do entrevistador. Quando, porém, o entrevistador dispõe apenas de uma pauta ou da definição de um tópico, o processo de formulação torna-se mais complexo. Não existem, naturalmente, regras fixas a serem observadas para a formulação das perguntas na entrevista. Todavia, a experiência de muitos pesquisadores possibilita a formulação de algumas recomendações que são válidas para a maioria das entrevistas. As mais importantes são:

a) Só devem ser feitas perguntas diretamente quando o entrevistado estiver pronto para dar a informação desejada e na forma precisa.
b) Deve ser feita uma pergunta de cada vez.
c) Devem ser feitas em primeiro lugar perguntas que não conduzam à recusa em responder ou que possam provocar algum negativismo.
d) O entrevistador deve se manter o mais neutro possível, evitando reações emocionais às respostas.
e) As perguntas não devem deixar implícitas as respostas.
f) É importante garantir uma transição adequada entre os tópicos.
g) Convém manter na mente as questões mais importantes até que se tenha a informação adequada sobre elas; assim que uma questão tenha sido respondida, deve ser abandonada em favor da seguinte.

Respostas incompletas ou obscuras são frequentes nas entrevistas. O que significa que o entrevistador precisa estimular o entrevistado a fornecer uma resposta mais satisfatória. Isso vai depender, naturalmente, da argúcia do entrevistador. Mas existem alguns formatos de questões que são apropriados para essas situações;

PARA SOLICITAR DESCRIÇÕES:
"Poderia me falar a respeito de...?"
"Como você descreveria...?"
"O que vem à sua mente quando...?"

PARA OBTER OPINIÕES:
"O que você acha de...?"
"Em sua opinião...?"
"Você acredita que...?"

PARA SOLICITAR CONFIRMAÇÃO:
"Você quer dizer que...?"
"Isso significa que...?"
"Seria correto afirmar que...?"

PARA BUSCAR APROFUNDAMENTO:
"Você poderia dizer mais sobre...?"
"Você poderia dar um exemplo de...?"
"Você poderia dar mais detalhes...?"

PARA VERIFICAR POSSÍVEIS CONTRADIÇÕES
"Mas você não disse que...?"
"Como pode ser isso, se...?"
"Por que não...?"

PARA BUSCAR COMPARAÇÕES
"O que isto tem a ver com...?"
"Qual a relação disto com...?"
"Como isto se relaciona com...?"

12.7.4 Manutenção do foco

São frequentes as situações em que o entrevistado se desvia do assunto, abordando assuntos estranhos ao objetivo da pesquisa ou até mesmo que passe a fazer perguntas ao entrevistador. Isso ocorre porque para muitos entrevistados a entrevista pode representar um momento privilegiado para a expressão não apenas de suas opiniões, mas também de suas insatisfações e angústias. Evidentemente, situações como estas são indesejáveis, mas o entrevistador precisa agir com cautela para evitar que o entrevistado deixe de cooperar e que a entrevista perca seu foco. O entrevistador precisa, então, demonstrar respeito pelo entrevistado e um polido interesse pelo assunto abordado, mas cuidar para que o tópico seja encerrado e passar para o próximo.

12.7.5 Atitude perante questões delicadas

Alguns tópicos, como comportamento sexual, desemprego, uso de drogas, problemas financeiros, a morte de parentes e amigos ou comportamento criminoso podem ser constrangedores para muitos respondentes. Devem, portanto, ser introduzidos somente após o entrevistado mostrar-se adaptado ao estilo e aos modos do entrevistador. Convém, nesses casos, que o entrevistador se mostre empaticamente interessado e compreensivo, já que essas posturas contribuem para que o entrevistado se sinta mais confortado para falar sobre assuntos traumáticos. Mas o entrevistador deve evitar qualquer postura que possa dar a ideia de que pode solucionar os problemas do entrevistado. Neste momento, o entrevistador não pode atuar como conselheiro ou terapeuta, mas exclusivamente como pesquisador.

12.7.6 Registro das respostas

O modo mais confiável de reproduzir com precisão as respostas é registrá-las durante a entrevista, mediante anotações ou com o uso do gravador. A anotação posterior à entrevista apresenta dois inconvenientes: os limites da memória humanos que não possibilitam a retenção da totalidade da informação e a distorção decorrente dos elementos subjetivos que se projetam na reprodução da entrevista.

A gravação eletrônica é o melhor modo de preservar o conteúdo da entrevista. Mas é importante considerar que o uso do gravador só poderá ser feito com o consentimento do entrevistado. O uso disfarçado do gravador constitui infração ética injustificável. Se a pessoa, por qualquer razão, não autorizar a gravação, cabe, então, solicitar autorização para a tomada de anotações.

Muitas pessoas não fazem objeção à tomada de notas. Mas o registro das informações só deve ocorrer após os entrevistados terem tido oportunidade de responder completamente às indagações e de eventualmente corrigirem alguma informação que tenha sido dada durante a resposta. Mesmo autorizando a tomada de notas, algumas pessoas demonstram irritação quando o entrevistador deixa de prestar atenção no relato para tomar notas. Outras ficam relutantes em falar quando sabem ou percebem que estão sendo tomadas notas. Quando isso ocorrer, o melhor é deixar para tomar notas logo após a conclusão da entrevista.

12.7.7 Conclusão da entrevista

Tanto por questões de ordem ética quanto técnica, a entrevista deve encerrar-se num clima de cordialidade. Como, de modo geral, nas entrevistas de pesquisa o entrevistado fornece as informações sem receber nenhum tipo de vantagem, convém que seja tratado de maneira respeitosa pelo entrevistador, sobretudo no encerramento da entrevista, quando sua missão já estiver cumprida. Por outro lado, como é frequente a necessidade de entrevistas posteriores, convém que o pesquisador deixe "a porta aberta" para os próximos encontros.

Exercícios e trabalhos práticos

1. Formule problemas de pesquisa que requeiram a entrevista como técnica de coleta de dados.
2. Analise as vantagens e desvantagens do uso do gravador na entrevista.
3. Que cuidados você tomaria para estabelecer o *rapport* numa entrevista que tenha por objetivo a obtenção de dados acerca de hábitos alimentares?
4. Elabore um roteiro de entrevista para obtenção de dados acerca da ideologia política de um grupo de universitários.
5. Identifique habilidades requeridas para que uma pessoa possa conduzir entrevistas adequadamente.
6. Elabore um roteiro de entrevista que tenha como objetivo verificar em que medida a influência dos pais interfere na escolha do curso universitário.
7. Imagine que você esteja elaborando uma pesquisa que tem como objetivo verificar a opinião da população acerca de seus governantes. Redija algumas questões de maneira que possam, de alguma forma, prejudicar a qualidade das respostas.

13

QUESTIONÁRIO

Pode-se definir questionário como a técnica de investigação composta por um conjunto de questões que são submetidas a pessoas com o propósito de obter informações sobre conhecimentos, crenças, sentimentos, valores, interesses, expectativas, aspirações, temores, comportamento presente ou passado etc. Trata-se, portanto, da técnica fundamental para coleta de dados em levantamentos de campo, que é um dos delineamentos mais utilizados nas ciências sociais.

Construir um questionário consiste basicamente em traduzir objetivos da pesquisa em questões específicas. As respostas a essas questões é que irão proporcionar os dados requeridos para descrever as características da população pesquisada ou testar as hipóteses que foram construídas durante o planejamento da pesquisa.

Construir um questionário pode parecer tarefa simples. Mas requer muito mais do que simples bom senso e habilidades de redação. Um bom questionário é quase sempre produto de um longo e exaustivo trabalho. É preciso garantir que as pessoas se sintam motivadas para responder ao que é solicitado. Que entendam as questões que estão sendo propostas. Que não se sintam constrangidas ou ameaçadas ao respondê-las. Para tanto é necessário que o questionário seja elaborado com competência.

Após estudar este capítulo cuidadosamente, você será capaz de:

- Conceituar questionário.
- Reconhecer vantagens e limitações do questionário.
- Descrever as etapas da construção de um questionário.
- Reconhecer formatos de perguntas que podem ser incluídas em questionários.
- Classificar as questões segundo o seu conteúdo.
- Identificar cuidados a serem tomados na elaboração e ordenação das perguntas.
- Construir alternativas de resposta para perguntas fechadas.

13.1 Vantagens e limitações do questionário

O questionário apresenta uma série de vantagens. A relação que se segue indica algumas dessas vantagens, que se tornam mais claras quando o questionário é comparado com a entrevista:

a) Possibilita atingir grande número de pessoas, mesmo que estejam dispersas numa área geográfica muito extensa, já que o questionário pode ser enviado pelo correio.
b) Implica menores gastos com pessoal, posto que o questionário não exige o treinamento dos pesquisadores.
c) Garante o anonimato das respostas.
d) Permite que as pessoas o respondam no momento em que julgarem mais conveniente.
e) Não expõe os pesquisados à influência das opiniões e do aspecto pessoal do entrevistador.

O questionário enquanto técnica de pesquisa também apresenta limitações, tais como:

a) Exclui as pessoas que não sabem ler e escrever, o que, em certas circunstâncias, conduz a graves deformações nos resultados da investigação.
b) Impede o auxílio ao informante quando este não entende corretamente as instruções ou perguntas.
c) Impede o conhecimento das circunstâncias em que foi respondido, o que pode ser importante na avaliação da qualidade das respostas.
d) Não oferece a garantia de que a maioria das pessoas devolvam-no devidamente preenchido, o que pode implicar a significativa diminuição da representatividade da amostra.
e) Envolve, geralmente, número relativamente pequeno de perguntas, porque é sabido que questionários muito extensos apresentam alta probabilidade de não serem respondidos.
f) Proporciona resultados bastante críticos em relação à objetividade, pois os itens podem ter significado diferente para cada sujeito pesquisado.

13.2 Etapas da construção de questionários

A construção de um questionário adequado aos propósitos de uma pesquisa científica implica a observância de uma sucessão de passos, que vem apesentados a seguir.

13.2.1 Especificação dos objetivos da pesquisa

Todas as pesquisas são orientadas por objetivos. Sua formulação tende a variar de acordo com sua natureza. Nas pesquisas fenomenológicas e na construção de teorias fundamentadas, tendem a ser elaborados de maneira bastante ampla. Já nos levantamentos de campo, em que o questionário constitui a técnica básica de coleta de dados, além dos objetivos chamados gerais, são formulados os objetivos específicos. Estes objetivos é que serão transformados nos itens que compõem o questionário.

13.2.2 Conceitualização e operacionalização das variáveis

Os objetivos da pesquisa – ou as hipóteses, quando for o caso – envolvem conceitos, ou seja, imagens mentais que sumarizam um conjunto de observações, sentimentos e ideias. Para serem alcançados requerem o esclarecimento dos conceitos. O que implica a conceitualização, ou seja, sua transformação em variáveis, que podem ser mensuradas. Assim, cada variável deverá ser definida operacionalmente, ou seja, mediante a identificação do procedimento adequado para sua mensuração. Por exemplo, uma pesquisa que tenha como objetivo verificar aspirações de estudantes universitários exigirá a operacionalização de diversas variáveis: aspirações profissionais, expectativa salarial, expectativa de sucesso profissional etc. Cada variável deverá ser definida operacionalmente, de acordo com os objetivos da pesquisa. A variável expectativa salarial poderá, então, ser definida como o nível salarial que os estudantes almejam obter um, dois e três anos após a formatura.

13.2.3 Familiarização com as formas de expressão do grupo

As questões que compõem o questionário, assim como as alternativas de resposta, deverão ser elaboradas utilizando termos que são utilizados usualmente pelas pessoas que compõem a população da pesquisa. Quando esse cuidado não é tomado, pode ocorrer que algumas das questões propostas não sejam compreendidas ou sejam compreendidas de forma equivocada, comprometendo os resultados da pesquisa. Assim, mediante entrevistas prévias com alguns integrantes da população – individuais ou coletivas – torna-se possível a familiaridade com suas formas de expressão e, consequentemente, uma mais adequada formulação das questões.

13.2.4 Estruturação do questionário

Com vistas a alcançar altas taxas de respostas, é preciso atentar para vários aspectos de sua construção, tais como: extensão, formato e ordem das questões, organização de suas partes, instruções para preenchimento etc. Atenção a estes aspectos é fundamental tanto para a coleta dos dados quanto para a análise dos resultados.

13.2.5 Pré-teste do questionário

Depois de redigido o questionário, mas antes de aplicado definitivamente, deverá passar por uma prova preliminar. A finalidade dessa prova, geralmente designada como pré-teste, é evidenciar possíveis falhas na redação do questionário, tais como: complexidade das questões, imprecisão na redação, desnecessidade das questões, constrangimentos ao informante, exaustão etc.

13.2.6 Aplicação do questionário

Não basta construir um bom questionário. É preciso garantir que o meio adotado para aplicação (pessoalmente, por telefone, *e-mail* etc.) seja o mais adequado. Também é necessário atentar para outros aspectos que podem interferir na qualidade das respostas, tais como local de aplicação, horário e forma de relacionamento do pesquisador com o respondente.

13.3 Forma das questões

Em relação à forma, podem ser definidos três tipos de questão: fechadas, abertas e dependentes. Nas **questões abertas** solicita-se aos respondentes para que ofereçam suas próprias respostas. Pode-se perguntar, por exemplo: "Qual é no seu entender o maior desafio que os estabelecimentos de ensino superior deverão enfrentar nos próximos anos?", oferecendo espaço para escrever a resposta. Este tipo de questão possibilita ampla liberdade de resposta. Mas nem sempre as respostas oferecidas são relevantes para as intenções do pesquisador. Também não facilitam a tabulação dos dados. Recomenda-se, portanto, muita parcimônia no uso de questões deste tipo.

Nas **questões fechadas**, pede-se aos respondentes para que escolham uma alternativa dentre as que são apresentadas numa lista. São as mais comumente utilizadas, porque conferem maior uniformidade às respostas e podem ser facilmente processadas. Mas envolvem o risco de não incluírem todas as alternativas relevantes. Por essa razão é que se recomenda proceder à realização de entrevistas individuais ou coletivas antes da construção definitiva das alternativas. Este procedimento contribui não apenas para a definição de um número razoável de alternativas plausíveis, mas também para redigi-las de maneira coerente com o universo discursivo dos respondentes.

Há perguntas que só fazem sentido para alguns respondentes. Por exemplo, só é conveniente perguntar acerca da opinião do atendimento numa unidade de saúde se a pessoa tiver informada que foi atendida na respectiva unidade. Nesse caso, a pesquisa referente à opinião é **dependente** em relação à outra.

Há vários formatos de questões dependentes. Pode-se, após cada alternativa, escrever o procedimento a ser seguido. Por exemplo:

1. Você fuma cigarros?
    ( ) Sim (*responda à questão nº 3*)
    ( ) Não (*responda à questão nº 4*)
2. Que quantidade diária?
    ( ) Menos de um maço
    ( ) Um maço
    ( ) De dois a três maços
    ( ) Mais de três maços
3. Você já fumou no passado?
    ( ) Sim
    ( ) Não

Questionário 13

Também é possível apresentar as questões dependentes em caixas recuadas à direita no questionário, conectadas à pergunta base por setas que se originam da resposta apropriada, como indica a Figura 13.1.

4. Você já ouviu falar do Programa *Médico da Família*?

   ( ) Sim
   ( ) Não

> *Em caso afirmativo:*
> a) Você aprova ou desaprova o programa?
>   ( ) Aprova
>   ( ) Desaprova
>   ( ) Não tem opinião
> b) Você já participou de alguma reunião para informar acerca desse programa?
>   ( ) Sim
>   ( ) Não
>
>> *Em caso afirmativo:*
>> A reunião foi
>> ( ) Muito escarecedora
>> ( ) Esclarecedora
>> ( ) Mais ou menos esclarecedora
>> ( ) Pouco esclarecedora
>> ( ) Nada esclarecedora

Figura 13.1 Exemplo de questão dependente.

13.4 Conteúdo das questões

As questões podem se referir a características pessoais, ações ou coisas ocorridas (fatos), ao que pessoas pensam, esperam, sentem ou preferem (crenças e atitudes), ao que fazem ou já fizeram (comportamentos), aos princípios que as regem (padrões de ação), ou, ainda, às razões. Geralmente, os questionários incluem questões referentes a mais de uma dessas categorias e, muitas vezes, uma única questão envolve aspectos de mais de uma delas. Torna-se conveniente, portanto, estabelecer as distinções entre os diferentes tipos de questões no referente ao seu conteúdo.

13.4.1 Questões sobre fatos

Essas questões referem-se a dados concretos e fáceis de precisar, como sexo, idade, naturalidade, estado civil, número de filhos etc. De modo geral, essas questões são respondidas sem maiores dificuldades, salvo quando o pesquisado possa supor que de suas respostas derive uma consequência negativa, como aumento de impostos. Pode ocorrer, também, que perguntas dessa natureza sejam respondidas equivocadamente, sobretudo quando se referem a fatos distantes no tempo ou que se referem a outras pessoas.

13.4.2 Questões sobre comportamentos

Questões desta natureza são importantes porque constituem indicadores expressivos de comportamento futuro das pessoas em condições similares. A influência da religião na intenção de voto, por exemplo, pode ser conhecida mediante uma pergunta como: "Você tende a considerar a religião do candidato na decisão para quem votar?" Seria melhor, no entanto, obter essa informação mediante perguntas referentes a comportamentos, como: "Em quem você votou nas últimas eleições?", "Você conhece a religião de algum candidato?" e "Você foi influenciado a favor ou contra um candidato por conhecer a sua religião?".

13.4.3 Questões sobre atitudes e crenças

Os questionários visam, frequentemente, obter dados referentes a fenômenos subjetivos, como a crença do respondente na adequação da política econômica do governo, a atitude em relação ao seu próprio trabalho ou a convicção acerca das causas da criminalidade. Questões dessa natureza são as mais difíceis de serem respondidas. Primeiramente, porque nem sempre as pessoas manifestam uma atitude clara ou mesmo uma opinião sobre o assunto, já que pode ocorrer que nunca tenham pensado nele. Depois, porque as pessoas podem não ter uma atitude global sobre determinado assunto, como a legalização do aborto; podem ser favoráveis em certas circunstâncias e contrárias em outras. A despeito, porém, de sua complexidade, as atitudes podem ser medidas por escalas específicas, que serão discutidas no capítulo seguinte.

13.4.4 Questões sobre sentimentos

As questões deste tipo referem-se às reações emocionais das pessoas perante fatos, fenômenos, instituições ou outras pessoas. Medo, desconfiança, desprezo, ódio, inveja, simpatia e admiração são alguns dos sentimentos mais pesquisados mediante questionários. Questões desta natureza são de elaboração mais complexa do que as referentes a fatos e comportamentos.

13.4.5 Perguntas sobre padrões de ação

As perguntas sobre padrões de ação referem-se genericamente aos padrões éticos relativos ao que deve ser feito, mas podem envolver considerações práticas a respeito das ações que são praticadas. O interesse dessas perguntas está em que podem oferecer um reflexo do clima predominante de opinião, bem como do comportamento provável em situações específicas.

13.4.6 Questões referentes a razões conscientes de crenças, sentimentos, orientações ou comportamentos

Estas perguntas são formuladas com o objetivo de descobrir os "porquês". Embora sejam perguntas simples de serem formuladas, há que se considerar que as respostas obtidas envolvem apenas a uma dimensão desses "porquês": a dimensão consciente.

13.5 Elaboração das questões

A escolha das questões está condicionada a inúmeros fatores, tais como: a natureza da informação desejada, o nível sociocultural dos interrogados etc. Há, no entanto, algumas regras básicas que devem ser observadas.

13.5.1 Incluir apenas questões diretamente relacionadas com o problema da pesquisa

Quanto maior for a quantidade de questões, maior será também a probabilidade de obtenção de respostas insatisfatórias. Assim, questões cujas respostas podem ser obtidas mediante procedimentos que não requeiram interrogação devem ser evitadas.

13.5.2 Formular questões breves

Perguntas longas têm maior probabilidade de ser mal compreendidas e, consequentemente, conduzir a erros de interpretação e elevação da quantidade de ausência de respostas.

13.5.3 Evitar questões muito gerais

Questões muito gerais tendem a ser respondidas insatisfatoriamente em virtude da falta de um quadro de referência. Por exemplo, quando se pergunta "Quão satisfeito você se sente com seu trabalho?", não fica claro se o que se espera é uma resposta acerca das condições de trabalho, de sua natureza ou do salário que proporciona.

13.5.4 Utilizar linguagem simples

As perguntas devem ser elaboradas com termos com os quais os respondentes estejam familiarizados. Quando a utilização de termos técnicos for rigorosamente necessária, recomenda-se que estes sejam definidos par evitar mal-entendidos.

13.5.5 Utilizar linguagem clara e precisa

Devem ser evitadas as questões ambíguas, ou seja, questões que incluem palavras que podem ter mais de um significado. Considere-se, por exemplo, a questão: Com que frequência você vai à igreja?
    ( ) Sempre

( ) Frequentemente
( ) Regularmente
( ) Ocasionalmente
( ) Nunca

A única alternativa redigida de forma clara e precisa é *nunca*. As demais podem ser interpretadas de forma diversa por diferentes respondentes. Uma formulação mais adequada das alternativas de resposta poderia ser:

( ) Uma ou mais vezes por semana
( ) De uma a três vezes por mês
( ) Uma vez por mês
( ) Entre duas e 6 vezes por ano
( ) Menos de 6 vezes por ano
( ) Nunca

13.5.6 Evitar questões que induzem a respostas

Existem questões cuja formulação tende a conduzir o respondente a uma determinada direção. Considere-se, por exemplo, a questão: "Você considera que os salários recebidos pelos juízes são muito elevados?". A maneira como está formulada pode estar indicando que a resposta afirmativa é mais desejável que a negativa.

13.5.7 Evitar questões múltiplas

Questões que incluem dois ou mais assuntos tornam muito difícil ou mesmo impossível a adequada interpretação. Por exemplo: "Quão satisfeito você se sente com seu salário e suas condições de trabalho?". A resposta a uma questão como esta não deixa claro se o respondente está se referindo ao salário ou às condições de trabalho.

13.5.8 Evitar questões que incluem negativas

Nas questões que incluem a palavra 'não' ou outro termo que indique negação é frequente a situação em que o respondente não presta atenção a ela, levando-o, consequentemente, a responder de forma inversa à pretendida. Essa situação torna-se, ainda, mais grave quando se incluem negativas duplas. Considere-se, por exemplo, a dificuldade para obter uma resposta confiável com a questão: "Você concorda com a proposta de não conceder bolsa de estudos a estudantes que não apresentam carência de recursos?".

13.5.9 Evitar questões com palavras estereotipadas ou ameaçadoras

Existem palavras que por serem estereotipadas ou apresentarem conotação negativa tendem a ser evitadas ou mesmo rejeitadas, pois levam muitos respondentes a responder

Questionário

as questões que as incluem de maneira inapropriada, principalmente quando o questionário é aplicado com entrevista. Nessas situações é comum o uso dos mecanismos de defesa que, de forma inconsciente, levam as pessoas a se defenderem contra uma situação que lhes parece ameaçadora.

13.6 Ordem das perguntas

Mesmo tomando todos os cuidados possíveis em relação à elaboração das questões, pode ocorrer que o questionário apresente problemas em virtude da ordem das questões. Torna-se necessário, portanto, definir primeiramente e agrupar as questões em categorias que irão constituir seções do questionário. A determinação dessas seções depende dos objetivos do questionário. Seria possível, por exemplo, organizar um questionário de natureza profissiográfica em seções como: dados sociodemográficos, situação de emprego, atividades desempenhadas, condições de trabalho, remuneração e benefícios, atitudes perante o trabalho atual e aspirações profissionais. Tanto as seções quanto as questões que as integram precisam ser organizadas logicamente com vistas a conferir coerência ao questionário.

Atenção especial deve ser conferida às primeiras questões, pois estas indicam ao respondente a que se refere o questionário, o quanto este pode ser interessante e a dificuldade para responde-las. Assim, Dillman (2000) recomenda que a primeira questão esteja diretamente conectada com os objetivos da pesquisa, seja interessante, fácil de responder e aplicável a qualquer integrante da amostra.

Como norma geral para ordenação das perguntas, adota-se a "técnica do funil", segundo a qual cada questão deve relacionar-se com a questão antecedente e apresentar maior especificidade. Por exemplo, se uma pesquisa tem como objetivo verificar a percepção acerca da fidedignidade das notícias veiculadas pelos jornais a respeito dos problemas socioeconômicos do país, pode-se desejar primeiramente saber o que a população entende por problema, qual a percepção acerca da importância de cada problema, a quantidade de informação de que dispõe sobre eles, quais as fontes de informação, em que medida alguns jornais a influenciaram em relação a esses problemas. Assim, as perguntas seguintes apresentam-se na sequência do funil.

1. Quais você acredita que sejam os principais problemas com que se defronta o país?
2. Dos problemas mencionados a seguir, qual você acredita que seja o mais importante?
3. Onde você obtem a maioria das informações acerca desse problema?
4. Que jornais você lê?

Há situações, no entanto, em que se recomenda inverter a sequência. Quando o assunto da pesquisa não é suficientemente motivador para que os respondentes se comuniquem a respeito, pode ser mais interessante iniciar o questionário com perguntas mais específicas, que são mais fáceis de se responder, e deixar as questões mais amplas para o final. Por exemplo, numa pesquisa que tenha como finalidade verificar a percepção da eficácia das medidas preventivas em relação à aids, pode ser mais interessante apresentar as questões nesta sequência:

1. Você conhece pessoas que ficaram doentes de aids?
2. Como você acha que essas pessoas contraíram aids?
3. O que você acredita que pode ser feito para que as pessoas não venham a contrair aids?
4. Que medida os responsáveis pela Saúde Pública devem adotar para evitar o aumento do número de pessoas com aids?

Qualquer que seja, no entanto, o critério adotado para ordenação das questões, especial atenção deve ser conferida ao chamado efeito de contexto, que se refere ao processo em que as perguntas anteriores afetam as respostas a perguntas posteriores. Por exemplo, Strack, Martin e Schwarz (1988) realizaram pesquisas com estudantes universitários sobre a satisfação geral com a vida e a frequência de namoro. Quando o item de satisfação com a vida vinha primeiro no questionário, constataram baixa correlação entre essas duas variáveis. Quando, porém, o item de frequência de namoro vinha primeiro, a correlação entre as duas mostrou-se bastante elevada, sugerindo que aqueles que namoram mais têm uma forte tendência a estar mais satisfeitos com suas vidas.

Embora tenha sido indicado que de modo geral os questionários se iniciam com as perguntas mais gerais, pode ser conveniente colocar perguntas referentes a dados demográficos mais insípidos, como gênero, idade e naturalidade apenas no final dos questionários. Pedi-los logo no início pode conferir ao questionário uma aparência rotineira a ponto de desestimular as pessoas a respondê-lo.

13.7 Construção das alternativas

A maioria dos questionários envolve questões fechadas. Muito de sua eficácia tem a ver, portanto, com as alternativas que são apresentadas em cada questão. Assim, torna-se necessária a observância de uma série de requisitos neste processo. Por isso é que se recomenda que a versão definitiva do questionário seja elaborada somente após um estudo exploratório envolvendo pessoas que poderiam integrar a amostra da pesquisa. Essas pessoas seriam entrevistadas, individualmente ou em grupo, com vistas a obter conhecimento acerca de seu universo de discurso. As alternativas seriam, então, redigidas levando-se em consideração suas falas, que foram identificadas no estudo exploratório.

Alguns dos mais importantes cuidados a serem tomados na construção das alternativas são apresentados a seguir.

13.7.1 Mútua exclusividade e exaustividade

A construção das alternativas tem como finalidade classificar as pessoas em relação a determinado fator ou característica. Os objetivos da pesquisa ficarão prejudicados

Questionário

se as categorias se sobrepuserem ou se categorias significativas forem omitidas. Assim, as categorias deverão ser exaustivas, ou seja, elaboradas de tal forma que todas as pessoas que compõem o universo da pesquisa sejam incluídas.

Considere-se, por exemplo, a questão:

Indique, por favor, a sua religião:

( ) Católica
( ) Protestante
( ) Espírita
( ) Outra religião

Essas alternativas não são exaustivas, pois pessoas sem religião não teriam como responder à questão.

Considerem-se, agora, as alternativas para a mesma questão:

( ) Católica
( ) Protestante
( ) Metodista
( ) Presbiteriana
( ) Espírita
( ) Umbandista
( ) Outra religião
( ) Sem religião

As alternativas são exaustivas, mas nem todas são mutuamente exclusivas, pois os metodistas e os presbiterianos poderiam ser incluídos também na categoria protestante.

13.7.2 Número de alternativas

Não é possível definir a quantidade ideal de alternativas. Há perguntas que conduzem naturalmente a duas alternativas, como as que se referem a gênero (masculino e feminino). Perguntas do tipo *"Você fuma?"* ou *"Você já foi submetido a alguma cirurgia?"*. Igualmente conduzem a apenas duas alternativas. Uma pergunta do tipo *"Qual a sua opinião acerca da pena de morte?"* também conduz a duas respostas; no caso, *Favorável* e *Contrária*. Mas isso não é recomendável, pois existem muitas posições possíveis entre essas duas alternativas. Inserir uma alternativa do tipo *Não tenho opinião* amplia as possibilidades, mas isso provavelmente será insuficiente. O mais recomendável seria indicar duas categorias extremas – *Totalmente favorável* e *Totalmente contrária* – e outras categorias intermediárias, ordenadas num contínuo.

Considere-se agora uma pergunta referente ao nível de escolaridade. Admitindo-se o que é estabelecido na legislação educacional vigente, as alternativas poderiam ser:

( ) Fundamental.
( ) Média.
( ) Superior.

Nesse caso seria conveniente inserir mais categorias. Considerando-se que o tempo correspondente ao Ensino Fundamental é longo (nove anos) e que a maioria da população brasileira não possui nível de escolaridade superior a este nível, seria mais conveniente inserir outras categorias. Por exemplo:

( ) Fundamental incompleto.
( ) Fundamental completo.
( ) Médio incompleto.
( ) Médio completo.
( ) Superior incompleto.
( ) Superior completo.

Mesmo ampliando o número de categorias, essa questão poderia ficar prejudicada se a pesquisa fosse realizada com segmentos de população muito carentes, em que seria possível encontrar pessoas sem escolaridade formal. É possível mesmo que algumas pessoas não pudessem responder diretamente ao questionário, por serem analfabetas.

13.7.3 Alternativas gerais e específicas

Para muitos tipos de questão é possível utilizar alternativas gerais, que são úteis por permitirem – ainda que num nível apenas ordinal – a mensuração do fenômeno. Assim, numa pergunta relativa à frequência com que algo ocorre ou ocorreu, podem ser utilizadas as alternativas:

( ) Nunca.
( ) Raramente.
( ) Às vezes.
( ) Muitas vezes.
( ) Sempre.

Perguntas que envolvem avaliação podem ter como alternativas:

( ) Muito bom.
( ) Bom.
( ) Regular.
( ) Ruim.
( ) Muito ruim.

Há, no entanto, questões cujas alternativas não podem seguir uma fórmula geral. Seja, por exemplo, uma questão referente à preferência por gêneros de filmes. Nesse caso, as alternativas poderiam ser:

( ) Drama.
( ) Comédia.

Questionário

( ) Romance.

( ) Suspense.

( ) Policial.

( ) Terror.

( ) Guerra.

( ) Outro.

Note-se que as alternativas só podem ser consideradas numa escala nominal. E que a questão exige uma categoria *"outros"*, pois há necessidade de limitar o número de categorias. Em relação a essa categoria, é necessário garantir que não irá conter um número muito grande de respostas. Caso contrário será necessário ampliar o número de categorias.

13.7.4 Número par ou ímpar de alternativas

Muitas pessoas não se sentem à vontade para indicar posições extremas. Assim, numa questão em que apareçam três alternativas como: *sim, não* e *mais ou menos* ou *sim, não* e *às vezes*, é provável que um grande número de respondentes opte pela alternativa central. Essa situação conduz a uma polêmica: deve-se evitar um número ímpar de alternativas?

Não há uma regra definitiva a respeito. O que mais ajuda nesses casos é o estudo exploratório, já que este permite verificar quão sensível pode ser uma questão. Quando se verifica que determinada questão trata de um assunto íntimo ou de alguma forma embaraçoso, pode ser interessante adotar um número par de alternativas. Quando, porém, a pergunta se refere a um assunto "neutro", é mais recomendável um número par de alternativas.

13.7.5 A alternativa "não sei"

Alguns pesquisadores evitam colocar a alternativa *não sei*, temendo a obtenção de respostas evasivas. Trata-se de preocupação justificável, sobretudo quando o que se deseja é obter informações referentes a opiniões e atitudes. Mas, em muitas vezes, a inclusão dessa alternativa é necessária. É o caso das perguntas que envolvem conhecimentos referentes ao assunto abordado. Por exemplo:

A empresa em que você trabalha tem um Código de Ética?

Autores, como Hill e Hill (2005), sugerem que quando as perguntas para solicitar opiniões e atitudes requerem um conhecimento específico, é preferível construir duas perguntas: a primeira para verificar o conhecimento do respondente, a segunda para investigar suas opiniões e atitudes. Por exemplo:

Você tem conhecimento acerca da política de formação que é praticada em sua empresa?

( ) Sim

( ) Não

A política salarial de sua empresa é:

( ) Muito boa
( ) Boa
( ) Regular
( ) Má
( ) Muito má

13.7.6 Apresentação do questionário

A apresentação material do questionário merece particular atenção, sobretudo porque as respostas devem ser dadas sem a presença do pesquisador. Como a apresentação material constitui, na maioria dos casos, o mais importante estímulo para a obtenção de respostas, cuidados especiais deverão ser tomados em relação a:

a) **Apresentação gráfica**: esse cuidado envolve o tipo de papel, os caracteres, a diagramação, o espaçamento das questões, a apresentação dos quadros a preencher, dos quadrinhos a assinalar etc. Eles são importantes para facilitar não apenas o preenchimento, mas também as operações de codificação e tabulação.

b) **Instruções para preenchimento**: o questionário deve conter instruções acerca do correto preenchimento das questões, preferencialmente com caracteres distintos. Quando se passa de uma parte a outra, não se deve hesitar em imprimir fórmulas de transição.

c) **Introdução do questionário**: o questionário deve conter uma introdução, seja através de carta em separado, ou de uma introdução apresentada em tipos gráficos especiais. Essa introdução deverá conter informações acerca da entidade patrocinadora do estudo e das razões que determinaram sua realização. A introdução deverá ainda servir para explicar por que são importantes as respostas do consultado e para informar acerca do anonimato da pesquisa.

13.8 Pré-teste do questionário

Depois de redigido o questionário, mas antes de aplicado definitivamente, deverá passar por uma prova preliminar. A finalidade dessa prova, geralmente designada como pré-teste, é evidenciar possíveis falhas na redação do questionário, tais como: complexidade das questões, imprecisão na redação, desnecessidade das questões, constrangimentos ao informante, exaustão etc. O pré-teste é realizado mediante a aplicação de alguns questionários (de 10 a 20) a elementos que pertencem à população pesquisada.

Para que o pré-teste seja eficaz é necessário que os elementos selecionados sejam típicos em relação ao universo e que aceitem dedicar, para responder ao questionário, maior tempo que os respondentes definitivos. Isso porque, depois de responderem ao questionário, os respondentes deverão ser entrevistados a fim de se obterem informações acerca das dificuldades encontradas.

Questionário

O pré-teste de um instrumento de coleta de dados tem por objetivo assegurar-lhe validade e precisão. Nos questionários, o cumprimento da obtenção desses requisitos é bastante crítico. Todavia, o pré-teste deve assegurar que o questionário esteja bem elaborado, sobretudo no referente a:

a) Clareza e precisão dos termos.
b) Forma de questões.
c) Desmembramento das questões.
d) Ordem das questões.
e) Introdução do questionário.

Exercícios e trabalhos práticos

1. Formule objetivos que correspondam a determinado problema de pesquisa. Em seguida, a partir desses objetivos, elabore itens para um questionário.

2. Identifique problemas de pesquisa suscetíveis de investigação mediante questionários.

3. Analise em que medida o não retorno de 50% dos questionários sobre atitudes em relação ao sexo, entregues a um grupo de 100 pessoas, poderá afetar os resultados da pesquisa.

4. Elabore um questionário para obtenção de dados acerca de determinado problema, apenas com perguntas abertas. Após a sua aplicação, procure ordenar as questões para tabulação.

14

ESCALAS DE ATITUDES

Escalas de atitudes são construídas com propósito de medir a intensidade das atitudes manifestadas pelas pessoas da maneira mais objetiva possível. Embora se apresentem segundo as mais diversas formas, consistem basicamente em solicitar ao indivíduo pesquisado que assinale, dentro de uma série graduada de itens, aqueles que melhor correspondem à sua percepção acerca do fato pesquisado. São muito valorizadas nas pesquisas sociais porque as atitudes são importantes preditores de comportamentos. Mas, para que as escalas sejam efetivamente capazes de medir atitudes, precisam ser construídas com bastante rigor técnico.

Este capítulo é dedicado à construção de escalas sociais. Após estudá-lo cuidadosamente, você será capaz de:

- Conceituar atitude.
- Reconhecer problemas básicos da construção de escalas de atitudes.

14.1 Conceitos de atitude

Atitude é um conceito que apresenta íntima relação com o de opinião, sendo utilizados muitas vezes de forma intercambiável. Como, porém, um dos mais importantes requisitos da pesquisa científica é a clareza, convêm que estes dois conceitos sejam adequadamente esclarecidos.

O conceito de *opinião* refere-se a um julgamento ou crença em relação a determinada pessoa, fato ou objeto. Trata-se, portanto, de um conceito que indica uma representação consciente e estática. Tanto é que as opiniões podem ser expressas verbalmente. Já o conceito de atitude refere-se a predisposições dos indivíduos para se comportar ou reagir de determinada forma em relação a outras pessoas, objetos ou situações específicas. É considerado por muitos autores, como o mais importante no campo da Psicologia Social.

De acordo com a clássica definição de Allport (1935), o conceito de atitude refere-se a um estado mental e neural de prontidão, que é organizado através da experiência, e exerce uma influência diretiva e dinâmica sobre a resposta do indivíduo a todos os objetos e situações com os quais está relacionado. Assim, é possível entender atitude como uma predisposição para reagir de maneira sistematicamente favorável ou desfavorável em relação a certos aspectos do mundo ao nosso redor. Conhecer, por exemplo, a atitude de uma pessoa em relação a pessoas de outras etnias, religiões ou orientação sexual significa, portanto, ser capaz de prever como ela reagirá às múltiplas situações envolvendo cada um desses grupos de pessoas.

Atitude é, pois, uma variável interna, que não pode ser observada diretamente. Só pode ser inferida a partir das respostas oferecidas pelas pessoas quando confrontadas física ou simbolicamente com o objeto de estudo, seja ele uma pessoa, um objeto ou uma situação. Diferentemente da opinião, que pode ser identificada mediante simples manifestação verbal.

14.2 Problemas básicos de construção de escalas de atitudes

A mensuração de atitudes é tarefa complexa, pois se refere à predisposição para agir, que deve ser tratada como um estado mental. Assim, diversos problemas podem ser identificados no processo de construção de escalas de atitudes:

a) definição de um contínuo;
b) fidedignidade;
c) validade;
d) ponderação dos itens;
e) natureza dos itens; e
f) igualdade das unidades (GOODE; HATT, 1969).

14.2.1 Definição de um contínuo

Uma escala de atitudes prevê sempre a possibilidade de ordenação de itens ao longo de um contínuo. Isto implica que se possa, a partir de pontos extremos, identificar pontos intermediários. Por exemplo, entre os sentimentos extremos de amor e ódio podem ser encontrados outros em posições intermediárias, tais como amizade, indiferença e inimizade.

A elaboração de um contínuo exige o concurso de cuidadosa análise conceitual e de efetiva verificação empírica. Isto exige, antes de mais nada, o exaustivo conhecimento do assunto, que pode ser obtido mediante o exame da literatura sobre o assunto e a entrevista com especialistas.

Escalas de atitudes

A elaboração de um contínuo exige também que se considere a natureza da população a ser ordenada. Pode ocorrer que um contínuo de atitude exista num grupo e não em outro, ou que os itens que medem atitudes em determinada área não sejam pertinentes em outras.

14.2.2 Fidedignidade

Uma escala é tida como fidedigna quando, aplicada à mesma amostra, produz consistentemente os mesmos resultados. Seria inútil uma escala que oferecesse resultados diferentes depois de cada aplicação, da mesma forma como teria pouco valor uma régua fabricada com material elástico que se expande em função da força que lhe é aplicada.

Para medir a fidedignidade de uma escala, três métodos são habitualmente utilizados:

a) **Teste-reteste**: a escala é duas vezes aplicada à mesma população e os resultados são comparados. Para tanto, divide-se a população em dois grupos (experimental e de controle). O primeiro grupo é submetido à aplicação da escala por duas vezes, enquanto o segundo é submetido uma única vez. A seguir, comparam-se os resultados da primeira aplicação ao grupo experimental (A) com os da segunda (B) e também com os da única aplicação ao grupo de controle (C). Se B se afasta mais de A do que C de A, provavelmente a primeira aplicação da escala terá afetado as respostas da segunda.

b) **Formas múltiplas**: são construídas duas escalas bastante correlacionadas e aplicadas sucessivamente à mesma amostra. Se os resultados da segunda aplicação forem significativamente diferentes dos obtidos na primeira, justifica-se a suposição de que as escalas não são fidedignas.

c) **Técnicas das metades**: aplica-se uma única vez uma escala que tenha sido dividida ao acaso em duas metades. Embora sendo uma única escala, cada um dos dois conjuntos de itens é considerado como uma escala separada. A seguir, correlacionam-se os valores obtidos nos dois conjuntos. O coeficiente constituirá uma medida de fidedignidade.

14.2.3 Validade

Uma escala apresenta validade quando mede realmente o que se propõe a medir. Percebe-se de imediato que isto é muito difícil de ser constatado e pode-se afirmar que em muitos casos não há medidas adequadas para serem utilizadas como critério de validade de uma escala. Todavia, as escalas, para serem úteis, devem apresentar alguma indicação acerca de sua validade. Dois são os procedimentos mais utilizados para verificar a validade das escalas e vêm discutidos a seguir:

a) **Opinião de um júri:** a validade de uma escala é confirmada a partir da opinião de um grupo de pessoas tidas como especiais no campo dentro do qual se aplica a escala. Por exemplo, se fosse elaborada uma escala para medir atitude perante o trabalho, poderia ser constituído um júri formado por psicólogos, administradores, supervisores e operários. Estas pessoas opinariam acerca dos itens do contínuo e, após a aplicação de medidas estatísticas aos dados obtidos, seria determinada a validade da escala.

b) **Grupos conhecidos:** neste caso, a validade é obtida a partir das opiniões ou atitudes manifestadas por grupos opostos. Por exemplo, se uma escala é construída para verificar atitudes em relação ao socialismo, as questões podem ser verificadas mediante aplicação a um grupo conhecido como adepto desse regime. Essas questões serão comparadas com aquelas de um grupo conhecido como hostil ao socialismo. Se a escala distingue os dois grupos, pode-se dizer que é válida em relação à mensuração dessa atitude.

14.2.4 Ponderação dos itens

Os itens de uma escala referem-se a qualidades que existem ou estão ausentes na determinação de uma atitude. Essas qualidades precisam ser combinadas para darem lugar a uma variável quantitativa. Daí surge a indagação: qual o valor específico de cada uma dessas qualidades no contexto da escala? Ou, em outras palavras: como ponderar os itens?

A ponderação dos itens pode ser feita com o auxílio do júri de especialistas, cujos membros atribuem pesos aos vários itens. Após a aplicação de medidas de tendência central e de dispersão, obtém-se o valor de cada item. Também se pode ponderar os itens mediante a técnica dos "grupos conhecidos". Nesse caso, aplica-se a mesma prova de validade a cada um dos itens. Mediante procedimentos estatísticos aplicados a seguir, pondera-se cada item em termos de sua habilidade de discriminar entre os dois grupos.

14.2.5 Natureza dos itens

Os itens da escala podem ser de dois tipos: direto ou projetivo. O primeiro é constituído por aqueles itens que são apresentados sob a forma de enunciados referentes à opinião ou atitude que está sendo medida, cabendo ao pesquisado indicar sua concordância ou discordância em relação a eles. Os itens projetivos são apresentados como estímulos que conduzem as respostas dos pesquisados. Esses estímulos podem ser frases incompletas ou simples menção do nome de pessoas e objetos. A vantagem alegada em favor dos itens projetivos reside no fato de possibilitar a obtenção de respostas independentemente do autoconhecimento da pessoa e de seu desejo de revelar-se.

14.2.6 Igualdade das unidades

Um dos maiores problemas na quantificação de variáveis sociais refere-se à determinação do quanto uma unidade é mais baixa ou mais alta que outra. Já foi considerado que a mensuração de determinados fatos ou fenômenos sociais não ultrapassa o nível de ordenação, ou seja, possibilita apenas verificar se uma unidade é maior ou menor que outra. Há casos em que se atinge o nível intervalar. Por exemplo, numa escala de prestígio, a ocupação de juiz poderá estar situada no percentil 86. Essa escala possibilita determinar a distância entre o prestígio dessa ocupação e o das demais ocupações consideradas. Entretanto, não permite afirmar que os juízes gozam de

Escalas de atitudes

duas vezes mais prestígio em relação a uma ocupação situada no percentil 43 da mesma escala. Isso somente seria possível com uma escala de razão que teria como ponto de origem um valor zero.

As escalas sociais não apresentam essa característica. Os valores obtidos podem ser somados ou subtraídos, mas não multiplicados ou divididos. Não é necessário, porém, que uma escala apresente essa característica, posto que, embora desejável, não é essencial para o procedimento científico correto.

14.3 Escalas de atitudes mais utilizadas

Diversas escalas de atitudes foram desenvolvidas desde meados da década de 1920. As mais conhecidas são: escala de distância social de Bogardus, escala de Thurstone, escala de Likert e diferencial semântico.

14.3.1 Escala de distância social

Escalas de distância social são utilizadas para estabelecer relações de distância entre as atitudes em relação a determinados grupos sociais. A primeira dessas escalas foi elaborada por Bogardus (1925), e teve como objetivo medir a intensidade dos preconceitos raciais. Essa escala é constituída por sete itens indicadores de distância social, numerados de 1 a 7. Para responder, o indivíduo indica sua concordância ou discordância com os enunciados apresentados.

A escala construída por Bogardus, após vários testes, foi aplicada a 1.725 cidadãos norte-americanos, que indicaram sua posição em relação a quatro grupos étnicos. Os resultados obtidos foram os seguintes:

Tabela 14.1 Reações de 1.725 cidadãos norte-americanos em relação a quatro grupos étnicos, em percentagem.

Grupos Étnicos	(1) Parente próximo por casamento	(2) Colega de clube	(3) Vizinho de clube	(4) Colega de trabalho	(5) Cidadão do país	(6) Somente como turista no país	(7) Excluiria do país
Ingleses	93,7	96,7	97,3	95,4	95,9	1,7	0,0
Suecos	45,3	62,1	75,6	78,0	86,3	5,4	1,0
Poloneses	11,0	11,6	28,3	44,3	58,3	19,7	4,7
Coreanos	1,1	6,8	13,0	21,4	23,7	47,1	19,1

Fonte: Bogardus, 1928, p. 25.

Depois de Bogardus, vários autores elaboraram outras escalas de distância social baseadas nos mesmos princípios. Assim, Dodd (1935) elaborou uma escala para medir atitudes em relação a grupos étnicos, religiosos e sociais. Embora baseada nos mesmos princípios da escala de Bogardus, esta apresenta apenas cinco graduações que são:

1. Se quisesse casar-me, não haveria inconveniente em fazê-lo com pessoa desse grupo.
2. Não veria nenhum inconveniente em convidar uma pessoa desse grupo para almoçar.
3. Prefiro considerá-las como pessoas conhecidas de vista e com as quais se trocam algumas palavras ocasionais.
4. Não me agradam encontros com essas pessoas.
5. Preferiria que essas pessoas fossem eliminadas.

14.3.2 Escala de Thurstone

A escala de Thurstone (1928) constitui a primeira experiência de mensuração de atitudes com base numa escala de intervalos. A despeito das críticas que lhe têm sido formuladas e de ter caído em desuso, essa escala é tomada frequentemente como a base metodológica para os procedimentos de mensuração de atitudes.

A elaboração de uma escala deste tipo segue os seguintes passos:

a) Pede-se a certo número de pessoas que manifestem por escrito suas opiniões acerca do problema a ser estudado. Os enunciados dessas opiniões devem ser claros, breves e em número suficiente para cobrir toda a gama de atitudes possíveis, desde as mais favoráveis até as mais desfavoráveis.

b) Depois de elaborada a lista de enunciados (cerca de 100), cada um deles é transcrito em cartões que são entregues a um grupo de pessoas. Estas pessoas (juízes), cujo número se situa em torno de 100, são solicitadas a ordenar os enunciados em onze grupos, de acordo com uma escala de graduação que vai da atitude mais favorável à menos favorável.

c) Depois de terem os enunciados recebido uma nota variando de 1 a 11, calcula-se a mediana e o desvio quartílico da distribuição de cada enunciado, segundo a ponderação atribuída pelos juízes. Aqueles enunciados que apresentam elevada dispersão são excluídos por sua ambiguidade ou irrelevância. Os demais recebem um valor de acordo com a mediana de sua distribuição.

d) Por fim, seleciona-se certo número de enunciados (entre 15 e 30) uniformemente distribuídos ao longo de uma escala de onze pontos separados por intervalos equivalentes. A lista assim obtida constitui a escala que se aplica aos sujeitos cuja atitude se deseja medir.

Thurstone e Chave (1929) elaboraram uma escala de atitude em relação à igreja, constituída inicialmente com 130 afirmações, das quais 45 foram aproveitadas na escala definitiva.

Seguem alguns dos itens dessa escala com os valores que lhes foram atribuídos:

Escalas de atitudes

Tabela 14.2 Escala de Thurstone e Chave – atitude em relação à igreja

Itens	Valor
Gosto das cerimônias de minha igreja, mas não sinto falta delas quando estou longe.	5,1
Respeito as crenças de membros de minha igreja, mas penso que tudo é "conversa mole".	8,8
Aprecio minha igreja porque lá há um espírito de amizade.	3,3
Creio que a igreja é hoje a maior instituição da América.	0,2
Penso que a igreja é um parasita na sociedade.	11,0
Eu não compreendo os dogmas ou credos da igreja, mas acho que ela me ajuda a ser mais honesto e mais digno.	3,1
Quando vou à igreja, desfruto de um bom serviço ritualístico com boa música.	4,0
Eu creio no que ensina a igreja, mas com certas reservas.	4,5
Acho que a igreja organizada é inimiga da ciência e da verdade.	10,7
Sinto que a igreja perpetua os valores mais altos que o homem tem na sua filosofia de vida.	0,8

As escalas do tipo Thurstone foram bem recebidas pelos cientistas sociais, visto possibilitarem a mensuração de atitudes numa escala de intervalos aparentemente iguais. Mas seu uso ficou restrito em virtude das dificuldades para sua construção e do aparecimento das escalas tipo Likert, alguns anos depois.

14.3.3 Escala de Likert

A escala de Likert baseia-se na de Thurstone. É, porém, de elaboração mais simples e de caráter ordinal, não medindo, portanto, o quanto uma atitude é mais ou menos favorável.

A construção de uma escala desse tipo segue os seguintes passos:

a) Recolhe-se grande número de enunciados que manifestam opinião ou atitude acerca do problema a ser estudado.

b) Pede-se a certo número de pessoas que manifestem sua concordância ou discordância em relação a cada um dos enunciados, segundo a graduação: concorda muito (1), concorda um pouco (2), indeciso (3), discorda um pouco (4), discorda muito (5).

c) Procede-se à avaliação dos vários itens, de modo que uma resposta que indica a atitude mais favorável recebe o valor mais alto e a menos favorável o mais baixo.

d) Calcula-se o resultado total de cada indivíduo pela soma dos itens.

e) Analisam-se as respostas para verificar quais os itens que discriminam mais claramente entre os que obtêm resultados elevados e os que obtêm resultados baixos na escala total. Para tanto, são utilizados testes de correlação. Os itens que não apresentam forte correlação com o resultado total, ou que não provocam respostas diferentes dos que apresentam resultados altos e baixos no resultado total, são eliminados para garantir a coerência interna da escala.

Os itens abaixo fazem parte de uma "escala de internacionalismo" elaborada pelo próprio autor deste método (LIKERT, 1932, p. 212).

"Uma pessoa que ama a seus semelhantes deve negar-se a participar de qualquer guerra, por mais graves que sejam as consequências para seu país."

Concordo plenamente	Concordo	Indeciso	Discordo	Discordo plenamente
(5)	(4)	(3)	(2)	(1)

"Devemos estar dispostos a lutar por nosso país, seja por causa justa ou injusta."

Concordo plenamente	Concordo	Indeciso	Discordo	Discordo plenamente
(1)	(2)	(3)	(4)	(5)

"Devemos lutar pela lealdade a nosso país antes de pensar na confraternização mundial."

Concordo plenamente	Concordo	Indeciso	Discordo	Discordo plenamente
(1)	(2)	(3)	(4)	(5)

"Nosso país jamais deve declarar guerra, qualquer que seja a circunstância."

Concordo plenamente	Concordo	Indeciso	Discordo	Discordo plenamente
(5)	(4)	(3)	(2)	(1)

Note-se que no caso de afirmações favoráveis ao internacionalismo, as ponderações mais altas referem-se à concordância. Nas afirmações desfavoráveis ocorre o contrário.

14.3.4 Diferencial semântico

O diferencial semântico é uma técnica utilizada para medir o significado atribuído a conceitos, desenvolvido por Osgood, Suci e Tannenbaum (1957). Pode ser considerado uma escala de atitudes, pois permite avaliar qualquer conceito, como o que as pessoas pensam sobre coisas específicas (roupas, drogas), locais (parques, museus), pessoas (políticos, empresários), ideias (desarmamento, igualdade de gênero) ou comportamentos (usar transporte público, frequentar igreja).

A aplicação do diferencial semântico consiste em apresentar às pessoas determinado conceito (por exemplo: "socialismo", "feminismo", "árabe", "Hitler", "A Santa

Escalas de atitudes

Ceia de Leonardo da Vinci" etc.) numa série de escalas bipolares de avaliação de sete pontos. Cada uma dessas escalas apresenta dois conceitos opostos indicadores de valorização, potência ou atividade. Assim, um conceito pode ser avaliado em termos de: justo-injusto, limpo-sujo, valioso-sem valor (valorização); grande-pequeno, fraco-forte, pesado-leve (potência); ativo-passivo, rápido-lento e quente-frio (atividade).

O modelo abaixo é dos mais simples e pode ser aplicado para o estudo dos mais diversos conceitos.

Tabela 14.3 Exemplo de aplicação de diferencial semântico

Bom							Mau
Agradável							Desagradável
Fraco							Forte
Valioso							Sem valor
Passivo							Ativo
Justo							Injusto

Fonte: Osgood, Suci e Tannenbaum (1957).

Exercícios e trabalhos práticos

1. Defina um contínuo de opiniões acerca da ação política de membros do clero.
2. Construa uma escala do tipo Likert, com cerca de 10 itens, para mensuração de atitudes sobre a pena de morte.
3. Redija alguns enunciados de opiniões acerca do casamento. Solicite depois, a um grupo de pessoas, que atribuam notas de 1 a 7 a esses enunciados, segundo lhes pareçam mais ou menos favoráveis. Por fim, calcule a mediana e o desvio quartílico dos resultados correspondentes a cada item.
4. Selecione pares de adjetivos que possam ser utilizados na aplicação do diferencial semântico.

15

UTILIZAÇÃO DE DADOS DISPONÍVEIS

As técnicas de coleta de dados consideradas nos capítulos anteriores – observação, questionário, entrevista e escalas de atitudes – têm em comum o fato de serem aplicadas diretamente às pessoas. Mas há pesquisas em que se utilizam dados já existentes – também conhecidos como dados documentais. São muito frequentes pesquisas desse tipo na Economia, na História, na Sociologia e na Ciência Política. Embora esses dados sejam algumas vezes designados como dados secundários, isto não significa que tenham menos valor. É possível até mesmo considerar que muitos dos dados dessa natureza sejam mais objetivos que os dados obtidos mediante interrogação das pessoas, cuja obtenção pode ser prejudicada por problemas de memória e de constrangimento social, entre outros.

O presente capítulo é dedicado à coleta de dados disponíveis. Após estudá-lo cuidadosamente, você será capaz de:

- Conceituar documento.
- Avaliar a contribuição de Émile Durkheim para a compreensão do papel dos documentos na pesquisa social.
- Descrever as principais fontes documentais.
- Reconhecer vantagens e limitações na utilização de dados documentais.

15.1 Conceituação

O termo *documento* evoca imagens como as de uma certidão, uma escritura, um diploma ou um pergaminho poeirento. Mas refere-se a um conceito muito mais amplo. O termo deriva do Latim *documentum*, que tem muitos significados: ensino, lição, aviso, advertência, exemplo, indício, sinal, prova etc. Documento é, pois, um termo que pode ser utilizado para designar qualquer coisa que possibilita conhecer outras coisas. Corresponde, portanto, a qualquer informação registrada em algum suporte. Na pesquisa social, os dados documentais, embora referentes a pessoas, são obtidos de maneira indireta, sob a forma de papéis oficiais, registros estatísticos, fotos, discos, filmes etc.

De fato, na pesquisa social são considerados documentos não apenas os escritos utilizados para esclarecer determinada coisa, mas qualquer objeto que possa contribuir para a investigação de determinado fato ou fenômeno. Tradicionalmente, a pesquisa documental vale-se de dados apresentados em **registros cursivos**, que são persistentes e continuados, coligidos geralmente por organismos governamentais, como os registros de nascimentos, casamentos e óbitos. Mas utiliza também **registros episódicos e privados**, constituídos principalmente por documentos pessoais e por imagens visuais produzidas pelos meios de comunicação de massa. Pode valer-se também de dados designados como **encontrados**, que são constituídos não apenas por objetos materiais, mas também por vestígios físicos produzidos por erosão ou acumulação no meio ambiente (WEBB *et al.*, 1966). Um exemplo de erosão é o desgaste dos pisos, que denota a frequência do uso de determinadas áreas. Um exemplo de acumulação, por sua vez, é a quantidade de lixo deixada em determinado local, e que pode servir para estudos sobre desperdício.

15.2 A contribuição de Émile Durkheim para a pesquisa documental nas ciências sociais

O livro de Durkheim ([1897]1973), *O suicídio*, é sempre citado como um dos mais notáveis exemplos de como um pesquisador dotado de grande argúcia intelectual é capaz de obter resultados altamente significativos a partir de dados disponíveis. Seu interesse era o de saber por que as pessoas se suicidavam. Evidentemente, cada caso tem uma explicação única, mas estas podem ser agrupadas segundo certas causas comuns: fracassos pessoais, problemas financeiros, insucesso no amor, desgraças e outros problemas pessoais. Mas Durkheim mostrou-se muito mais interessado em saber em que medida as condições ambientais – notadamente as sociais – poderia influenciar a decisão de se suicidar. Decidiu, então, estudar os registros de suicídio disponíveis em países da Europa. E, à medida que foi avançando na análise dos dados, padrões de diferença foram se tornando cada vez mais evidentes.

Durkheim havia formulado a hipótese de que as causas do suicídio são de natureza social. Considerou, então, várias hipóteses alternativas muito aceitas na época – que o suicídio era causado por fatores cósmicos, raciais, hereditários e psicopatológicos – e demonstrou como estão em desacordo com as estatísticas. Por exemplo, a hipótese de que o suicídio é influenciado pelo clima baseava-se na observação, feita por outros pesquisadores, de que a incidência de suicídio aumenta regularmente de janeiro a junho (mês em que se inicia o verão no hemisfério norte), e depois declina até dezembro (mês em que se inicia o inverno no hemisfério norte). Durkheim analisa cuidadosamente a influência da temperatura sobre o suicídio e rejeita essa hipótese.

Utilização de dados disponíveis

Sustenta que, se a temperatura fosse a causa básica, o suicídio variaria simultaneamente, mas isso não ocorre. Na primavera ocorrem mais suicídios que no outono, embora naquela estação a temperatura seja ligeiramente mais baixa. Além disso, o suicídio atinge o nível máximo de incidência não nos meses mais quentes, que são julho e agosto, mas em junho. Assim, Durkheim formula a hipótese de que o índice de suicídio está ligado não à estação do ano, mas à atividade social que varia de acordo com a estação.

O raciocínio de Durkheim avança, considerando outras influências, tais como religião, família e atmosfera política. Assim, verifica menor índice de suicídios entre católicos do que entre protestantes, entre pessoas casadas do que entre solteiras, entre os que têm filhos do que entre os que não têm. Também verifica que em tempos de guerra e de fervor nacional o índice de suicídios é menor.

A constatação de que as taxas de suicídio se elevam em tempos de turbulência política levou Durkheim a considerar que nesses momentos as pessoas podem sentir que os velhos modos da sociedade estão em colapso. Assim, para pessoas que se sentem desmoralizadas e deprimidas, o suicídio pode representar uma resposta para essa situação de desconforto. Já em situações de integração social e de solidariedade, as pessoas tenderiam a se sentir participantes de um todo social mais coerente e duradouro, protegendo-se, dessa forma, da depressão e do suicídio.

As diferenças de taxas de suicídio entre católicos e protestantes, por sua vez, levou Durkheim a admitir que a religião exerce importante influência no suicídio. O catolicismo, por se caracterizar como um sistema religioso muito estruturado e integrado daria às pessoas um sentimento maior de coerência e estabilidade do que o protestantismo.

Com a análise desses dados, Durkheim concluiu que a quebra dos laços de solidariedade entre os indivíduos desempenha importante papel na ocorrência de suicídios, ou que a participação num grupo social coeso contribui para reduzir o índice de suicídios. Muitos suicídios seriam um produto da anomia, que significa ausência de normas, ou um senso geral de instabilidade social e desintegração.

15.3 Fontes documentais

Os **documentos** originam-se de diferentes fontes, que podem ser classificadas em primárias, secundárias e terciárias. Fontes primárias são aquelas se apresentam da forma como foram produzidas por seus autores. Correspondem aos documentos originais, contemporâneos ao evento ou período a que se refere a pesquisa. Exemplos de fontes primárias são: legislação, periódicos, correspondências, diários, autobiografias, discursos, fotografias, obras artísticas, documentos governamentais, documentos de empresas.

Fontes secundárias são constituídas por trabalhos que se baseiam em outros, ou seja, em fontes primárias. Correspondem a documentos indiretos, posteriores ao evento ou período a que se refere a pesquisa. Exemplos de fontes secundárias são: bancos de dados, livros, catálogos de bibliotecas, biografias.

Fontes terciárias são constituídas por seleções ou compilações de fontes primárias e secundárias. Exemplos de fontes terciárias são: bibliografias, guias de literatura e obras de indexação e resumos. Note-se como as diferenças entre fontes secundárias e terciárias são bastante sutis.

Pode-se, de certa forma, admitir que as fontes primárias são as mais importantes, pois as outras são fontes que delas derivam. Mas as fontes secundárias também são relevantes para a pesquisa, pois foram criadas com a finalidade de analisar e interpretar as fontes primárias, geralmente com auxílio de outras fontes, tanto primárias quanto secundárias.

15.4 Fontes de dados estatísticos

Dentre as modalidades de dados existentes utilizáveis na pesquisa social, destacam-se os dados estatísticos. Como são de natureza quantitativa e apresentados de maneira organizada, tornam-se muito valiosos para a pesquisa em muitos campos do conhecimento, notadamente da Sociologia, Ciência Política e Economia. No campo da Economia, os dados estatísticos, mesmo quando constituindo fontes secundárias, são reconhecidamente os mais valiosos para a pesquisa em muitas de suas áreas, como nos estudos sobre desenvolvimento e economia do trabalho.

As sociedades modernas dispõem de grande quantidade de dados estatísticos, São dados coletados e organizados para servir aos interesses da Administração Pública, das empresas e dos organismos da sociedade civil. Mas por se referirem aos mais diversos aspectos da vida econômica, política e social, são de muito valor para a pesquisa social.

De modo geral, a coleta de dados a partir de registros estatísticos é mais simples do que mediante qualquer procedimento direto. Exige, no entanto, que o pesquisador disponha de um bem elaborado plano de pesquisa que indique com clareza a natureza dos dados a serem obtidos. E também que saiba identificar as fontes adequadas para a obtenção de dados significativos para os propósitos da pesquisa.

O pesquisador também precisa estar atento para as limitações dos registros estatísticos. Nem sempre a definição de categorias empregadas no material estatístico coincide com a empregada na pesquisa social. Por exemplo, o pesquisador pode ter interesse em estudar a situação matrimonial de uma população. Os registros estatísticos oficiais geralmente indicam a distribuição da população de acordo com o estado civil, ou seja, a situação prevista em lei. Numa pesquisa social, de modo geral, interessa a efetiva situação matrimonial das pessoas, que nem sempre coincide com a oficial.

Também deve merecer atenção do pesquisador os métodos empregados na coleta de dados. Muitos registros são coligidos com a intenção de refletir a realidade. Entretanto, por questões das mais diversas, as declarações dos indivíduos em muitos casos tendem a ser falhas. É provável, por exemplo, que informações sobre renda baseadas em declarações para fins de coleta de dados sejam subestimadas. Também é admissível que estatísticas sobre filhos ilegítimos não sejam muito exatas.

Os cuidados com a natureza dos registros não implicam que devam ser desprezados sempre que sobre eles pairarem dúvidas. Muitas vezes, é possível a correção

Utilização de dados disponíveis

dos registros com base naquilo que se sabe acerca das técnicas de coleta de dados. Outras vezes isso não é possível. Em qualquer circunstância, porém, torna-se necessário investigar adequadamente a natureza dos dados disponíveis para que se possa decidir, de maneira apropriada, acerca de sua aceitação ou rejeição.

No Brasil, o principal provedor de dados estatísticos é o Instituto Brasileiro de Geografia e Estatística (IBGE). Trata-se de órgão vinculado ao Governo Federal e foi criado com o objetivo de atender às necessidades dos mais diversos segmentos da sociedade civil, bem como dos órgãos das esferas governamentais federal, estadual e municipal. As estatísticas disponíveis distribuem-se em três grandes grupos: estatísticas sociais, estatísticas econômicas e multidomínio. Cada um desses três grupos é subdividido em temas, que vêm descritos a seguir.

ESTATÍSTICAS SOCIAIS

- ***População:*** informações sobre tamanho e estrutura (por idade e sexo), cor ou raça, distribuição da população, densidade e urbanização, níveis e características da fecundidade, migração e mortalidade da população.
- ***Família:*** informações sobre as estruturas familiares e das unidades domésticas, padrões de organização e ciclos de vida familiar.
- ***Nupcialidade:*** informações sobre os modelos de formação e dissolução dos arranjos conjugais, casamentos e divórcios, e as transformações econômicas e culturais que impactam sobre a nupcialidade da população brasileira.
- ***Grupos populacionais específicos:*** estatísticas agrupadas por segmentos específicos da população a partir dos grupos geracionais.
- ***Trabalho:*** informações sobre força de trabalho e mercado de trabalho, abrangendo informações sobre composição da força de trabalho, ocupação, desocupação, posição na ocupação, horas trabalhadas; características do empreendimento ou negócio; saúde e segurança no trabalho.
- ***Saúde:*** informações abrangendo morbidade e causas de mortalidade; acesso e utilização de serviços de saúde; gastos com saúde; estilo de vida; nutrição; deficiência e capacidade funcional; infraestrutura e gestão da saúde.
- ***Habitação:*** Informações sobre habitação, abrangendo tipo de domicílio; material utilizado na construção do domicílio; serviços de infraestrutura básica disponíveis no domicílio; urbanização e vizinhança; condição de ocupação; posse de bens duráveis e gestão pública da habitação.
- ***Rendimento, despesa e consumo:*** informações sobre rendimento, abrangendo tipos e distribuição de rendimentos e despesas; transferências recebidas e pagas; padrões de consumo; posse de bens de consumo e duráveis e orçamentos familiares.
- ***Administração pública e participação político-social:*** informações sobre gestão da administração pública, a estrutura e a relação dos entes federados. Informações sobre os instrumentos utilizados pelas pessoas para expressar seus interesses sociais, econômicos e políticos.

- **Justiça e segurança:** informações sobre segurança e vitimização das pessoas, abrangendo aparatos de justiça, mecanismos de segurança pública e gestão das políticas desse setor.
- **Proteção social:** informações sobre ações, cuidados, atenções, benefícios e auxílios para a redução e prevenção de vulnerabilidades e riscos, vitimizações, fragilidades, contingências, que cidadãos e suas famílias enfrentam na trajetória de seu ciclo de vida, por decorrência de restrições sociais, econômicas, políticas, naturais ou de ofensas à dignidade humana, tais como: desemprego; doença; invalidez; envelhecimento e perda de cônjuge ou pais.

ESTATÍSTICAS ECONÔMICAS

- **Agricultura e pecuária e outros:** informações econômico-financeiras, de produção, bens e serviços consumidos e emprego, entre outros aspectos específicos das atividades da agricultura, pecuária, produção florestal, pesca e aquicultura.
- **Indústria e construção:** informações econômico-financeiras, de produção, bens e serviços consumidos e emprego, entre outros aspectos, específicas das atividades das indústrias extrativas, de transformação e de construção.
- **Comércio:** informações econômico-financeiras, de produção, bens e serviços consumidos e emprego, entre outros aspectos, específicas das atividades do comércio, reparação de veículos automotores e motocicletas.
- **Serviços:** informações econômico-financeiras, de produção, bens e serviços consumidos e emprego.
- **Preços e custos:** informações sobre variações de preços dos bens e serviços produzidos na economia, abrangendo índices de preços ao consumidor, índices de preços ao produtor e comparações internacionais.
- **Setor informal:** informações sobre unidades econômicas que produzem bens e serviços com o principal objetivo de gerar ocupação e rendimento para as pessoas envolvidas, operando, tipicamente, com baixo nível de organização, com alguma ou nenhuma divisão entre trabalho e capital como fatores de produção.
- **Contas nacionais:** informações sobre geração, distribuição e uso da renda no País, acumulação de ativos não financeiros e relações entre a economia nacional e o resto do mundo, abrangendo indicadores como PIB, PIB *per capita* e Renda Nacional Bruta.
- **Finanças públicas**: informações sobre execução orçamentária das administrações públicas federal, estadual e municipal e resultados das empresas públicas.
- **Outras estatísticas econômicas**: informações econômicas sobre empresas e outras organizações em diferentes setores, abrangendo temas como demografia das empresas, empresas por porte específico e instituições sem fins lucrativos.

MULTIDOMÍNIO

- **Condições de vida, desigualdade e pobreza:** informações sobre condições de vida da população em seu sentido mais amplo, abrangendo medidas de desigualdade e pobreza; inclusão ou exclusão social; indicadores de situação social, qualidade de vida e de vulnerabilidade ambiental.

- **Ciência, tecnologia e inovação:** informações sobre a nova produção do conhecimento, abrangendo pesquisa e desenvolvimento, inovação; recursos humanos em Ciência, Tecnologia e Inovação; tecnologias transversais; financiamentos em P&D e inovação; indústrias de alta tecnologia e serviços baseados no conhecimento, entre outros aspectos.
- **Sociedade da informação:** informações sobre tecnologias de informação e comunicação - TIC, abrangendo infraestrutura; acesso e utilização por empresas e indivíduos; gastos e investimentos; redes de telecomunicações; comunicações eletrônicas; comércio eletrônico; *e-learning*; setor TIC e comércio internacional de produtos, entre outros aspectos.
- **Empreendedorismo:** informações sobre mensuração dos determinantes, desempenho e impacto da atividade empreendedora de pessoas e organizações.
- **Gênero:** Estatísticas sobre a forma como a sociedade cria os diferentes papéis sociais e comportamentos relacionados com os homens e com as mulheres.
- **Cultura, recreação e esporte:** informações sobre os hábitos e as práticas culturais, esportivas e recreativas da população brasileira.
- **Turismo:** informações sobre atividade dos visitantes, abrangendo chegadas e partidas, diárias, gastos e propósito da visita; infraestrutura; e conta-satélite do turismo, entre outros aspectos.
- **Meio ambiente:** informações sobre recursos naturais; clima; impacto das atividades sociais, econômicas e culturais exercidas pelo homem sobre os recursos naturais e o meio ambiente; prestação de serviços de saneamento e doenças relacionadas; gastos e dispêndios com proteção ambiental; indicadores agroambientais; monitoramento ambiental; riscos e desastres ambientais; unidades de conservação da natureza e terras indígenas; desenvolvimento sustentável e gestão e política ambientais.

Além do IBGE, há outras fontes de dados de interesse para a pesquisa social. Entre estas, pode-se indicar:

Ipeadata: base de dados demográficos, econômicos e geográficos para as regiões, estados e municípios brasileiros que se iniciam no Censo Demográfico de 1872.

Índice FIRJAN de Desenvolvimento Municipal (IFDM): índice que acompanha o desenvolvimento de todos os municípios brasileiros em três áreas: emprego e renda, educação e saúde. É elaborado, exclusivamente, com base em estatísticas públicas oficiais, disponibilizadas pelos ministérios do Trabalho, Educação e Saúde.

Fundação Seade: realiza pesquisas diretas e levantamentos de informações produzidas por outras fontes. É um dos mais importantes centros de referência nacional na produção e disseminação de análises e estatísticas socioeconômicas e demográficas.

Fundação João Pinheiro: órgão oficial de estatística de Minas Gerais, é uma instituição pública vinculada à Secretaria de Estado de Planejamento e Gestão. É importante fonte de informações para o desenvolvimento do estado e do país.

Fundação de Economia e Estatística: é a maior fonte de dados estatísticos sobre o Rio Grande do Sul. Dispõe de importante acervo de informações, pesquisas e documentos de natureza socioeconômica.

Portal EmplasaGeo: portal de visualização e acesso pelo cidadão a informações geoespaciais de fontes oficiais relativas aos equipamentos urbanos da Macrometrópole Paulista.

Base de Dados Georreferenciada – Ministério dos Transportes: disponibiliza as informações que compõem a base de dados do Plano Nacional de Logística e Transportes.

Fundação Instituto de Pesquisas Econômicas: órgão de apoio institucional ao Departamento de Economia da FEA/USP. Realiza levantamentos de dados primários para a elaboração de índices, tabelas de preços médios e de quantidades de uma série de variáveis econômicas.

ALICEWEB – Sistema de Análise das Informações de Comércio Exterior via Internet: tem como objetivo modernizar as formas de acesso e a sistemática de disseminação dos dados estatísticos das exportações e importações brasileiras.

RAIS – Relação Anual de Informações Sociais: base de dados estatísticos sobre o mercado de trabalho formal.

Instituto Nacional de Estudos Pedagógicos – INEP: autarquia federal vinculada ao MEC. Realiza levantamentos estatísticos e avaliativos em todos os níveis e modalidades de ensino, tais como o Censo Escolar, o Enem e o Saeb.

Cadastro Geral de Empregados e Desempregados – CAGED: registro permanente de admissões e dispensa de empregados, sob o regime da Consolidação das Leis do Trabalho (CLT).

Portal Brasileiro de Dados Abertos: funciona como um grande catálogo que facilita a busca e uso de dados publicados pelos órgãos do governo federal.

15.5 Registros institucionais

A maioria das organizações empresariais, no curso de suas operações cotidianas, produzem registros para documentar suas atividades e transações. Entre esses registros estão: registros financeiros, cadastro de empregados, atas de reuniões, memorandos, *e-mails*, relatórios, manuais de operações e de treinamento, material publicitário, contratos e boletins informativos. Órgãos públicos produzem ampla variedade de documentos: atas de sessões legislativas, discursos, projetos de lei, leis, decretos, regulamentos, sentenças judiciais etc. Organizações como associações comerciais e industriais, sindicatos, partidos políticos, associações beneficentes e ONGs, em consonância com suas atividades, também produzem ampla diversidade de documentos.

Utilização de dados disponíveis

A utilização de registros disponíveis nas organizações em pesquisas é vantajosa porque reduz o tempo e o custo destinados à coleta de dados. Também porque as informações neles contidas são estáveis, não dependendo, portanto, de procedimentos específicos para coleta. Dependendo, porém, do tipo de organização, em virtude de sua estrutura, do sistema de organização das informações e de sua cultura, pode haver dificuldade para a adequada coleta de dados documentais. Pode ocorrer que nem todos os dados estejam completos ou que estejam muito agregados, dificultando a identificação de dados mais específicos. Também pode ocorrer que os padrões de coleta tenham se modificado ao longo do tempo, dificultando sua comparação em épocas diferentes. Sem contar que alguns dos dados requeridos poderão não estar disponíveis por serem confidenciais.

15.6 Documentos pessoais

Há uma série de escritos ditados por iniciativa de seus autores que possibilitam informações relevantes acerca de sua experiência pessoal. Cartas, diários, memórias e autobiografias, *e-mails* e postagens nas redes sociais são documentos pessoais que podem ser de grande valia na pesquisa social.

Cartas como fonte de dados têm sido utilizadas em pesquisas sociais. *The polish peasant*, de Thomas e Znaniecky (1927), constitui importante exemplo de pesquisa em que se utilizou exaustivamente dados dessa natureza. Os autores dessa obra utilizaram cartas entre poloneses nos Estados Unidos e no país de origem para estudar problemas de integração na sociedade norte-americana. As cartas foram obtidas a partir de anúncios numa revista. Mais de 700 cartas foram compradas e os resultados foram analisados em 50 conjuntos sob o nome de família.

O valor das cartas como documentos pessoais já foi muito maior no passado. Em decorrência da ampla utilização do telefone, *e-mails*, redes sociais e outros meios de comunicação, as pessoas tendem a restringir o número de cartas. Assim, atualmente, maior importância vem sendo conferida ao estudo das comunicações que ocorrem entre as pessoas no mundo virtual. O que determinou até mesmo o desenvolvendo nova modalidade de pesquisa, a netnografia, ou etnografia das comunidades *on-line*, que analisa o comportamento de indivíduos e grupos sociais na internet e as dinâmicas desses grupos no ambiente *on-line*.

Diários, memórias e autobiografias também são apresentados como documentos de alguma utilidade na pesquisa social. As diferenças entre esses três tipos de documentos não são tão fáceis de serem estabelecidas. Mas, para fins de pesquisa, pode-se definir diário como o documento escrito na ocasião dos acontecimentos; memórias são reminiscências do autor relativas a determinado período e autobiografia é uma tentativa de apresentar um registro cronológico e sistemático da vida do próprio autor.

Os diários, entre esses documentos, são os mais comuns e podem ser escritos pelos mais diversos motivos. Para políticos e chefes militares pode significar o recolhimento de fatos para um futuro livro, mas também uma forma de se preparar para a defesa de possíveis acusações *post mortem*. Diários de adolescentes têm sido utilizados para exteriorização de sentimentos ou apenas para manter uma atividade socialmente aceitável. Alguns diários foram escritos por pessoas com certos pendores literários e que manifestaram preferência por essa forma de expressão.

A utilização de diários, memórias e autobiografias na pesquisa social tem recebido muitas críticas. Alega-se que geralmente não são passíveis de tratamento estatístico, que estão sujeitos a erros de memória, que frequentemente seu conteúdo se vincula a disposições passageiras que nem sempre são disponíveis.

Essas críticas, de modo geral, são justificáveis. Não se propõe que diários, memórias e autobiografias sejam eleitos como fontes usuais de coleta de dados. Todavia, há que se reconhecer que alguns documentos dessa natureza proporcionaram importantes conhecimentos acerca da vida íntima das pessoas. A biografia de C. W. Beers, escrita logo após o autor ter superado uma crise maníaco-depressiva, foi muito importante para a fundação do movimento de higiene mental nos Estados Unidos. Apesar de ter sido editada em 1908, permanece, ainda hoje, como modelo de autodescrições de estados mentais, que não são facilmente obtidas por outros métodos. O diário de Hellen Keller (1938) não pode deixar de ser citado nos estudos sobre as condições de vida de cego-surdo-mudos. O diário de Anne Frank (1952), relatando as privações de sua família durante a ocupação nazista na Holanda, constitui importante documento para a análise dos dramas pessoais em tempos de guerra e de perseguição.

15.7 Comunicação de massa

Os documentos de comunicação de massa, tais como jornais, revistas, fitas de cinema, programas de rádio e televisão, constituem importante fonte de dados para a pesquisa social. Possibilitam ao pesquisador conhecer os mais variados aspectos da sociedade atual e também lidar com o passado histórico. Neste último caso, com eficiência provavelmente maior que a obtida com a utilização de qualquer outra fonte de dados.

Os documentos de comunicação de massa são muito valiosos. Entretanto, por terem sido elaborados com objetivos outros que não a pesquisa científica, devem ser tratados com cuidado pelo pesquisador. Considerando, por exemplo, as notícias de jornal, há que se considerar que os profissionais de imprensa trabalham sob fortes pressões. O repórter vê-se obrigado a preparar sua matéria em curto espaço de tempo para que a notícia não fique "velha". Mais que isso, precisa selecionar uma pequena parte de um acontecimento, muitas vezes não a mais importante, mas a mais sensacionalista. As reportagens são ainda cortadas pelos redatores e editores, que procuram ajustá-la ao espaço e à orientação política do jornal.

São inúmeros os problemas que podem ser pesquisados a partir de dados fornecidos por documentos de comunicação de massa. Para as pesquisas de natureza histórica, a importância dessas fontes é evidente. Mas esses documentos podem ser úteis também em pesquisas no âmbito da Sociologia, da Psicologia, da Ciência Política etc. Podem ser utilizados, por exemplo, para esclarecer aspectos da vida cultural de determinado grupo. Assim é que Lowenthal (1943) realizou um estudo sobre mudanças culturais na sociedade norte-americana, analisando biografias que apareceram em revistas populares desde o início do século até 1941. Machado Neto (1973), com base em

Utilização de dados disponíveis

ensaios biográficos sobre escritores, procedeu a interessante investigação sociológica sobre a vida intelectual brasileira no período compreendido entre 1870 e 1930.

O grande volume de material produzido pelos meios de comunicação de massa e a criação de técnicas para sua quantificação determinaram o desenvolvimento da análise de conteúdo, que é definida por Berelson (1952, p. 13) como "uma técnica de investigação que, através de uma descrição objetiva, sistemática e quantitativa do conteúdo manifesto das comunicações, tem por finalidade a interpretação destas mesmas comunicações".

O tratamento dos dados, a inferência e a interpretação, por fim, objetivam tornar os dados válidos e significativos. Para tanto são utilizados procedimentos estatísticos que possibilitam estabelecer quadros, diagramas e figuras que sintetizam e põem em relevo as informações obtidas. À medida que as informações obtidas são confrontadas com informações já existentes, pode-se chegar a amplas generalizações, o que torna a análise de conteúdo um dos mais importantes instrumentos para a análise das comunicações de massa.

Alguns trabalhos de análise de conteúdo são particularmente interessantes. É o caso da "análise de símbolos" desenvolvida por H. D. Lasswell durante a Segunda Guerra Mundial. Por esse sistema de análise, o conteúdo do jornal é estudado em relação ao aparecimento de certos símbolos, tais como "Rússia", "comunismo", "democracia", "judeus" etc. Analisa-se a frequência com que os símbolos aparecem no jornal, bem como o grau de favorabilidade com que são apresentados (LASSWELL, 1949).

Também foi por intermédio da análise de conteúdo que McClelland (1961) realizou uma pesquisa fundamentada na hipótese de Max Weber, segundo a qual existe uma relação entre a ética protestante e o espírito do capitalismo. McClelland analisou histórias para crianças de 42 países nos períodos de 1920/29 e 1946/50, a fim de determinar o índice de motivação para o êxito. Constatou, então, que as crianças protestantes eram mais encorajadas do que as católicas a economizar dinheiro e a reinvestir seus lucros nos negócios.

15.8 Vantagens do uso de fontes documentais

15.8.1 Possibilita o conhecimento do passado

Os experimentos e os levantamentos, a despeito do rigor científico de que se revestem, não são apropriados para proporcionar o conhecimento do passado. Nos levantamentos, quando se indaga acerca do comportamento passado, o que se obtém, na realidade, é a percepção do respondente a esse respeito. Já os dados documentais, por terem sido elaborados no período que se pretende estudar, são capazes de oferecer um conhecimento mais objetivo da realidade.

15.8.2 Possibilita a investigação dos processos de mudança social e cultural

Todas as sociedades estão continuamente mudando. Mudam as estruturas e as formas de relacionamento social, bem como a própria cultura da sociedade. Para captar os processos de mudança, não basta, portanto, observar as pessoas ou interrogá-las acerca de seu comportamento. Nesse sentido é que as fontes documentais tornam-se importantes para detectar mudanças na população, na estrutura social, nas atitudes e valores sociais etc.

15.8.3 Permite a obtenção de dados com menor custo

Os custos das pesquisas experimentais e dos levantamentos costumam ser bastante elevados, pois requerem a seleção de uma amostra com tamanho adequado, bem como a elaboração de instrumentos padronizados de coleta de dados e com frequência pessoal qualificado para sua obtenção. Assim, as pesquisas elaboradas a partir de dados já existentes, por requererem, de modo geral, uma quantidade bem menor de recursos humanos, materiais e financeiros tornam-se mais viáveis, já que são bastante conhecidas as dificuldades para obtenção de financiamento.

15.8.4 Favorece a obtenção de dados sem o constrangimento dos sujeitos

É amplamente reconhecida a dificuldade de obtenção de dados relacionados com a vida íntima das pessoas. Muitas são as pessoas que se negam a responder sobre assuntos cuja resposta possa ser entendida como manifestação de comportamento antissocial ou que respondem de maneira inadequada. Nesse sentido é que as pesquisas que se valem de dados existentes permitem resultados mais acurados nas pesquisas referentes, por exemplo, ao comportamento sexual ou à drogadição.

Exercícios e trabalhos práticos

1. Formule problemas de pesquisa cujos dados possam ser obtidos exclusivamente a partir de documentos.
2. Localize numa biblioteca o *Anuário estatístico do Brasil*. Verifique a parte referente a dados sociais e, a partir daí, formule alguns problemas de pesquisa para os quais aqueles dados possam ser relevantes.
3. Analise em que medida paredes de banheiro e latas de lixo podem ser utilizadas como fontes de dados em pesquisas sociais.
4. Procure exemplares de jornais diferentes. Relacione todos os títulos de artigos, separando-os, a seguir, por assunto (política, esporte, polícia etc.). Por fim, calcule a percentagem correspondente a cada assunto. Estes resultados constituirão elementos para a análise de conteúdo da matéria impressa nos jornais.

16

ANÁLISE DE DADOS QUALITATIVOS

Durante muito tempo, os manuais de pesquisa social, ao tratarem da análise dos dados, voltaram-se quase que exclusivamente para os métodos quantitativos. Em virtude, porém, da adoção de novos enfoques teóricos da utilização de novas técnicas de coleta de dados, vem se tornado cada vez mais comum o uso de métodos qualitativos na análise dos dados. Tanto nas denominadas pesquisas qualitativas quanto nas que se propõem a utilizar métodos mistos.

Diferentemente, porém, do que ocorre com as pesquisas quantitativas, para as quais já se consolidaram procedimentos sistemáticos e rigorosos de análise de dados, nas pesquisas qualitativas nem sempre o pesquisador dispõe de orientação segura para tanto. Contribui para essa situação não apenas a ampla diversidade de tradições de pesquisa qualitativa, que implicam a utilização de procedimentos analíticos bastante diferenciados, mas também a inexistência de nítida separação entre as etapas do trabalho de pesquisa. Tanto é que se costuma dizer que na pesquisa qualitativa o processo de análise inicia-se com a transcrição da primeira entrevista ou com o primeiro registro de observação.

O presente capítulo é dedicado à análise de dados qualitativos. Após estudá-lo cuidadosamente, você será capaz de:

- Reconhecer as diferenças entre pesquisa qualitativa e pesquisa quantitativa.
- Descrever as etapas a serem seguidas na análise e interpretação de dados em pesquisas fenomenológicas, pesquisas etnográficas, teoria fundamentada, pesquisas narrativas e estudos de caso.

16.1 Diferenças entre análise quantitativa e qualitativa

A análise qualitativa não difere da análise quantitativa unicamente porque envolve descrições verbais e não números. As diferenças têm a ver com a própria natureza das duas modalidades de investigação. A pesquisa quantitativa tem como fundamentos os pressupostos da abordagem positivista, que admitem a existência de uma única realidade objetiva. Já a pesquisa qualitativa, embora decorrente de múltiplas tradições, baseia-se no pressuposto de que a realidade pode ser vista sob múltiplas perspectivas. O pesquisador quantitativo trata os fatos sociais como coisas, buscando, portanto, seu distanciamento em relação a esses fatos. Já o pesquisador qualitativo busca reduzir a distância entre ele e o que está sendo pesquisado. O pesquisador quantitativo adota uma posição de neutralidade ante aos fatos. Já o pesquisador qualitativo admite que sua pesquisa pode estar carregada de valores.

Em face desses supostos, podem ser identificados diversos pontos em que a análise qualitativa difere da análise quantitativa (DENZIN, LINCOLN, 2006; CRESSWELL, 2014):

- Concepção do pesquisador como participante do processo de pesquisa e não apenas como observador passivo.
- Análise profunda e detalhada dos dados sem o estabelecimento prévio de categorias analíticas.
- Reconhecimento da influência dos valores do pesquisador nos resultados da pesquisa.
- Foco preferencial nos significados atribuídos pelos participantes da pesquisa.
- Maior interesse em ricas descrições do que na mensuração de variáveis específicas.
- Reconhecimento da influência do contexto em que os dados foram obtidos nos resultados da pesquisa.

Cada uma dessas diferenças se evidencia mais ou menos conforme a modalidade de pesquisa. O que é importante considerar, visto que são muitos os tipos de pesquisa. Tesch (1990) identifica nada menos do que 28 tipos.

Embora sejam tantas as modalidades de pesquisa qualitativa, é possível agrupá-las em algumas categorias, de acordo com as principais tradições de pesquisa qualitativa. É o que fez Creswell (2014), definindo cinco grandes abordagens de pesquisa qualitativa: pesquisa narrativa, fenomenologia, teoria fundamentada, etnografia e estudos de caso. Essas abordagens são descritas no Capítulo 7 e os procedimentos a serem seguidos na análise dos dados são apresentadas ao longo deste capítulo.

16.2 Análise dos dados em pesquisas etnográficas

Diferentemente do que ocorre nas pesquisas quantitativas, na pesquisa etnográfica – assim como nas demais pesquisas qualitativas – a análise dos dados geralmente se inicia no momento em que o pesquisador seleciona o problema e só termina com a redação da última frase de seu relatório. Os procedimentos analíticos, por sua vez, em decorrência da utilização de múltiplas técnicas de coleta de dados, tendem a ser bastante diversificados. Assim, indicam-se a seguir os procedimentos analíticos mais comumente adotados nas pesquisas etnográficas.

16.2.1 Leitura do material

Todo o material escrito, como notas de campo, memorandos e transcrições de entrevistas, deve ser lido várias vezes. Caso haja dados registrados sob outras formas, como vídeos e fotografias, o material correspondente também deverá ser exaustivamente analisado. Esse procedimento é importante para tornar o pesquisador familiarizado com as informações obtidas.

16.2.2 Busca de "categorias locais de significados"

A pesquisa etnográfica privilegia os pontos de vista dos membros da comunidade, organização ou grupo que está sendo estudado. Cabe, portanto, identificar "categorias locais de significados" nos dados (HAMMERSLEY, ATKINSON, 1995). Essas categorias constituem importantes componentes da pesquisa. Assim, cabe investigar que significados os informantes atribuem aos termos utilizados. A conclusão desta etapa da pesquisa, por sua vez, dá-se mediante a elaboração de uma lista de categorias a partir dos dados.

16.2.3 Triangulação

A triangulação é um processo básico na pesquisa etnográfica. Em sua acepção mais simples, esse conceito refere-se ao uso de dois ou mais métodos para verificar se os resultados obtidos são semelhantes, com vistas a reforçar a validade interna dos resultados. Na pesquisa etnográfica, seu propósito é o de utilização de dois ou mais processos comparáveis com vistas a ampliar a compreensão dos dados, a contextualizar as interpretações e a explorar a variedade dos pontos de vista relativos ao tema.

16.2.4 Identificação de padrões

A identificação de padrões de pensamento e de comportamento é o objetivo mais procurado no processo de análise na pesquisa etnográfica. O que interessa ao pesquisador é principalmente verificar se em meio à ampla diversidade de ideias e comportamentos manifestados por diferentes atores em diferentes situações existe algo que pode ser definido como comum a todos ou à maioria.

Esse processo se inicia geralmente com uma massa de ideias ou comportamentos indiferenciados. O pesquisador, mediante a identificação de semelhanças, diferenças e conexões entre os dados, percebe que alguma coisa se destaca como forma usual de pensar ou de agir no local. Progressivamente, mediante comparação e contraste, define um comportamento ou pensamento identificável. Tem-se, então, um padrão, ainda que definido de forma insipiente. Aí começam a emergir exceções à regra e detectam-se variações em relação ao modelo. Essas variações ajudam a circunscrever a atividade e a clarificar seus significados. Então, mediante novas comparações e combinações entre o modelo e a realidade observada, definem-se efetivamente os padrões.

16.3 Análise de dados na pesquisa fenomenológica

A análise dos dados na pesquisa fenomenológica consiste basicamente nos procedimentos adotados com o propósito de chegar à redução eidética, ou seja, à abstração de tudo o que é acidental para permitir a intuição das essências. Para tanto, apresenta-se o modelo proposto por Colaizzi (1978), que se desenvolve em sete etapas.

16.3.1 Leitura da descrição de cada informante

Procede-se inicialmente à leitura completa, palavra por palavra, das descrições de cada um dos informantes (designadas como protocolos), com vistas à obtenção de uma visão do todo.

16.3.2 Extração das assertivas significativas

Retorna-se a cada protocolo com o propósito de extrair frases que digam respeito ao fenômeno que está sendo estudado. As frases que se repetem ou se sobrepõem devem ser eliminadas. As frases não precisam ser inteiramente repetidas, mas apresentadas de forma genérica. Ao final dessa etapa, o pesquisador passa a dispor de uma relação de declarações (*statements*) significativas de cada protocolo.

16.3.3 Formulação dos significados

Nesta etapa passa-se do que os participantes dizem para a formulação de seu significado. É, pois, a mais crítica das etapas do processo interpretativo da pesquisa fenomenológica, e requer do pesquisador exercício de intuição criativa, pois ele precisa manter-se fiel ao que as pessoas disseram, ao mesmo tempo em que procura extrair os significados implícitos.

16.3.4 Organização dos significados em conjuntos de temas

Após formular os significados de todas as declarações significativas, o pesquisador passa a organizá-los em conjuntos de temas que revelam padrões ou tendências. Os temas podem ser contraditórios ou não apresentar relação entre si, o que requer do pesquisador certa tolerância à ambiguidade.

16.3.5 Integração dos resultados numa descrição exaustiva

Nessa etapa procede-se à descrição detalhada e analítica dos significados e ideias dos sujeitos relativos a cada tema.

16.3.6 Elaboração da estrutura essencial do fenômeno

Essa etapa culmina com a elaboração de uma síntese que integra os aspectos da experiência que são comuns a todos os participantes numa descrição geral e consistente das estruturas da experiência que estão sendo investigadas.

16.3.7 Validação da estrutura essencial

Após a identificação da estrutura essencial do fenômeno, procede-se à sua validação mediante o contraste da descrição com as experiências vividas dos participantes. O que pode requerer o retorno a cada participante e, se necessário, a modificação da descrição com vistas a obter sua congruência com a experiência vivida pelos participantes.

16.4 Análise dos dados na teoria fundamentada

A análise dos dados na construção de teoria fundamentada é constituída essencialmente pelo processo de codificação, que abrange: (1) codificação aberta; (2) codificação axial e (3) codificação seletiva.

Para a adequada consecução dessa etapa é necessário dispor-se dos memorandos, que são constituídos por extensivas anotações feitas durante todo o processo de pesquisa. Aqui eles se mostram úteis para indicar potenciais categorias de análise, bem como seus relacionamentos, ordenação e integração. Também é importante nesta etapa a elaboração de diagramas, que proporcionem a representação visual das relações entre os conceitos, contribuindo para a formulação da teoria e sua apresentação textual.

O processo de análise pode ser facilitado com o uso de programas de computadores. O mais utilizado é o ATLAS/TI, que foi criado com a finalidade específica de auxiliar na construção de teorias fundamentadas. Mas é importante lembrar que, a despeito de sua utilidade, esses programas não podem a rigor ser considerados programas de análise qualitativa, pois essa modalidade de análise ainda requer muito das capacidades humanas.

A mais importante capacidade no processo de análise é a sensibilidade teórica (GLASER, 1978), ou seja, a habilidade para reconhecer o que é importante nos dados e atribuir-lhes sentido. Essa sensibilidade deriva tanto da literatura técnica quanto da experiência profissional. Mas também é adquirida ao longo das três etapas de codificação, mediante a contínua interação com os dados.

16.4.1 Codificação aberta

A primeira etapa do processo de análise é a codificação aberta, que tem como finalidade identificar conceitos a partir das ideias centrais contidas nos dados. Os conceitos são rótulos dados aos eventos, objetos ou ações que se manifestam nos dados, e são definidos por Strauss e Corbin (2008, p. 101) como os "blocos de construção da teoria". São eles que possibilitam agrupar eventos e ideias similares sob um sistema de classificação. Assim, nessa etapa os dados são desmembrados, cuidadosamente examinados e comparados por similaridades e diferenças.

Para realizar a codificação aberta procede-se à transcrição de todo o material coletado, à análise cuidadosa de cada frase ou sentença, à seleção das palavras-chave e à determinação de um título ou código que represente um parágrafo ou unidade de ideias. Para facilitar este processo, podem ser utilizadas questões como: "o que está acontecendo"?, "o que significa isto?", "o que esta pessoa está dizendo aqui?", "a respeito de que ela está falando?".

Segue-se o trecho de uma entrevista com um estudante universitário para uma pesquisa referente à escolha profissional. O estudante foi estimulado a falar sobre o assunto, mas o pesquisador não tinha uma relação prévia das perguntas. O que se pretende ilustrar é a conceituação, ou rotulação do fenômeno. Assim, os rótulos dos conceitos são apresentados em negrito.

> *Acredito que muitos estudantes ingressam numa faculdade porque de fato têm inclinação para a profissão [**vocação**]. Outros escolhem porque já trabalham na área [**experiência na área**]. Outros só pensam em ganhar dinheiro [**interesse financeiro**]. Mas muitos escolhem um curso por influência de seus pais, irmãos, tios, avós etc. [**influência familiar**]. E também há os que escolhem um curso porque ele é valorizado pela sociedade [**status social**]. Muitos alunos não têm uma noção exata do que é o curso [**nível de informação**]. Por essa razão é que muitos se formam e depois nem querem saber da profissão [**frustração**]. Seria muito bom se já no colégio os alunos fossem informados acerca dos cursos superiores [**orientação profissional**].*

É importante interromper a codificação para anotar as ideias que vão surgindo (elaboração de memorandos). Esse procedimento conduzirá à identificação de dezenas ou mesmo centenas de ideias devidamente rotuladas. Torna-se necessário, portanto, reduzir o número de unidades. Passa-se, então, ao processo de agrupamento dos conceitos que parecem pertencer ao mesmo fenômeno. Esse processo é denominado categorização, já que consiste na definição de conceitos mais abstratos conhecidos como categorias.

Uma vez identificadas as categorias, passa-se a desenvolvê-las em termos de suas propriedades e dimensões e diferenciá-las, dividindo-as em subcategorias. As propriedades são características ou atributos, gerais ou específicos, de uma categoria. As dimensões, por sua vez, são representadas pela localização de uma propriedade ao longo de uma linha ou de uma faixa. Por exemplo, o conceito "*status* social" pode ter como propriedades: prestígio, poder e riqueza. Cada uma dessas propriedades pode ser dimensionada. Tanto o prestígio quanto o poder e a riqueza sofrem variações no âmbito dos grupos sociais estudados. As subcategorias, por fim, especificam melhor uma categoria ao procurar explicar quando, onde, por que, como uma categoria tende a existir.

16.4.2 Codificação axial

A codificação axial é o processo de relacionar categorias com as suas subcategorias. É denominada axial porque ocorre em torno do eixo de uma categoria, associando-a ao nível de propriedades e dimensões. Essa fase é requerida em virtude do grande número de conceitos que geralmente são obtidos na codificação aberta. Seu propósito é reorganizar os dados com vistas a aprimorar um modelo capaz de identificar uma ideia central e suas subordinações.

Como na codificação aberta, o processo básico de trabalho nessa etapa consiste em fazer comparações e perguntas acerca dos dados, só que de maneira mais focalizada. Assim, as categorias já formadas são analisadas comparativamente, à luz dos novos dados que estão chegando, com vistas a identificar as mais significativas. Esse processo reduz, portanto, o número de categorias, posto que estas vão se tornando mais organizadas.

Suponha-se, por exemplo, que um pesquisador, após ter realizado entrevistas com universitários, pergunte a si mesmo: "O que parece estar acontecendo com estes estudantes?" Se a resposta indicar que muitos deles não estão satisfeitos com o curso que fazem, então o "nível de satisfação com o curso" pode ser designado como uma categoria. Outras categorias como "vocação", "expectativas de ganhos financeiros" e "dificuldade para aprender" ajudam a explicar por que os estudantes estão satisfeitos com o curso, podendo, portanto, ser consideradas subcategorias.

Ao trabalhar com dados reais, as relações entre fatos e acontecimentos nem sempre são muito evidentes. Como as associações entre categorias podem ser muito sutis e implícitas, convém elaborar um esquema para classificar e organizar as conexões emergentes. Um desses esquemas organizacionais é o que Strauss e Corbin (2008) denominam paradigma: uma ferramenta analítica que ajuda a reunir e a ordenar os dados sistematicamente, de forma que a estrutura e o processo sejam integrados. Os componentes básicos do paradigma são as condições, as ações/interações e as consequências. As condições são formas conceituais de agrupar respostas às questões "por quê?", "onde?", "de que forma?" e "quando?" Juntas, elas formam a estrutura na qual os fenômenos estão incorporados. Sob essas condições, surgem ações/interações – representadas pelas questões "quem?" e "como?" – que são respostas estratégicas ou rotineiras das pessoas ou grupos a questões problemas, acontecimentos ou fatos. As consequências, por fim, são os resultados das ações/interações, que são representadas por questões do tipo "o que acontece como resultados dessas ações/interações?"

16.4.3 Codificação seletiva

A codificação seletiva é a última etapa da análise de dados e pode ser definida como o processo de integrar e refinar categorias. É um processo que, a rigor, inicia-se com a primeira parte da análise e só se conclui com a redação final. O primeiro passo na integração é identificar a categoria central, que representa o tema principal da pesquisa. Essa categoria emerge ao final da análise e constitui o tema central ao redor da qual giram todas as outras categorias (STRAUSS; CORBIN, 2008).

Essa categoria central deve estar relacionada com todas as outras categorias importantes da pesquisa. Ela deve aparecer frequentemente nos dados, o que significa que em todos ou quase todos os casos há indicadores desse conceito. As relações com as outras categorias devem ser lógicas e consistentes. O nome ou frase usada para descrevê-la deve ser suficientemente abstrato para que possa ser utilizado para a realização de pesquisas em outras áreas, levando ao desenvolvimento de uma teoria mais geral.

16.4.4 Construção da teoria

A teoria emerge do processo de codificação, mais especificamente da redução das categorias. Quando o pesquisador descobre uniformidades no grupo original de categorias e suas propriedades e quando percebe que estas se tornam teoricamente saturadas, passa, então, a formular a teoria. Nesse momento, ele percebe que não mais emerge nenhum dado novo ou relevante; não surgem novas propriedades, dimensões ou relações. A quantidade de categorias, por sua vez, fica consideravelmente reduzida. O pesquisador prossegue, então, com a revisão, ordenação e integração dos memorandos. Naturalmente, o conteúdo desses memorandos é que constitui a base da teoria, mas a ordenação é a chave para sua formulação. As categorias e propriedades são ordenadas por similaridade, conexões e ordenamentos conceituais.

Após sua integração, tem-se, então, a emergência da teoria. Embora seja comum iniciar a construção de teorias sem nenhum conhecimento prévio, apelar para a literatura existente torna-se muito importante nessa última fase. O cotejo da teoria emergente com a literatura existente nessa fase final contribui para aumentar sua validade e confiabilidade. Também auxilia na construção de hipóteses, na delimitação das propriedades das categorias e na definição de seus códigos.

16.5 Análise de dados em estudos de caso

Os estudos de caso variam significativamente segundo seus objetivos, quantidade de casos e o enfoque teórico adotado. Estudos de caso podem ser exploratórios, descritivos ou explicativos. Existem estudos de caso único e estudos de casos múltiplos. Há estudos de caso que se fundamentam em proposições teóricas e estudos que se fundamentam essencialmente nos dados obtidos, como na construção de teorias fundamentadas. Pode-se falar em estudos de caso etnográficos e em estudos de caso narrativos. Assim, torna-se possível adotar múltiplos procedimentos no processo de análise em estudos de caso. Até mesmo mesclar procedimentos próprios de outras modalidades de pesquisa, como as que já foram consideradas neste capítulo.

É possível, no entanto, identificar algumas grandes etapas, que são seguidas em muitos dos estudos de caso, ainda que de forma não sequencial.

16.5.1 Codificação dos dados

Consiste basicamente em atribuir uma designação aos conceitos relevantes que são encontrados nos textos dos documentos, na transcrição das entrevistas e nos registros de observações. Graças a essa codificação é que os dados podem ser categorizados, comparados e ganhar significado ao longo do processo analítico.

16.5.2 Estabelecimento de categorias analíticas

Essas categorias são conceitos que expressam padrões que emergem dos dados e são utilizadas com o propósito de agrupá-los de acordo com a similitude que apresentam. O estabelecimento de categorias dá-se geralmente pela comparação sucessiva dos dados. À medida que estes são comparados entre si, vão sendo definidas unidades de dados. Unidades de dados são segmentos de dados aos quais é possível atribuir um significado, e são identificadas quando se verifica que existe algo em comum entre os dados.

16.5.3 Exibição dos dados

A forma tradicional de análise dos estudos de caso consiste na identificação de alguns tópicos-chave e na consequente elaboração de um texto discursivo. É recomendável, no entanto, a elaboração de instrumentos analíticos para organizar, sumarizar e relacionar os dados. Dentre os instrumentos, os mais utilizados são as matrizes e os diagramas. As matrizes são arranjos constituídos por linhas e colunas e linhas que possibilitam rapidamente o estabelecimento de comparações entre os dados. Os diagramas são representações gráficas, por meio de figuras geométricas, como pontos, linhas e áreas, de fatos, fenômenos e das relações entre eles.

16.5.4 Busca de significados

Os estudos de caso exigem do pesquisador muito mais habilidades, quando comparados a pesquisas quantitativas. Suas habilidades analíticas é que definem em boa parte a qualidade dos achados da pesquisa, já que as tarefas analíticas não podem ser confiadas a especialistas. Para facilitar a busca de significados, existem diversas táticas (MILES, HUBERMAN, SALDAÑA, 2014). Uma dessas táticas consiste na verificação sistemática dos temas que se repetem com vistas ao estabelecimento de relações entre os fatos e possíveis explicações. Outra tática é a do agrupamento, que consiste num processo de categorização de elementos, como eventos, atores, situações, processos e cenários e que permite identificar agrupamentos que se definem por compartilhar o mesmo conjunto de atributos. É possível, ainda, estabelecer constantes de comparações e contrastes, construir cadeias lógicas de evidências e procurar a construção da coerência conceitual e teórica.

16.5.5 Busca da credibilidade

Diferentemente do que ocorre com pesquisas como experimentos e levantamentos de campo, para estudos de caso não existem procedimentos sistemáticos para verificar sua validade e confiabilidade. Mas é possível conferir credibilidade aos estudos de caso mediante a observação de cuidados como:

a) ***Verificar a representatividade dos participantes:*** é preciso garantir que os participantes da pesquisa sejam apropriados para proporcionar informações relevantes. Um problema comum em estudos de caso é a seleção dos informantes pelo critério de acessibilidade, o que pode levar à exclusão de informantes-chave.

b) ***Verificar a qualidade dos dados:*** a qualidade dos dados tem muito a ver com os informantes selecionados. Dados obtidos de informantes bem articulados, e que fornecem as informações com satisfação, tendem a ser mais ricos e, consequentemente, conduzir a melhores resultados. A qualidade dos dados também tem a ver com as circunstâncias em que estes foram obtidos, pois dados referentes ao comportamento observado tendem a ser melhores que os obtidos mediante relato. Dados obtidos depois de repetidos contatos tendem a ser mais confiáveis que os obtidos logo no início do trabalho de campo. Dados de primeira mão, relatados por informantes que praticaram as ações, são preferíveis aos relatados por informantes que apenas detêm as informações. Também os dados fornecidos espontaneamente tendem a ser melhores que os obtidos mediante interrogação, assim como aqueles obtidos com maior privacidade.

c) **Controlar os efeitos do pesquisador:** o pesquisador, por ser uma pessoa estranha ao grupo que estuda, pode levar seus membros a encarar sua presença com desconfiança e a manter comportamentos que não são os usuais, ou fornecer informações que não correspondem rigorosamente a suas opiniões, crenças e valores. Para minimizar essa influência, é preciso um rigoroso planejamento da coleta de dados. Mas é necessário também que sua possível influência seja reconsiderada no momento da análise e interpretação.

d) **Fazer triangulação dos dados:** a triangulação consiste basicamente em confrontar a informação obtida por uma fonte com outras, com vistas a corroborar os resultados da pesquisa. Assim, quando são obtidas informações de três diferentes fontes e pelo menos duas delas mostram convergência, o pesquisador percebe que os resultados podem ser corroborados. Se, porém, as informações se mostrarem totalmente divergentes, o pesquisador se decidirá pela rejeição da explicação ou pela necessidade de obtenção de informações adicionais. Por essa razão é que Yin (2014) insiste na necessidade de múltiplas fontes de evidência para fundamentar os estudos de caso.

e) **Obter feedback dos participantes:** a credibilidade de um estudo de caso tem muito a ver com a adequação de seus resultados aos pontos de vista de seus participantes. De fato, os pesquisados são capazes de conhecer mais que o pesquisador acerca da realidade que está sendo estudada. Logo, eles podem atuar como avaliadores dos resultados da pesquisa.

f) **Obter avaliação externa:** uma importante estratégia para confirmação dos resultados consiste em sua análise por outros pesquisadores.

16.6 Análise de dados em pesquisas narrativas

Dentre as diversas modalidades de pesquisa qualitativa, a que se caracteriza por maior flexibilidade no processo de análise é a pesquisa narrativa. Isso porque a abordagem narrativa é essencialmente interpretativista. Ela se refere a ações, acontecimentos e outros elementos que, para serem significativos precisam ir além da descrição, requerendo interpretação.

É pouco provável que os participantes contem suas histórias observando uma sequência cronológica. Principalmente quando o relato é feito de maneira bastante espontânea. Assim, é necessário que o pesquisador organize as histórias dentro de uma estrutura capaz de lhes conferir sentido. Essa organização pode ser feita mediante a reunião de um certo número de histórias, a análise de seus elementos-chave e sua reescrita em uma sequência cronológica, garantindo que tenham começo, meio e fim.

Yussen e Ozcan (1997) sugerem a adoção de uma estrutura literária para a análise dos dados nas pesquisas narrativas. Dessa forma, a análise é feita a partir de cinco elementos que estruturam o enredo: personagens, ambiente, problema, ações e resolução. Já Clandinin e Connelly (2011) propõem um modelo tridimensional, no qual a análise considera três elementos: interação, continuidade e situação. Nesse modelo, a análise de interação envolve tanto as experiências pessoais do narrador quanto seu relacionamento com outras pessoas, que podem ter diferentes intenções, propósitos e pontos de vista. Na análise da continuidade consideram-se as ações passadas e presentes do narrador, bem como ações suscetíveis de ocorrer no futuro. Para analisar a situação, o pesquisador procura locais específicos na paisagem do narrador contador de histórias que dão sentido à história, bem como sua localização física e as atividades que ocorreram nesse lugar e que afetaram suas experiências.

Exercícios e trabalhos práticos

1. Considere estratégias tudo que um pesquisador pode adotar com vistas a facilitar sua aceitação como membro de um grupo ou comunidade que ele pretende pesquisar
2. Localize em um relatório de pesquisa, tese ou dissertação, um trecho de entrevista. Leia esse texto, linha por linha, identificando as frases ou segmentos de frase mais expressivas. Procure, então, determinar códigos que representem as ideias nelas contidas.
3. Discuta a afirmação: "Na pesquisa qualitativa a análise dos dados inicia-se no momento em que estes estão sendo coletados".
4. Justifique a importância da triangulação de dados nos estudos de caso.

17
ANÁLISE DE DADOS QUANTITATIVOS

Após a coleta de dados, procede-se à sua análise e interpretação. Estes dois processos, apesar de conceitualmente distintos, são estreitamente relacionados. A análise, porém, tem como objetivo organizar e sumarizar os dados de forma tal que possibilitem o fornecimento de respostas ao problema proposto para investigação. Já a interpretação tem como objetivo a procura do sentido mais amplo das respostas, o que é feito mediante sua ligação a outros conhecimentos anteriormente obtidos.

Os processos de análise e interpretação variam significativamente em função da natureza da pesquisa. A principal diferença decorre da natureza dos dados. Levantamentos de campo e experimentos, por exemplo, são delineamentos em que os dados são essencialmente quantitativos. Já pesquisas como as etnográficas e os estudos de caso produzem dados essencialmente qualitativos.

Dedica-se o presente capítulo à análise de dados quantitativos. Após estudá-lo cuidadosamente, você será capaz de:

- Estabelecer categorias analíticas.
- Codificar, rever, codificar e transformar dados para entrada no computador.
- Utilizar medidas estatísticas para análise univariada na pesquisa.
- Decidir acerca da utilização de testes de correlação na análise dos dados.
- Avaliar a significância dos dados.
- Reconhecer o significado de análise multivariada na pesquisa.
- Reconhecer a importância da interpretação dos resultados da pesquisa.

17.1 Preparação dos dados

Antes de se proceder a qualquer análise, os dados precisam ser preparados. Essa preparação envolve múltiplas ações que são desenvolvidas em etapas: estabelecimento de categorias analíticas, revisão dos dados, codificação dos dados, transformação dos dados e entrada dos dados.

17.1.1 Estabelecimento de categorias analíticas

O processo de análise requer que cada variável considerada na pesquisa apresente pelo menos duas categorias. Essa exigência é fácil de ser cumprida quando a coleta de dados foi obtida mediante a utilização de instrumentos estruturados elaborados com rigor. Ocorre, porém, que há questionários que requerem certo número de questões abertas, impedindo o estabelecimento prévio de categorias. Nesses casos, torna-se necessário estabelecer categorias com base nos dados obtidos.

O estabelecimento das categorias depende dos objetivos da pesquisa. Assim, o pesquisador, tendo em mente o que poderá ser relevante para o seu alcance, relaciona todas as respostas obtidas em cada item e procura agrupá-las em categorias. Não há como defini-las previamente, mas sua elaboração requer a consideração de alguns critérios. É preciso primeiramente garantir que o conjunto de categorias correspondentes a cada item derive de um único princípio de classificação. Considere-se, por exemplo, que em uma pesquisa referente a percepções acerca de integrantes de determinado grupo religioso, tenham sido obtidas as seguintes respostas a uma pergunta aberta:

"São pessoas muito ignorantes."

"São como todas as outras."

"São pessoas muito boas."

"Não tenho o que dizer delas."

"Não gosto delas."

"São muito antipáticas."

"Não sei o que dizer."

"São pessoas relapsas"

"São pessoas muito respeitosas."

"Não tenho opinião formada."

Para que essas respostas se tornem viáveis para análise, será necessário agrupá-las em categorias. É possível, por exemplo, com base nos objetivos da pesquisa, agrupá-las em categorias que indiquem favorabilidade ou desfavorabilidade em relação ao grupo religioso. Dessa forma, três categorias poderiam ser estabelecidas: favorável, desfavorável e neutra. Conviria, ainda, definir uma categoria residual para respostas que eventualmente não pudessem ser enquadradas nas três anteriores.

Outro critério a ser considerado no estabelecimento de categorias é o de que estas sejam exaustivas, ou seja, incluam todas as respostas obtidas em relação ao mesmo item. Para não dificultar a análise estatística dos dados é preciso que as categorias sejam em número reduzido. Assim, o pesquisador, muitas vezes, depara-se com a necessidade de agrupar categorias que abrangem poucos elementos.

Outro critério, ainda, é o da mútua exclusividade. Isso significa que cada resposta só possa ser incluída em uma única categoria. Por exemplo, uma classificação dos respondentes acerca da denominação religiosa a que pertencem não poderá incluir uma categoria definida como "evangélico" e outra como "protestante", visto que muitas denominações podem ser incluídas em qualquer uma delas.

17.1.2 Revisão dos dados

Para que a análise seja adequada, é preciso que as respostas fornecidas sejam completas e coerentes. Nem sempre isso ocorre, visto que os respondentes podem ter compreendido inadequadamente as questões ou encontrado dificuldade para respondê-las corretamente. Pode ocorrer, também, no caso de entrevistas, que algumas respostas tenham sido registradas com insuficiência.

Algumas incoerências podem ser corridas. Por exemplo, um respondente pode não ter respondido a questão referente à sua ocupação. Mas, em outras questões, indicou atividades que exerce. O pesquisador pode, então – ainda que com algum risco – optar por assinalar no campo correspondente a resposta que julga adequada. Também é possível, em algumas pesquisas, entrar em contato com os respondentes e solicitar que completem as questões sem resposta. Mas nem sempre é possível corrigir as incoerências. O que torna mais adequado não incluir o respondente na análise dos dados.

É muito frequente nas pesquisas a constatação de dados faltantes, decorrentes, principalmente, de falhas na coleta de dados. Como essas ocorrências podem influenciar a validade das descobertas, devem ser identificadas e, na medida do possível, solucionadas. Trata-se de tarefa complexa, que exige do pesquisador a avaliação da magnitude do problema. Quando a quantidade de dados faltantes é reduzida, basta eliminar os respondentes ou as questões não respondidas. Quando, porém, os dados faltantes encontram-se muito disseminados, o pesquisador precisa tratá-los diferentemente, pois a exclusão de respondentes pode comprometer o tamanho da amostra.

Diversos métodos foram estabelecidos para contornar esse problema, alguns deles envolvendo sofisticados procedimentos estatísticos (ENDERS, 2010). O mais usual, no entanto, consiste na substituição do valor faltante por um valor de tendência central. Quando a variável é quantitativa, os dados são substituídos pela média dos valores observados. Quando, porém, contata-se que a média é afetada por valores extremos, recomenda-se o uso da mediana. Se a variável for ordinal, também se utiliza a mediana, ou a moda. A situação é mais crítica quando a variável for nominal. Nesse caso, se for evidenciado um resultado mais frequente (moda), este poderá ser utilizado. Se não houver moda, pode-se sortear uma categoria com maior frequência. Qualquer que seja, no entanto, a situação, a substituição de um valor faltante será sempre crítica.

17.1.3 Codificação dos dados

Para que se possa realizar qualquer análise quantitativa, os dados precisam ser apresentados sob a forma de números. Alguns dados são naturalmente numéricos.

Outros podem ser facilmente codificados. Outros, porém, são bem mais desafiadores, requerendo estratégias bastante sofisticadas. Qualquer que sejam, porém, os dados, eles precisam ser traduzidos em linguagem numérica pela codificação. Procedimentos específicos.

Codificação é o processo pelo qual os dados brutos são transformados em símbolos que possibilitam o seu processamento. Consiste em atribuir um número para cada resposta para que esta possa ingressar em um banco de dados. Ela pode ocorrer antes ou após a coleta dos dados, mas, sempre que possível deve ser preparada com antecedência.

A forma mais prática de proceder à pré-codificação em questionários padronizados consiste em imprimir no espaço à direita do enunciado de cada alternativa o código correspondente, como aparece no fragmento apresentado no Quadro 17.1.

Quadro 17.1 Fragmento de questionário pré-codificado

1. Sexo:			4. Escolaridade	
Masculino	( ) 01		Nunca foi à escola	( ) 12
Feminino	( ) 02		Fundamental incompleto	( ) 13
			Fundamental completo	( ) 14
2. Idade:			Médio incompleto	( ) 15
de 18 a 20 anos	( ) 03		Médio completo	( ) 16
de 21 a 23 anos	( ) 04		Superior incompleto	( ) 17
de 24 a 26 anos	( ) 05		Superior completo	( ) 18
de 27 a 29 anos	( ) 06			
mais de 29 anos	( ) 07		5. Religião:	
			Católico	( ) 19
3. Procedência:			Evangélico	( ) 20
Grande São Paulo	( ) 08		Espírita	( ) 21
Interior de São Paulo	( ) 09		Umbandista	( ) 22
Outros Estados	( ) 10		Outra religião	( ) 23
Exterior	( ) 11		Sem religião	( ) 24

Justifica-se a pós-codificação quando os dados foram obtidos mediante questões abertas, requerendo o estabelecimento de categorias analíticas *a posteriori*, ou quando exigirem algum tipo de transformação.

17.1.4 Transformação dos dados

Há situações em que se torna conveniente a modificação da forma original dos dados. Pode ocorrer, por exemplo, que os dados referentes à idade do respondente tenham sido coletados mediante a indicação do ano de nascimento com vista a diminuir a tendenciosidade da resposta. Assim, o pesquisador precisa transformar o ano de nascimento na idade do respondente.

A transformação dos dados também pode ocorrer quando dados foram obtidos mediante escalas que incluem itens positivos e negativos. Se houver interesse em

Análise de dados quantitativos

construir uma escala somatória, os códigos dos itens negativos precisam ser revertidos. Se a escala for de cinco pontos, por exemplo, o item 5 será transformado em 1, o 4 em 2, e assim sucessivamente.

Outra situação que requer a transformação dos dados ocorre quando o pesquisador opta por desmembrar ou combinar categorias de uma variável com vistas a reduzir seu número. Por exemplo, uma escala de concordância de sete pontos pode ser reduzida para uma escala de três pontos mediante o agrupamento das respostas 1, 2 e 3 e das respostas 5, 6 e 7. A resposta 4 permaneceria na categoria central, que corresponde à neutralidade.

Outra situação, ainda, é a que ocorre quando o pesquisador opta pela utilização do escore somatório médio. O que implica calcular o escore somatório e dividi-lo pelo número de variáveis. Por exemplo, se forem consideradas cinco afirmações possibilitando respostas de 1 a 5, o escore somatório seria $4 + 3 + 2 + 4 + 4 = 17$. Se fosse utilizado o escore somatório médio, o resultado dos dados transformados seria 3, 4.

17.1.5 Entrada dos dados

Durante muito tempo o processo de análise dos resultados de pesquisa foi feito manual ou mecanicamente. Porém, graças à difusão do uso de computadores pessoais e, principalmente, de programas como o *Statistical Package for the Social Sciences* (**SPSS**), essas tarefas passaram a ser executadas eletronicamente, mesmo em pesquisas com número reduzido de participantes.

Para que a análise eletrônica dos dados possa ser executada é necessário que estes estejam em um formato adequado para entrada no computador. O que pode ocorrer de várias formas. Se o computador estiver programado para reconhecer os códigos de resposta, os dados poderão ser inseridos diretamente no computador ou mediante escaneamento. Se as respostas estiverem em formato que não possibilita o escaneamento, poderá, então, ser utilizado um programa que permite a inserção dos dados no banco de dados, mediante cliques nas caixas correspondentes aos códigos de resposta. Caso este programa não esteja disponível, as respostas deverão ser digitadas diretamente no banco de dados.

A mais prática dentre as várias formas de entrada dos dados é aquela em que os questionários estão todos precodificados de forma tal que cada resposta é representada por um código e os respondentes são instruídos a indicar suas respostas mediante um clique. É a forma mais usual quando os questionários são respondidos pela via eletrônica, sem a presença de um entrevistador. Também pode ser adotada nas entrevistas por telefone assistidas por computador.

Qualquer que seja, porém, o procedimento adotado, os dados devem ser cuidadosamente verificados para evitar erros. Dados errados podem representar um grave problema para a confiabilidade e validade dos resultados da pesquisa. Daí a necessidade de proceder ao que se denomina limpeza de dados, processo que tem como propósito identificar dados incompletos, imprecisos, incorretos ou irrelevantes e que pode conduzir à sua modificação, substituição ou exclusão. Alguns dos problemas comumente identificados neste processo são a marcação de mais de uma resposta, a inserção de códigos inválidos e a combinação impossível de respostas. Esse procedimento é facilitado com a utilização de softwares especialmente construídos para esse fim, como *OpenRefine*, *DataWrangler* e *DataCleaner*.

17.2 Análise univariada

A primeira etapa do processo analítico propriamente dito na maioria das pesquisas consiste em exibir as variações encontradas em cada uma das variáveis de interesse. Em muitas pesquisas de caráter descritivo a análise não precisa ir além. Dessa forma, tabelas e gráficos constituem os principais recursos utilizados com esse propósito, já que possibilitam exibir a distribuição de frequências segundo as categorias de cada variável, bem como as frequências dos subconjuntos de casos, ou de respondentes. Adicionalmente são utilizadas medidas de tendência central e de dispersão.

17.2.1 Distribuição de frequência

Na maioria das pesquisas interessa descrever como as pessoas se distribuem em relação às diferentes variáveis consideradas. A forma mais usual de apresentação dessa distribuição é constituída por tabelas que possibilitam a descrição dos dados. Essas tabelas apresentam os dados correspondentes a cada variável isoladamente, indicando as frequências de respostas para cada uma de suas categorias, como é exemplificado na Tabela 17.1.

Tabela 17.1 Distribuição da população pesquisada segundo a idade

Idade (em anos)	N	f
De 18 a 20	15	7,5
De 21 a 23	23	11,5
De 24 a 26	39	19,5
De 27 a 29	50	25,0
De 30 a 32	36	18,0
De 33 a 35	24	12,0
De 36 a 38	13	6,5
Total	200	100

Outra forma de apresentação da distribuição dos dados é constituída por gráficos, especialmente pelo histograma e pelo polígono de frequências. O histograma é um gráfico de colunas em que a área de cada retângulo é proporcional à frequência de cada classe (Figura 17.1). O polígono de frequência é um gráfico em linha construído a partir dos pontos médios dos intervalos de classe (eixo das abscissas) e suas frequências absolutas (eixo das ordenadas). Unindo os pontos obtidos mediante segmentos de reta, constrói-se o polígono (Figura 17.2)

Análise de dados quantitativos

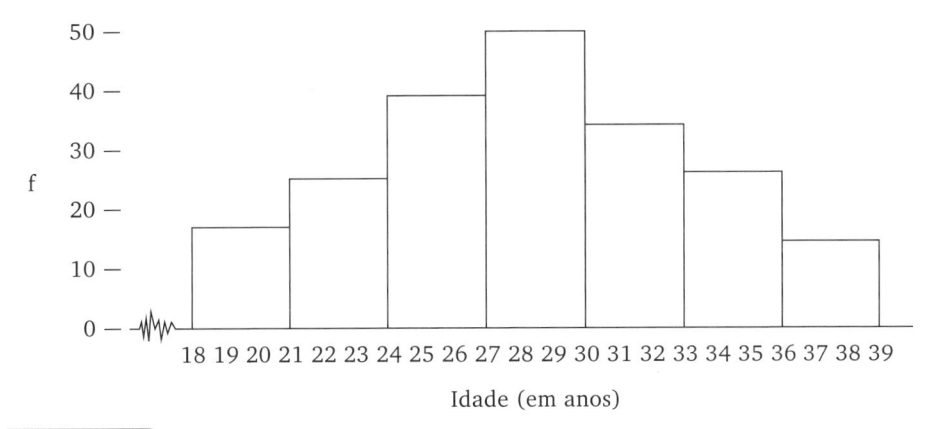

Figura 17.1 Distribuição da população pesquisada segundo a idade.

Figura 17.2 Distribuição da população pesquisada segundo a idade.

17.2.2 Medidas de tendência central

Medidas de tendência central são utilizadas para caracterizar o que é típico no grupo estudado. As mais importantes são a média aritmética, a mediana e a moda. São medidas que possibilitam tanto a representação do grupo como um todo quanto o confronto de dois ou mais grupos em termos de representação típica. A mais utilizada dessas medidas é a **média**, que é obtida mediante a soma de todos os valores observados dividida pelo total de observações. É uma medida adequada quando:

a) Os resultados se distribuem simetricamente em torno de um ponto central.
b) Se deseja obter a medida da tendência central que possui a maior estabilidade.
c) Quando for necessária a utilização posterior de outras medidas, como o desvio-padrão, que se baseiam na média.

A **mediana** é a medida que corresponde ao valor médio da distribuição, ou seja, ao valor que separa a metade maior e a metade menor da distribuição. É indicada quando se deseja obter o ponto médio exato da distribuição e quando se verifica a existência de resultados extremos que afetariam a média de maneira acentuada.

A **moda** é a menos utilizada entre as medidas de tendência central e só se aplica nos casos em que o valor procurado se refere ao que é mais típico. Quando se analisa, por exemplo, o salário médio predominante num setor industrial, faz-se referência ao valor modal ou mais frequente.

17.2.3 Medidas de dispersão

As medidas de dispersão são utilizadas para indicar o grau de variabilidade dos elementos de um conjunto de informações. Indicam o quanto os valores estão dispersos em relação aos valores médios, como a média e a mediana. São utilizadas porque na maioria das situações as medidas de tendência central não são suficientes para tirar conclusões sobre os objetos em estudo. Por exemplo, a simples indicação de média de renda da população brasileira em muitos estudos pode se mostrar pouco esclarecedora, em virtude da reconhecida desigualdade de sua distribuição.

A mais simples dessa medida é a **amplitude total**, que corresponde à diferença entre o maior e o menor valor de um conjunto de dados. Por exemplo, se em um grupo de estudantes o mais novo tem 19 anos e o mais velho, 30, então a amplitude total corresponde a 11. A medida de dispersão mais utilizada, no entanto, é o **desvio-padrão**, por ser a mais consistente. O desvio-padrão indica o quanto os dados se concentram em torno da média. Quanto mais próximo de zero for o seu valor, menos dispersos serão os dados. A Figura 17.3 ilustra o significado de desvio-padrão. As três curvas correspondem a distribuições que apresentam a mesma média. A curva

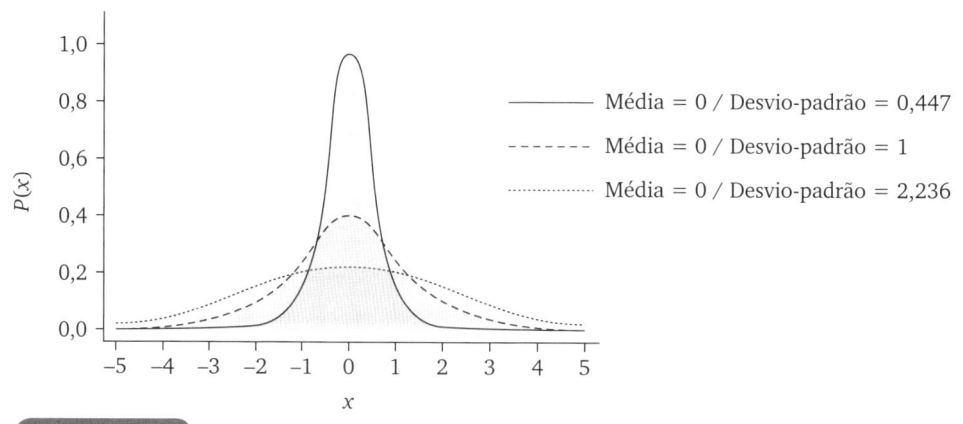

Figura 17.3 Diferença entre distribuições com mesma média e desvios-padrão diferentes.

construída com linha cheia é a que apresenta menor dispersão dos dados e, consequentemente, menor desvio-padrão. Já a curva pontilhada é a que apresenta maior dispersão e maior desvio-padrão.

Outra medida de dispersão utilizada em pesquisas é o **desvio quartílico**, que é calculado com base na diferença entre o quartil inferior e o quartil superior da distribuição. O primeiro quartil corresponde a 25% dos elementos da amostra com os mais baixos escores e o quarto quartil corresponde a 75% dos elementos. Trata-se, portanto, de uma medida que não é influenciada pelos valores estremos da distribuição, sendo utilizada sempre que a medida de tendência central for a mediana.

17.3 Análise bivariada

Muitas das pesquisas realizadas no âmbito das ciências sociais têm como propósito único descrever cada uma das variáveis isoladamente. Mas há pesquisas que vão mais além: procuram verificar a existência de relação entre variáveis. É o que se denomina análise bivariada. É o caso das pesquisas explicativas, cujo propósito é o de testar hipóteses, ou, em outras palavras: verificar a existência de relação entre a variável independente e a variável dependente. Também é o caso das pesquisas que mesmo sem definir relações de dependência procuram verificar em que medida as variáveis estão relacionadas entre si.

A análise bivariada guarda estreita relação com o método das variações concomitantes, um dos cinco definidos por John Stuart Mill (1843) para explicar as causas dos fenômenos. Segundo este método, se um fenômeno varia de uma maneira específica sempre que outro fenômeno varia, de sua maneira específica, as variações são causa ou efeito uma da outra.

17.3.1 Causação e correlação

A determinação da causalidade é atividade bastante complexa. A constatação de que dois fenômenos varam concomitantemente, por si só, não indica causalidade. Duas variáveis podem se apresentar relacionadas entre si, mas sem que exista nenhuma relação de causa e efeito entre elas. Como pode ser constatado com o pitoresco exemplo que sugere que são as cegonhas que trazem os bebês. O célebre ornitólogo Gustav Fischer identificou forte relação entre o número de cegonhas aninhadas na cidade de Copenhague e o número anual de bebês nascidos nessa cidade (FISCHER, 1936). Mas não há nenhuma razão que justifique relação causa e efeito entre essas variáveis. Cada uma delas é determinada por motivos diferentes, totalmente independentes. A relação entre elas pode corresponder apenas a uma coincidência.

Os procedimentos estatísticos auxiliam na identificação de vínculos entre as variáveis, mas não são suficientes para explicitar a relação causal. A prova da existência de um elo de causalidade depende muito mais da análise lógica dos resultados da pesquisa do que propriamente dos testes estatísticos.

Com efeito, os procedimentos estatísticos, por mais sofisticados que sejam, não são suficientes para a inferência de relações causais. O papel mais importante é exercido pela análise lógica. Até mesmo porque o conceito de causalidade em ciência distingue-se do conceito do senso comum, que tende a admitir que um único acontecimento sempre provoca outro. Em ciência o que se procura é acentuar a multiplicidade de condições determinantes que reunidas tornam provável a ocorrência de determinado fenômeno.

O cientista procura descobrir as condições necessárias e suficientes, mas raramente espera que um único fator possa dar uma explicação completa do fenômeno. Assim, os pesquisadores devem estar mais preocupados na busca de condições contribuintes, contingentes e alternativas. Uma condição **contribuinte** é aquela que aumenta a probabilidade de ocorrência de determinado fenômeno, mas não a torna certa, pois constitui apenas um dentre vários fatores que em conjunto determinam sua ocorrência. Essa condição contribuinte, por sua vez, é afetada por determinadas condições, que são denominadas **contingentes**. Mas é preciso também levar em conta que as condições que tornam mais provável a ocorrência do fenômeno e que são denominadas **alternativas** são determinadas pelas condições em que determinada variável torna-se contribuinte de determinado fenômeno.

Essas condições geralmente são antecipadas sob a forma de hipóteses que precedem naturalmente a coleta dos dados. Daí a importância da construção de hipóteses, etapa nem sempre valorizada pelos pesquisadores mais afoitos. E também do conhecimento de teorias, das quais podem derivar hipóteses com chances de serem reconhecidas como verdadeiras após o devido teste. À medida que se considerem as teorias como um conjunto de proposições válidas e sustentáveis, elas poderão contribuir não apenas para a construção de hipóteses, mas também para o seu descarte, reformulação e combinação.

Um exemplo clássico de construção de hipóteses para uma pesquisa sobre consumo de drogas (SELLTIZ *et al.*, 1972) ajuda a esclarecer o significado dessas condições. A experiência com drogas deve ser considerada condição necessária para que os jovens adquiram o vício, mas insuficiente para determinar sua ocorrência. Torna-se necessário considerar fatores pessoais, de família ou de vizinhança que tornem mais provável que jovens com a experiência se viciem. Pode-se considerar, por exemplo, que muitos jovens que se viciaram vieram de lares em que o pai não estava presente. Assim, a ausência da figura paterna pode ser vista como influência contribuinte no desenvolvimento do vício. Mas alguns estudos podem demonstrar que em bairros em que o uso de drogas é raro ou inexistente esse fator não é importante. Logo, o nível de consumo de drogas no bairro pode ser considerado uma variável contingente que contribui para que a ausência do pai favoreça o consumo de drogas. Outros estudos, ainda, podem indicar que em bairros com elevado nível de consumo de drogas, seu uso é comum não apenas entre rapazes que cresceram sem um pai, mas também entre aqueles cujos pais os trataram com hostilidade ou indiferença. Esses fatores constituiriam, então, condições alternativas. Considerando todas essas condições, a hipótese poderia ser reformulada: a ausência de uma figura paterna ou a ocorrência de tratamento hostil ou indiferente pelo pai contribui para a probabilidade do consumo de drogas em bairros em que seu uso é comum.

17.3.2 Coeficientes de correlação

Os procedimentos mais utilizados para proceder à análise bivariada são os testes de correlação, que se expressam por coeficientes, cujos valores podem oscilar entre −1,00 e +1,00. O coeficiente −1,00 indica correlação negativa perfeita e o coeficiente +1,00 correlação positiva perfeita. O coeficiente igual a zero, por sua vez, indica a inexistência de qualquer relação entre as variáveis.

Um exemplo de forte correlação positiva é estabelecido com a relação entre idade e estatura de uma criança; quanto maior a idade, maior a estatura. Um exemplo de forte correlação negativa, por sua vez, é o que se manifesta na relação entre o calor e o consumo de cobertores: quanto maior o calor, menor o consumo. Por fim, um exemplo que provavelmente indicará inexistência de correlação é a relação entre o número do calçado de um adulto e seu nível intelectual.

Existem diversos coeficientes de correlação. O mais conhecido é o coeficiente de correlação de Pearson. Sua adequada aplicação depende de algumas suposições acerca da natureza dos dados. Primeiro, é preciso garantir que as variáveis possam ser mensuradas utilizando-se escalas métricas (de intervalo ou de razão). Depois, é necessário que a relação que está sendo examinada seja linear, ou seja, os dados distribuem-se em torno de uma linha reta. Por fim, é necessário que a distribuição dos dados seja normal. Quando isso ocorre, sua representação estatística assume a forma de uma curva que cresce inicialmente, até atingir o ponto mais alto na altura da média aritmética, decrescendo em seguida; nas partes ascendente e descendente da curva há um ponto de inflexão que se encontra na altura da média desvio-padrão. A Figura 17.3 representa a distribuição normal.

São frequentes na pesquisa social situações em que os dados não possibilitam a adequada utilização do coeficiente de Pearson. Podem, no entanto, ser aplicados outros coeficientes que requerem menos suposições, como o de Spearman, o t de Kendall, o de Cramér, o phi e o Q de Yule. São coeficientes denominados não paramétricos, que não requerem a suposição da normalidade da distribuição dos dados e podem ser aplicados em amostras relativamente pequenas. A adequada aplicação de cada um deles exige informações prévias acerca do nível de mensuração alcançado em cada uma das variáveis e também acerca da sua disposição nas tabelas.

Será considerado aqui, em maior nível de detalhamento, o Q de Yule, que é aplicável a grande número de situações na pesquisa. Seu cálculo é bastante simples e segue a fórmula:

$$Q = \frac{AD - BC}{AD + BC}$$

Aplica-se o Q de Yule a tabelas quádruplas. Isso significa que as duas variáveis deverão ser dicotômicas, ou seja, apresentar duas categorias. Algumas variáveis são naturalmente dicotômicas. Todavia em muitos casos haverá a necessidade de dicotomizá-las. A mais conveniente forma de dicotomização é a que segue o critério 50:50, ou seja, a que possibilita separar os casos em dois grupos, de forma tal que cada um deles contenha metade dos elementos considerados. Quando os dados se apresentam em escalas ordinais, de intervalo ou de razão, o problema é simplesmente o de saber onde cortar a sequência. Quando, porém, os dados são nominais, o problema é que eles podem ser redistribuídos, não apenas cortados. Considerem-se, por exemplo, os dados hipotéticos apresentados na Tabela 17.2.

Tabela 17.2 Distribuição percentual de profissionais liberais num grupo hipotético

Profissionais	%
Advogados	25
Engenheiros	18
Médicos	15
Dentistas	14
Psicólogos	14
Sociólogos	9
Químicos	3
Físicos	2
Total	100

Neste caso, como no da maioria dos que envolvem escalas nominais, torna-se necessário estabelecer algum critério que possibilite dividir a distribuição em dois grupos. Para isso a intuição e o conhecimento da literatura são mais importantes do que regras estatísticas. Tudo o que pode ser dito é que se devem agrupar as categorias que apresentam maior semelhança entre si. Parece razoável, portanto, combinar advogados, psicólogos e sociólogos, cuja formação se encontra na área de ciências humanas. Os demais constituiriam o grupo de profissionais da área de ciências físicas e biológicas.

Davis (1976, p. 46) apresenta duas regras práticas que podem auxiliar no processo de corte das variáveis que se apresentam em escalas nominais:

"1. Se uma das categorias for exageradamente maior em frequência do que o resto, use-a sozinha como metade da dicotomia, se ela estiver na faixa de 30:70. Se não, acrescente-lhe o mínimo necessário de categorias aparentemente compatíveis para alcançar o critério de 30:70.

2. Se você tiver um grande número de categorias com pequenas frequências, comece formando pares aparentemente compatíveis; depois combine os pares em conjuntos de quatro etc., até um dos grupos alcançar o critério de 30:70."

Davis enfatiza a conveniência de manter pelo menos 30% dos casos em cada uma das categorias. Isto é importante, sobretudo, com amostras pequenas, para garantir

Análise de dados quantitativos

maior significância aos resultados. O problema da significância é bastante complexo e será considerado adiante, embora de maneira não exaustiva.

A seguir, apresenta-se um exemplo do cálculo de Q. Imagine-se que uma pesquisa tenha como objetivo verificar a hipótese de que a atitude em relação à legalização do aborto está relacionada com o nível de frequência à igreja. Para tanto, foram ouvidas 300 pessoas e obtidos, entre outros, os dados da Tabela 17.3.

Tabela 17.3 Distribuição de uma população segundo a frequência à igreja

Frequência à igreja	N	%
Pelo menos uma vez por semana	52	17,33
Em média uma vez por mês	74	24,67
Algumas vezes por ano	68	22,67
Raramente	66	22,00
Nunca	40	13,33
Total	300	100,00

Tabela 17.4 Distribuição de uma população segundo a favorabilidade à legalização do aborto

Favorabilidade	N	%
Totalmente favorável	43	14,33
Favorável em muitos aspectos	118	39,33
Favorável em poucos aspectos	76	25,33
Totalmente desfavorável	63	21,00
Total	300	100,00

As cinco categorias da variável frequência à igreja poderiam ser agrupadas da seguinte maneira: os que vão à igreja pelo menos uma vez por semana e os que vão em média uma vez por mês formam o grupo dos mais assíduos e os que se incluem nas outras três, o grupo dos menos assíduos. Dessa forma, o primeiro grupo reuniria 42% dos participantes e o segundo 58%, o que representa uma situação bastante favorável com relação às regras práticas enunciadas.

As categorias da variável favorabilidade à legalização do aborto poderiam ser assim reunidas: um grupo formado pelos que são totalmente favoráveis ou favoráveis em muitos aspectos e outro grupo pelos que são favoráveis em poucos aspectos ou totalmente desfavoráveis. Dessa forma, o primeiro grupo abrangeria 53,66% do total de pesquisados e o segundo, 46,33% – situação altamente favorável já que se aproxima da faixa de 50:50, que é a ideal.

Imagine-se, agora, que estes dados estejam assim distribuídos:

Tabela 17.5 — Frequência à igreja e atitude perante a legalização do aborto

Frequência à igreja \ Favorabilidade à legalização do aborto	Mais favoráveis	Menos favoráveis	Total
Mais frequentes	49	77	126
Menos frequentes	112	62	174
TOTAL	161	139	300

Aplicando-se a fórmula, obtém-se:

$$Q = \frac{(49{,}62) - (77{,}112)}{(49{,}62) + (77{,}112)} = -0{,}47$$

O coeficiente obtido indica que entre as duas variáveis existe uma correlação negativa moderada, ou seja, as pessoas que mais frequentam a igreja manifestam atitudes menos favoráveis à legalização do aborto.

A força da relação entre as duas variáveis é dada pelo coeficiente: quanto mais próximo de +1,00, mais forte a correlação positiva, quanto mais próximo de −1,00, mais forte a correlação negativa. Embora a expressão numérica seja a mais representativa, também é usual indicá-la por uma frase, como apresenta a Tabela 17.6.

Tabela 17.6 — Descrição dos valores Q

VALOR DE Q	DESCRIÇÃO
+1,00	Correlação positiva perfeita
+0,70 a 0,99	Correlação positiva muito forte
+0,50 a 0,69	Correlação positiva substancial
+0,30 a 0,49	Correlação positiva moderada
+0,10 a 0,29	Correlação positiva baixa
+0,01 a 0,09	Correlação positiva ínfima
0,00	Nenhuma correlação
−0,01 a 0,09	Correlação negativa ínfima
−0,10 a 0,29	Correlação negativa baixa
−0,30 a 0,49	Correlação negativa moderada
−0,50 a 0,69	Correlação negativa substancial
−0,70 a 0,99	Correlação negativa muito forte
−1,00	Correlação negativa perfeita

Fonte: Davis (1976).

17.4 Análise multivariada

Análise multivariada é a que envolve simultaneamente três ou mais variáveis. Tem como principal propósito controlar o efeito de outras variáveis na relação entre duas variáveis constatadas na análise bivariada. É recomendada quando se deseja: verificar a existência de relação espúria entre as variáveis, identificar a influência de uma variável interveniente e especificar as condições em que a relação ocorre. São, pois, situações em que se propõe o estabelecimento de algum tipo de controle em relação a outras variáveis.

Relação espúria é a que se observa quando duas variáveis estão aparentemente relacionadas, mas esta relação não é real. Essa relação pode se manifestar porque ambas as variáveis a rigor são influenciadas por uma terceira variável. Considere-se, por exemplo, a relação entre consumo de café e incidência de câncer no pulmão. Uma relação estatística poderá ser facilmente verificada, mas não há qualquer evidência de que essa relação de fato exista. Essa relação espúria poderá ser explicada porque tanto o consumo de café quanto a incidência de câncer no pulmão são influenciados pelo hábito de fumar.

Variável interveniente é a que afeta a relação entre uma variável independente e uma variável dependente. Normalmente, a variável interveniente é causada pela variável independente, constituindo, a rigor, a causa imediata da variável dependente. Por exemplo, constata-se a existência de correlação positiva entre nível de escolaridade e nível de renda, de forma tal que pessoas com níveis mais altos de educação tendem a obter níveis mais altos de renda. Não se trata de uma relação espúria. Mas a relação entre essas duas variáveis não é diretamente causal. Ocupação é uma variável que pode ser considerada variável interveniente entre as duas, visto que o nível de escolaridade (variável independente) influencia o tipo de ocupação que a pessoa terá (variável dependente) e, portanto, o nível de renda que obterá. Assim, a relação que se estabelece é a de que, mais escolaridade tende a significar uma ocupação de *status* mais elevado, que, por sua vez, tende a proporcionar níveis mais altos de renda.

A especificação das condições em que verifica uma relação bivariada ocorre quando se verifica que a associação entre a variável independente e a dependente varia entre as categorias de variáveis de controle. Considere-se, por exemplo, os resultados de uma pesquisa que indicam a existência de relação entre nível de religiosidade e preferência político-partidária. Quando os dados são exibidos levando em consideração o gênero dos respondentes, constatam-se diferenças na preferência. Nesta situação, a existência de relação entre as duas variáveis é reconhecida gênero e deve ser considerada como variável moderadora nessa relação.

Para contornar situações como essas é que foram desenvolvidas as técnicas de análise multivariada, que possibilitam executar em uma única análise aquilo que antes exigia múltiplas análises mediante a utilização de técnicas univariadas e bivariadas. Entre as principais técnicas de análise multivariada utilizadas na pesquisa social estão a análise de regressão múltipla, a análise de regressão logística e a análise fatorial.

17.4.1 Análise de regressão múltipla

Na análise de regressão bivariada um coeficiente de regressão é calculado para cada variável independente, possibilitando a avaliação da influência relativa de cada uma dessas variáveis. Já na **análise de regressão múltipla** calcula-se um coeficiente para analisar a relação entre uma única variável dependente e múltiplas variáveis independentes. O objetivo desse tipo de análise é usar as variáveis independentes cujos valores são conhecidos para prever os valores da variável dependente selecionada pelo pesquisador. Trata-se, portanto, de uma técnica mais adequada à pesquisa social em que os fenômenos, de modo geral, dependem de muitos fatores, não de um só.

Embora constituindo importante recurso para promover a análise de dados, nem sempre a regressão múltipla pode ser utilizada adequadamente na análise de dados. Isto porque sua adequada utilização implica uma série de suposições:

1- **Tipos de variável:** as variáveis independentes podem ser quantitativas ou categóricas, mas a variável dependente deve ser quantitativa e contínua.
2- **Distribuição normal:** a variável dependente deve apresentar distribuição normal. Esta exigência não se aplica às variáveis independentes.
3- **Linearidade:** o relacionamento entre as variáveis deve ser linear, ou seja, seus valores apresentam-se sobre uma reta que tem uma taxa constante de variação da variável dependente em relação a uma variação unitária constante na variável independente.
4- **Homocedasticidade:** a variância dos termos de erro deve ser constante no intervalo de valores das variáveis independentes.
5- **Multicolinearidade:** as variáveis independentes não devem apresentar elevada correlação entre si.

17.4.2 Análise de regressão logística

A regressão logística é adotada com o mesmo propósito da regressão múltipla, pois é um recurso que permite estimar a probabilidade associada à ocorrência de determinado evento. Diferentemente, porém, da regressão múltipla, em que a variável dependente deve ser de natureza métrica, a regressão logística aplica-se a situações em que a variável independente é categórica (nominal ou não métrica). Nessa modalidade de regressão a variável dependente é sempre dicotômica. Pode ser expressa por categorias como: sim/não, masculino/feminino, maior/menor ou mais alto/mais baixo.

Além da possibilidade de utilização com variáveis não métricas, a regressão logística não está submetida a suposições rígidas, como ocorre com a regressão múltipla. Ela não requer a observância da distribuição normal da variável independente. Embora tenha como requisitos também a inexistência de correlação de multicolinearidade perfeita entre as variáveis independentes. Considerando, ainda, que seu cálculo é operacionalmente simples e os resultados obtidos são de fácil compreensão, a regressão logística torna-se uma das principais técnicas disponíveis para a análise multivariada no campo das ciências sociais.

17.4.3 Análise fatorial

Análise fatorial é o nome genérico dado a um conjunto de técnicas estatísticas multivariadas que têm como propósito definir a estrutura subjacente em uma matriz de dados. A análise fatorial trata, pois, da estrutura das correlações entre um grande número de variáveis. Mediante sua utilização, o pesquisador pode primeiramente identificar as dimensões separadas da estrutura e a seguir determinar o grau em que cada variável é explicada por cada dimensão. Assim, a análise fatorial presta-se a duas finalidades: resumo e redução dos dados. O resumo é obtido mediante a identificação de dimensões latentes capazes de descrever os dados num número bem menor de conceitos do que as variáveis originais. A redução, por sua vez, é obtida mediante o cálculo de escores para cada dimensão e a substituição das variáveis originais.

Há dois modelos básicos de análise fatorial: a análise de componentes principais e a análise fatorial comum. A **análise de componentes principais** tem como objetivo principal a obtenção de um pequeno número de combinações lineares (componentes principais) de um conjunto de variáveis que retenham o máximo possível da informação contida nas variáveis originais. A **análise fatorial comum**, por sua vez, tem como objetivo descrever a variabilidade original de um vetor aleatório em termos de um número menor de variáveis aleatórias, denominadas fatores comuns.

Embora os pacotes estatísticos como o SPSS possibilitem a realização dos cálculos requeridos com facilidade, a análise fatorial é uma técnica relativamente complexa que exige dos pesquisadores uma série de decisões para que se possa obter uma estrutura fatorial adequada. Essas decisões, por sua vez, precisam estar fundamentadas em arcabouço teórico e metodológico adequado. A análise fatorial não pode ser utilizada com propósitos cosméticos.

17.4.4 Modelagem de equações estruturais

O termo *modelagem de equações estruturais* designa não apenas uma técnica, mas uma família de modelos que buscam explicar as relações entre múltiplas variáveis, que é também conhecida por outros nomes, como: análise de caminhos (*path analysis*), análise de estrutura de covariância, análise de variáveis latentes, análise fatorial confirmatória e análise LISREL. Valendo-se de uma combinação das técnicas de regressão múltipla e de análise fatorial, a modelagem de equações estruturais, caracteriza-se:

1) Pela estimação de múltiplas e inter-relacionadas relações de dependência.
2) Habilidade para representar conceitos não observados nessas relações e explicar erros de mensuração no processo de estimação (HAIR *et al.*, 2005).

A modelagem de equações estruturais tem como propósito fundamental a especificação e estimação de modelos de relações entre variáveis. Esses modelos podem incluir tanto variáveis mensuráveis quanto variáveis latentes. Trata-se, portanto, de uma técnica de modelagem que se distingue dos modelos clássicos de análise que utilizam apenas variáveis observadas. Distingue-se também das técnicas multivariadas mais conhecidas – como a regressão múltipla e a análise fatorial – por permitir o exame concomitante de múltiplas relações de dependência entre variáveis. Com efeito, essa técnica permite que uma variável dependente em uma etapa do modelo se torne uma variável independente nas relações subsequentes de dependência.

Graças à utilização de softwares como o LISREL, a operacionalização da modelagem de equações estruturais pode ser efetivada sem maiores dificuldades. Sua adequada aplicação na pesquisa requer, no entanto, a especificação prévia de um modelo teórico constituído por um conjunto de variáveis inter-relacionadas capazes de propor uma explicação consistente e abrangente de um fenômeno. Daí a necessidade de considerar que a modelagem de equações estruturais é um método confirmatório, orientado mais por teoria do que por resultados empíricos (HAIR *et al.*, 2005).

17.5 Avaliação da significância dos dados

Os dados obtidos nas pesquisas sociais referem-se, na maioria dos casos, a amostras. Todavia, o interesse dos pesquisadores é generalizar os resultados para toda a população de onde foi selecionada a amostra. Suponha-se, por exemplo, que tenham sido pesquisadas amostras de pessoas oriundas das zonas rural e urbana e que os resultados indiquem diferenças quanto à preferência político-partidária dos dois grupos de pessoas. É o caso de se perguntar se as diferenças verificadas refletem diferenças reais entre pessoas do meio urbano e rural, ou se são produtos do acaso. Para se responder a essa questão e a outras tantas da mesma natureza procede-se ao teste de hipóteses.

No teste de uma hipótese, procura-se verificar a existência de diferenças reais entre as populações representadas pelas amostras. É provável, porém, que em muitos casos as diferenças observadas entre duas amostras difiram da situação real da população que representam. Para verificar qual a probabilidade de que as diferenças entre duas amostras tenham sido devidas ao acaso, foram criadas várias técnicas estatísticas conhecidas como testes de significância.

Para a aplicação de um teste de significância, o primeiro procedimento a ser adotado é o da construção da hipótese nula (Ho), que afirma não haver diferenças entre as populações representadas nas amostras pesquisadas. No exemplo citado, a hipótese nula seria a seguinte: "os habitantes da zona rural e da zona urbana não diferem quanto à preferência político-partidária".

A hipótese nula é construída com o objetivo expresso de ser rejeitada. Contudo, ao ser rejeitada, existe alguma probabilidade de que se esteja errado ao fazê-lo. Quando isso acontece, ou seja, quando a hipótese nula é rejeitada e na realidade é certa, ocorre o que os estatísticos chamam de erro de Tipo I. Por outro lado, ao se aceitar a hipótese nula, existe igualmente a probabilidade de que esta seja falsa. Nesse caso ocorre o chamado erro de Tipo II.

O risco de cometer o erro de Tipo I é determinado pelo nível de significância (α) aceito no teste. Os valores mais comuns são 0,05 e 0,01. Quando se adota $\alpha = 0,05$, isto significa que a probabilidade de ocorrência do erro de Tipo I é de 5%. Quando, por sua vez, se adota $\alpha = 0,01$, significa que a probabilidade de ocorrência do erro de Tipo I é de 1%. Exemplificando: se numa pesquisa a preferência político-partidária de uma população varia em função de sua origem rural ou urbana e for adotado $\alpha = 0,05$, isto quer dizer que a diferença observada entre os dois grupos deveria ser esperada, por acaso, não mais do que cinco vezes em 100.

Análise de dados quantitativos

Existem muitos testes de significância. Assim como ocorre com os testes de correlação, sua adequada aplicação depende de fatores como o conhecimento prévio do tipo de distribuição, do nível de mensuração alcançado e do formato das tabelas. Também podem ser classificados em paramétricos e não paramétricos.

Os testes paramétricos só podem ser utilizados com eficácia quando se sabe previamente que a distribuição dos dados é do tipo normal. Para outras distribuições utilizam-se testes não paramétricos. Torna-se necessário, portanto, verificar se os valores da amostra podem ser razoavelmente considerados como provenientes de uma população normalmente distribuída, o que pode ser feito mediante a utilização de testes como do Kolmogorov-Smirnoff.

O teste de significância mais utilizado quando a distribuição é normal é o Teste z, que só pode ser utilizado quando as variáveis são intervalares e a amostra apresentar mais de 30 elementos. Para amostras menores recomenda-se o Teste t, também conhecido como t de Student.

Quando a distribuição não é normal, podem ser utilizados testes não paramétricos. Esses testes não requerem a especificação de condições sobre os parâmetros da população da qual se extraiu a amostra. Além disso, podem ser aplicados a variáveis ordinais ou mesmo nominais. Dentre os principais testes não paramétricos estão: Teste do x^2, Teste de McNemar, Teste exato de Fisher, Teste de Wilcoxon, Teste U de Mann-Withney e Teste de Kruskal-Wallis. A adequada aplicação de cada um deles depende de características da amostra e do nível de mensuração das variáveis envolvidas.

Uma explicação detalhada acerca da aplicabilidade de cada um desses testes também está fora dos objetivos deste livro. Por essa razão, a explicação em detalhes é restrita a um único teste: o x^2, que é aplicável a escalas nominais e ordinais. Nesse teste, as frequências observadas empiricamente são comparadas com as frequências esperadas na ocorrência da hipótese nula. O cálculo das frequências esperadas pode ser feito da seguinte maneira:

$$\text{Frequência de cada campo} = \frac{\text{Total da linha correspondente} \times \text{Total da coluna correspondente}}{\text{Tamanho da amostra}}$$

Suponha-se a distribuição apresentada na Tabela 17.7.

Tabela 17.7 Origem rural e urbana e preferência político-partidária

Origem / Preferência político-partidária	Partidos liberais	Partidos conservadores	Total
Urbana	120	80	200
Rural	60	140	200
Total	180	220	400

As frequências esperadas seriam as seguintes:

para a casa a: $\dfrac{200 \times 180}{400} = 90$

para a casa b: $\dfrac{200 \times 220}{400} = 110$

para a casa c: $\dfrac{200 \times 180}{400} = 90$

para a casa d: $\dfrac{200 \times 220}{400} = 110$

Daí aplica-se o x^2, cuja fórmula é:

$$X^2 = \sum_{i=1}^{n} \frac{(o_i - e_i)^2}{e_i}$$

em que: o = frequências observadas
e = frequências esperadas

Tem-se, portanto:

$$x^2 = \frac{(120-90)^2}{90} + \frac{(80-110)^2}{110} + \frac{(60-90)^2}{90} + \frac{(140-110)^2}{110} = 36,36$$

Agora, procura-se determinar o nível de significância. Antes, porém, torna-se necessário identificar os números de graus de liberdade da tabela, o que é dado pela fórmula:

$$GL = (\text{n}^{\underline{o}} \text{ de linhas} - 1)(\text{n}^{\underline{o}} \text{ de colunas} - 1)$$

No caso, $GL = (2-1)(2-1) = 1$

Passa-se agora à Tabela 17.8 para determinação do nível de significância. Localiza-se a linha com os graus de liberdade correspondentes (neste caso, a primeira) e verifica-se que o valor da tabela é superior ao valor encontrado de x^2.

No exemplo, tem-se <0,001. Isso significa que a relação entre preferência político-partidária e origem da população pode ser considerada não casual com uma certeza de 99,9%.

O teste do x^2, como se pode verificar, é bastante simples. Todavia, apresenta limitações. Uma das mais sérias refere-se às frequências esperadas em cada uma das casas. Tanto é que não se recomenda sua aplicação quando em alguma das casas surgir um valor esperado inferior a 5.

17.6 Interpretação dos dados

Classicamente, a interpretação dos dados é entendida como um processo que sucede à sua análise. Mas esses dois processos estão intimamente relacionados. Nas pesquisas

Análise de dados quantitativos

Tabela 17.8 Distribuição de χ^2

α g.l.	0.995	0.990	0.975	0.950	0.900	0.750	0.500	0.250	0.100	0.050	0.025	0.010	0.005
1	.0000	.0002	.0010	.0038	.0158	.102	.455	1.32	2.71	3.84	5.02	6.63	7.88
2	.0100	.0001	.0506	.103	.211	.575	1.39	2.77	4.61	5.99	7.38	9.21	10.6
3	.0717	.115	.216	.352	.584	1.021	2.37	4.11	6.25	7.81	9.25	11.3	12.8
4	.207	.297	.484	.711	1.06	1.92	3.36	5.39	7.78	9.49	11.1	13.3	14.9
5	.412	.554	.831	1.15	1.61	2.67	4.35	6.63	9.24	11.1	12.8	15.1	16.7
6	.676	.872	1.24	1.64	2.20	3.45	5.35	7.84	10.6	12.6	14.4	16.8	18.5
7	.989	1.24	1.69	2.17	2.83	4.25	6.35	9.04	12.0	14.1	16.0	18.5	20.3
8	1.34	1.65	2.18	2.73	3.49	5.07	7.34	10.2	13.4	15.5	17.5	20.1	22.0
9	1.73	2.09	2.70	3.33	4.17	5.90	8.34	11.4	14.7	16.9	19.0	21.7	23.6
10	2.16	2.56	3.25	3.94	4.87	6.74	9.34	12.5	16.0	18.3	20.5	23.2	25.2
11	2.60	3.05	3.82	4.57	5.58	7.58	10.3	13.7	17.3	19.7	21.9	24.7	26.8
12	3.07	3.57	4.40	5.23	6.30	8.44	11.3	14.8	18.5	21.0	23.3	26.2	28.3
13	3.57	4.11	5.01	5.89	7.04	9.30	12.3	16.0	19.8	22.4	24.7	27.7	29.8
14	4.07	4.66	5.63	6.57	7.79	10.2	13.3	17.1	21.1	23.7	26.1	29.1	31.3
15	4.60	5.23	6.23	7.26	8.55	11.0	14.3	18.2	22.3	25.0	27.5	30.6	32.8
16	5.14	5.80	6.91	7.96	8.31	11.9	15.3	19.4	23.5	26.3	28.4	32.0	34.3
17	5.70	6.41	7.56	8.67	10.1	12.8	16.3	20.5	24.8	27.6	30.2	33.4	35.7
18	6.26	7.01	8.23	9.39	10.9	13.7	17.3	21.6	26.0	28.9	31.5	34.8	37.2
19	6.84	7.63	8.91	10.1	11.7	14.6	18.3	22.7	27.2	30.1	32.9	36.2	38.6
20	7.43	8.26	9.59	10.9	12.4	15.5	19.3	23.8	28.4	31.4	34.2	37.6	40.0
21	8.03	8.90	10.3	11.6	13.2	16.3	20.3	24.9	29.6	32.7	35.5	38.9	41.4
22	8.64	9.54	11.0	12.3	14.0	17.2	21.3	26.0	30.8	33.9	36.8	40.5	42.8
23	9.26	10.2	11.7	13.1	14.8	18.1	22.3	27.1	32.0	35.2	38.1	41.6	44.2
24	9.89	10.9	12.4	13.8	15.7	19.0	23.3	28.2	33.1	36.4	39.4	43.0	45.6
25	10.5	11.5	13.1	14.6	16.5	19.9	24.3	29.3	34.4	37.7	40.6	44.3	46.9
26	11.2	12.2	13.8	15.4	17.3	20.8	25.3	30.4	35.6	38.9	41.9	45.6	48.3
27	11.8	12.9	14.6	16.2	18.1	21.7	26.3	31.5	36.7	40.1	43.2	47.0	49.6
28	12.5	13.6	15.3	16.9	18.9	22.7	27.3	32.6	37.9	41.3	44.5	48.3	51.0
29	13.1	14.3	16.0	17.7	19.8	23.6	28.3	33.7	39.1	42.6	45.7	49.6	52.5
30	13.8	15.0	16.8	18.5	20.6	24.5	29.3	34.8	40.3	43.8	47.0	50.9	53.7

qualitativas, especialmente, não há como separar os dois processos. Por essa razão é que muitos relatórios de pesquisa não contemplam seções separadas para tratar dos dois processos.

Como foi lembrado no início do capítulo, o que se procura na interpretação é a obtenção de um sentido mais amplo para os dados analisados, o que se faz mediante sua ligação com conhecimentos disponíveis, derivados principalmente de teorias. Ligação essa que precisa estabelecer-se de forma harmônica. Wright Mills, num interessante trabalho elaborado em 1959, identificou duas posturas adotadas por sociólogos norte-americanos: a dos que supervalorizavam os dados empiricamente obtidos ("empirismo abstrato") e a dos que se perdiam em construções teóricas ("grandes teorias"). Poder-se-ia dizer que os primeiros estacionavam na análise dos dados e os últimos rigorosamente não a praticavam. E parece que apesar do tempo decorrido desde a apreciação de Mills, ainda podem ser encontrados trabalhos que indicam a desarmonia entre os dados empíricos e a teoria.

Não se pode negar que os procedimentos estatísticos são muito úteis e devem, sempre que possível, ser utilizados nas pesquisas sociais. Pode-se até mesmo dizer que algumas disciplinas só alcançaram o *status* de ciência graças à utilização de métodos estatísticos. Além disso, não há por que temer a utilização dos métodos estatísticos, pois graças ao desenvolvimento de programas eletrônicos torna-se possível hoje eliminar muitas das tarefas ingratas a que se tinham que se submeter os pesquisadores que apenas há algumas décadas decidiam-se pela realização de pesquisas quantitativas. E também é importante considerar que os relatos de pesquisas em que foram utilizados procedimentos estatísticos são muito valorizados pelos editores de periódicos científicos, apresentando, muitas vezes, maior chance de serem aceitos para publicação.

Mas a crença cega nos resultados estatísticos pode comprometer seriamente os resultados. Para interpretar os resultados, o pesquisador precisa ir além da leitura dos dados, com vistas a integrá-los num universo mais amplo em que poderão ter algum sentido. Esse universo é o dos fundamentos teóricos da pesquisa e o dos conhecimentos já acumulados em torno das questões abordadas. Daí a importância da revisão da literatura, ainda na etapa do planejamento da pesquisa. Essa bagagem de informações, que contribuiu para o pesquisador formular e delimitar o problema e construir as hipóteses, é que o auxilia na etapa de análise e interpretação para conferir significado aos dados. Mediante o auxílio de uma teoria pode-se verificar que por trás dos dados existe uma série complexa de informações, um grupo de suposições sobre o efeito dos fatores sociais no comportamento e um sistema de proposições sobre a atuação de cada grupo. Assim, as teorias constituem elemento fundamental para o estabelecimento de generalizações empíricas e sistemas de relações entre proposições.

Mas é necessário que as teorias que dão fundamentação à pesquisa sejam sustentáveis. Nem tudo o que é apresentado como teoria constitui de fato uma teoria. Tanto é que na linguagem cotidiana o conceito de teoria muitas vezes é identificado como especulação, opinião ou conjectura. A teoria que interessa à pesquisa científica é a que constitui um sistema dedutivo em que as consequências observáveis derivam logicamente da conjugação de fatos observados com o grupo de hipóteses

Análise de dados quantitativos

fundamentais do sistema (BRAITHWAITE, 1953). Quando, pois, a interpretação dos dados se apoia em teorias suficientemente confirmadas, "lançam-se raios de luz no obscuro caos dos materiais" (MERTON, 1970, p. 102). Mas quando as teorias não apresentam mais do que um ligeiro grau de comprovação, as explicações que se seguem produzem uma falsa sensação de adequação à realidade, o que pode servir para inibir a realização de investigações apropriadas.

Isto não significa, no entanto, que só possam ser utilizadas no processo de interpretação as grandes teorias. Até mesmo porque a tradicional imaturidade das ciências sociais, constatada por Weber, não favorece a construção de teorias com amplo poder explicativo, o que contribui para valorizar as teorias de alcance médio, propostas por Merton (1964), bem como as teorias substantivas, que emergem dos dados e explicam não uma realidade absoluta, mas uma realidade construída pelos sujeitos (GLASER, STRAUSS, 1967).

Exercícios e trabalhos práticos

1. Aplique um questionário com algumas perguntas abertas referentes a determinado tema. A seguir, estabeleça categorias que sejam suficientes para incluir todas as respostas apresentadas.
2. Localize um questionário que apresente perguntas predominantemente fechadas e procure estabelecer previamente os códigos para as respostas.
3. Analise as hipóteses apresentadas em alguns relatórios de pesquisa. Procure identificar os procedimentos estatísticos mais adequados para seu teste.
4. Localize algumas tabelas que apresentem dados cruzados, organizados em poucas categorias, e teste a sua significância.
5. Localize alguns relatórios de pesquisa. Procure identificar a utilização de teorias na análise e interpretação dos dados.

18

RELATÓRIO DA PESQUISA

A última etapa do processo de pesquisa é a redação do relatório. Embora algumas vezes desconsiderado, mesmo nos meios científicos, o relatório é absolutamente indispensável, posto que nenhum resultado obtido na pesquisa terá valor se não puder ser comunicado aos outros. É bem verdade que as habilidades para o desenvolvimento desta etapa diferem daquelas requeridas nas etapas anteriores. Entretanto, a comunicação dos resultados da pesquisa é de responsabilidade do pesquisador e como tal deve receber atenção semelhante à das demais etapas da pesquisa.

Tendo em vista a importância do relatório de pesquisa, dedica-se este capítulo à sua redação. Assim, após estudá-lo cuidadosamente, você será capaz de:

- Reconhecer as finalidades e a importância do relatório de pesquisa.
- Estruturar o texto do relatório.
- Reconhecer o estilo adequado para a redação do relatório de pesquisa.
- Utilizar normas da ABNT referentes à elaboração de relatórios de pesquisa.

18.1 Considerações básicas

Embora constituindo por definição a finalização do processo de pesquisa, o relatório pode servir a diferentes propósitos. Um relatório pode se tornar adequado para determinado propósito e inadequado para outro. Torna-se necessário, portanto, que o pesquisador, antes de iniciar sua redação, faça considerações acerca do público a que é dirigido, de sua extensão e forma de apresentação, entre outros aspectos.

Como todo e qualquer instrumento destinado à comunicação, o relatório de pesquisa deve considerar o público a ser atingido. Muitos pesquisadores elaboram relatórios como se fossem destinados a si próprios. Nesses casos, o relatório apresenta pouco valor como instrumento de comunicação.

O pesquisador precisa ter em mente as características do público a que se destina o relatório. Um relatório destinado a pesquisadores deverá ser bastante diferente de outro destinado ao público em geral. Ambos deverão ainda ser diferentes de um relatório apresentado a dirigentes de empresa, de órgãos públicos ou de organizações não governamentais. Relatórios apresentados a pesquisadores requerem considerações acerca do conhecimento científico existente, linguagem técnica e ênfase em determinados pontos. Já relatórios dirigidos a pessoas que podem ter interesse na utilização de seus resultados, devem enfatizar as contribuições sociais, econômicas e práticas do trabalho.

O pesquisador precisa decidir também acerca da extensão do relatório, que pode variar significativamente, conforme a finalidade da pesquisa. Se foi realizada com o propósito de levar à obtenção de um título acadêmico, como o de mestre ou de doutor, terá certamente uma quantidade de páginas bem maior. São comuns teses de doutorado com mais de 200 páginas. Não há como definir o número adequado de páginas, mas recomenda-se que não haja exageros. Se um trabalho de pesquisa puder ser apresentado satisfatoriamente em um relatório que não exceda o limite de 100 páginas, não há porque ampliar esse número.

A forma mais comum de apresentação dos resultados de uma pesquisa é a de um artigo para ser publicado em periódico científico. Nesse caso é preciso atentar para as normas de publicação do periódico, que geralmente estabelecem o número mínimo e o máximo de páginas. A despeito, porém, das diferenças, a maioria dos periódicos no campo das ciências sociais definem um número próximo de 20 páginas. Outras formas de apresentação são as comunicações em eventos científicos e os livros. As comunicações em eventos, que podem ser orais ou escritas, caracterizam-se pela brevidade. Quando apresentadas sob a forma de pôster, sua extensão é de aproximadamente 500 palavras. Quando apresentadas sob a forma de resumo expandido, costuma ter de três a cinco páginas.

Qualquer que seja, no entanto, o formato do relatório, deve ser elaborado levando em consideração princípios e normas referentes à estrutura do texto, ao estilo de redação e à apresentação gráfica.

18.2 Estrutura do texto

O relatório de pesquisa deve conter informações suficientes para esclarecer acerca da natureza do problema pesquisado e dos resultados. Deve, ainda, indicar os procedimentos adotados para coleta e análise dos dados, bem como informar acerca das fontes compulsadas. Para facilitar sua leitura e análise, sugere-se que o relatório seja subdividido em partes: 1) Introdução; 2) Revisão da literatura; 3) Método; 4) Análise e discussão e 5) Conclusões e sugestões.

18.2.1 Introdução

O relatório inicia-se com uma introdução, que tem por finalidade despertar a atenção do leitor para os tópicos abordados. Inicia-se geralmente com o esclarecimento da necessidade de investigação do tema proposto. Assim, recomenda-se que o tema seja contextualizado e problematizado. O que implica sua inserção em um contexto suficientemente amplo para apontar as razões que determinaram sua investigação, bem como a situação do conhecimento disponível sobre o problema.

Também nesta seção procede-se à apresentação dos objetivos da pesquisa em termos claros e precisos. Recomenda-se, portanto, que em sua redação sejam utilizados verbos de ação, como *identificar, verificar, descrever, analisar* e *avaliar*. É possível em algumas pesquisas definir objetivos gerais e específicos. Quando a pesquisa envolver hipóteses, é necessário deixar explícitas as relações que se acredita existir entre as variáveis.

Cabe também na Introdução apresentar a justificativa da realização da pesquisa, que poderá incluir: (1) fatores que determinaram a escolha do tema, sua relação com a experiência profissional ou acadêmica do autor, assim como sua vinculação à área temática ou linha da pesquisa do curso de pós-graduação, quando for o caso; (2) argumentos relativos à importância da pesquisa do ponto de vista teórico, metodológico ou empírico; (3) referência a sua possível contribuição para o conhecimento de alguma questão teórica ou prática ainda não solvida.

18.2.2 Revisão da literatura

Esta seção é destinada ao estabelecimento de um sistema conceitual adequado para o esclarecimento dos sentidos atribuídos aos termos técnicos utilizados e à apresentação dos supostos teóricos e metodológicos que orientaram a pesquisa. Destina-se também à apresentação do "estado da arte", ou seja, do estágio atual de conhecimento acerca da questão. O que implica a análise das contribuições teóricas e das investigações empíricas já efetuadas nesse campo. Cabe ressaltar que a revisão da literatura não é constituída apenas por referências ou sínteses do relato de estudos, mas pela discussão crítica das obras citadas.

18.2.3 Método

Esta seção é dedicada ao esclarecimento dos procedimentos metodológicos adotados na investigação. Assim, deve tratar, inicialmente, da natureza da pesquisa. Deve, portanto, esclarecer se é exploratória, descritiva ou explicativa. Deve esclarecer também acerca do delineamento adotado (pesquisa experimental, levantamento de campo, estudo de caso etc.).

Cabe também nesta seção esclarecer acerca das técnicas de coleta de dados. Se a coleta de dados foi realizada mediante questionários ou entrevistas, que questões foram apresentadas? (O questionário completo ou o roteiro da entrevista pode ser colocado num apêndice.) Se foram utilizadas entrevistas, que tipo de treinamento receberam os entrevistadores?

Nas pesquisas quantitativas, como experimentos e levantamentos de campo é necessário informar como que foram operacionalizadas as variáveis. Por exemplo, indicando as perguntas que foram feitas para mensurar conceitos, ou esclarecendo os procedimentos adotados na construção de escalas.

Também é necessário informar acerca da amostra. É preciso indicar o tipo de amostragem (aleatória, estratificada, por tipicidade etc.), sua extensão e os procedimentos adotados para selecionar seus elementos. Essas perguntas são imprescindíveis para que o leitor possa avaliar as possibilidades de generalização dos resultados.

É necessário, ainda, fornecer Informações acerca das técnicas utilizadas para análise dos dados. Nas pesquisas quantitativas é preciso indicar o nível de análise dos dados (univariada, bivariada, multivariada). Devem ser apresentados os testes estatísticos que foram aplicados (correlação, regressão etc.), com a indicação do nível de confiança aceito.

18.2.4 Apresentação, análise e discussão dos resultados

Esta é a parte central do relatório. De modo geral é a mais extensa e pode vir subdividida em vários capítulos, conforme a quantidade e a complexidade dos dados obtidos. Esta seção, que também é designada como corpo ou desenvolvimento, envolve a apresentação dos dados, sua análise e discussão.

Nas pesquisas quantitativas a apresentação dos dados geralmente é feita mediante tabelas e gráficos. A análise, por sua vez, é feita mediante textos que lhes conferem significado. Já nas pesquisas qualitativas a apresentação dos dados geralmente ocorre mediante exaustivas descrições originadas da transcrição de entrevistas ou de notas de campo, que, por sua vez, podem ser esclarecidos com o auxílio de quadros ou diagramas.

A discussão dos resultados, por fim, ocorre mediante o cotejo dos resultados obtidos na pesquisa com resultados de outros estudos ou com considerações de natureza teórica. Convêm, portanto, ressaltar que tanto os autores das formulações teóricas quanto dos estudos empíricos considerados devem ser devidamente citados, para evitar acusações de plágio. Mesmo que a contribuição de outros autores não tenha sido apresentada literalmente, a indicação da autoria das ideias deve ocorrer; observando, para tanto, as normas de citação definidas pela ABNT.

18.2.5 Conclusões e sugestões

As conclusões constituem o ponto terminal da pesquisa, para o qual convergem todos os passos desenvolvidos ao longo de seu processo. Sua finalidade básica é ressaltar o alcance e as consequências dos resultados obtidos, bem como indicar o que pode ser feito para torná-los mais significativos.

As conclusões devem derivar naturalmente da interpretação dos dados. Para bem servir às suas finalidades devem ser breves, mas suficientes para representar "a súmula em que os argumentos, conceitos, fatos, hipóteses, teorias, modelos se unem e se completam (TRUJILLO FERRARI, 1982: 295).

Convém ainda nesta parte indicar as questões que não puderam ser respondidas pela pesquisa, bem como as questões que surgiram com o seu desenvolvimento, seguidas de sugestões quanto a pesquisas futuras que possam respondê-las.

18.3 Estilo do relatório

O relatório de pesquisa deve apresentar certas qualidades no referente ao estilo. As mais importantes são: impessoalidade, objetividade, clareza, precisão e concisão. Pode-se esperar, também, que o relatório apresente estilo agradável do ponto de vista literário. Isto, porém, representa um acréscimo, já que o pesquisador não tem a obrigação de possuir um estilo elegante a ponto de despertar a admiração do leitor. Entretanto, nada justifica um estilo obscuro ou complexo, caracterizado por frases longas, termos imprecisos e subjetivismos.

18.3.1 Impessoalidade

O relatório deve ter caráter impessoal. Convém, para tanto, que seja redigido na terceira pessoa. Referências pessoais, como "meu trabalho", "meu estudo" e "minha tese" devem ser evitadas. São preferíveis expressões como "este trabalho", "o presente estudo" etc. Cabe considerar, porém, que nas pesquisas qualitativas é frequente a inobservância desse requisito. Como nessas pesquisas é usual a adoção da perspectiva interpretativista, seus autores sentem-se à vontade para expressar sua participação na pesquisa.

18.3.2 Clareza

As ideias devem ser apresentadas sem ambiguidade, para não originar interpretações diversas. Deve-se utilizar vocabulário adequado, sem verbosidade, sem expressões com duplo sentido e evitar palavras supérfluas, repetições e detalhes prolixos.

18.3.3 Objetividade

O texto deve ser escrito em linguagem que represente de maneira fiel os objetos de estudo. Deve ser o resultado de observação imparcial e apoiar-se, consequentemente, em dados e provas, não em considerações pessoais.

18.3.4 Precisão

Cada expressão deve traduzir com exatidão o que se quer transmitir, em especial no que se refere a registros de observações, medições e análises. Deve-se, portanto, indicar como, quando e onde os dados foram obtidos. Convém, ainda, evitar o uso de adjetivos que não indiquem claramente a proporção dos objetos, tais como: pequeno, médio e grande, bem como expressões do tipo: quase todos, uma boa parte etc. Convêm, também, evitar o uso de advérbios que não explicitem exatamente o tempo, o modo e o lugar, como recentemente, antigamente, lentamente, algures, alhures e provavelmente.

18.3.5 Concisão

As frases constantes do relatório devem ser simples. As ideias devem ser expostas com poucas palavras. Convém, portanto, que cada frase contenha uma única ideia, mas que a envolva completamente. Períodos longos, abrangendo várias orações subordinadas, dificultam a compreensão e tornam pesada a leitura. Não se deve temer a multiplicação das frases, pois, à medida que isso ocorre, o leitor tem condições para estudar o texto sem maiores dificuldades.

18.3.6 Coerência

Um texto é considerado coerente quando as ideias estão expressas numa sequência lógica e ordenada. É necessário, portanto, que as frases, os parágrafos, as seções e os capítulos estejam articulados. As ideias básicas devem estar expressas na introdução, detalhadas no desenvolvimento e retomadas na conclusão.

18.4 Aspectos gráficos do texto

Os aspectos gráficos relacionam-se com a aparência do texto. São importantes porque contribuem para a legibilidade do texto. Os principais aspectos são normatizados pela ABNT, pelas normas: NBR 10520 (Citações), NBR 6023 (Referências), NBR 6027 (Sumário), NBR 6028 (Resumo e Abstract), NBR 6024 (numeração das partes de um documento) e 6034 (Elaboração de índices).

Os principais aspectos vêm apresentados a seguir.

18.4.1 Digitação e paginação

O texto deve ser digitado em papel branco formato A4 (21 × 29,7 cm), utilizando-se apenas um dos lados do papel e observando-se espaço 2 ou 3 entre as linhas. Nas passagens de parágrafos, pode-se ampliar esse espaço. Nas margens devem ser observados os espaços: 3 cm para a superior e à esquerda e 2 cm para a inferior e à direita.

No início do parágrafo deixa-se um espaço de 10 toques. Deve-se evitar o estilo americano que alinha todo o texto à esquerda, sem deixar o espaço do parágrafo. Para cada página deverá ser atribuído um número, mas a numeração deverá ser escrita somente a partir do sumário.

18.4.2 Organização das partes e titulação

O relatório de pesquisa deve ser organizado em seções numeradas progressivamente para proporcionar seu desenvolvimento claro e coerente e facilitar a localização de cada uma de suas partes. A primeira divisão do texto corresponde às seções primárias, denominadas capítulos. Cada capítulo, por sua vez, pode ser subdividido em seções secundárias, estas em terciárias, e assim por diante. Não se recomenda, porém, que a divisão do texto ultrapasse a seção quaternária.

Exemplo:
1   SEÇÃO PRIMÁRIA
1.1 Seções secundárias
1.2
1.3

1.1.1 Seções terciárias
1.1.2
1.1.3

1.1.1.1 Seções quaternárias
1.1.1.2
1.1.1.3

Os títulos das seções primárias, alinhados à esquerda, devem aparecer em caixa-alta (maiúsculas). Nos demais títulos, também alinhados à esquerda, apenas a primeira letra e as iniciais dos nomes próprios é que deverão ser escritas com caracteres maiúsculos.

18.4.3 Disposição do texto

A disposição do texto depende da natureza da pesquisa e da quantidade de informações a serem apresentadas. Em teses e monografias esta é a disposição mais usual: elementos preliminares, texto propriamente dito e elementos pós-textuais.

ELEMENTOS PRELIMINARES

Capa: constitui a proteção externa do trabalho e contém o nome do autor, título, local de publicação e ano.

Folha de rosto: contém os elementos essenciais para a identificação do trabalho: nome do autor, título, subtítulo (se houver), instituição à qual o trabalho é submetido e título pretendido, nome do orientador (quando houver), local e ano.

Dedicatória: homenagem ou dedicatória do trabalho a outras pessoas (opcional).

Agradecimentos: registro de agradecimento a pessoas ou instituições que contribuíram para a realização do trabalho (opcional).

Epígrafe: citação de um pensamento que embasou o trabalho (opcional).

Apresentação ou Prefácio: palavras de esclarecimentos, justificação ou apresentação do trabalho (opcional).

Lista de ilustrações: relação de tabelas, quadros, gráficos etc. constantes da obra. Pode ser subdividida em: lista de tabelas, lista de gráficos etc.

Resumo: apresentação concisa do conteúdo do trabalho, envolvendo: objetivos, métodos, principais resultados e conclusões. Deve ser composto de uma sequência de frases concisas e não deve ultrapassar o limite de 500 palavras.

***Abstract*:** versão do resumo para o inglês.

Sumário: enumeração das principais seções do trabalho, feita na ordem em que se sucedem no texto.

 TEXTO. O texto corresponde à apresentação e ao desenvolvimento do assunto abordado. Pode ser dividido em capítulos e seções. Independentemente da quantidade de capítulos, o texto deve apresentar as seguintes partes: introdução, corpo do trabalho e conclusões.

Na introdução define-se o problema da pesquisa, apresentam-se os seus objetivos e as razões da sua realização, bem como as relações existentes com outros trabalhos. Também pode-se apresentar nessa seção a metodologia utilizada, desde que o texto não seja muito extenso.

O desenvolvimento é a parte central do relatório, que deve ser subdividida em tantas seções e subseções quantas forem necessárias para o detalhamento da pesquisa. Pode-se, por exemplo, destinar seções específicas para: fundamentação teórica da pesquisa, revisão da literatura, descrição dos materiais e métodos, apresentação dos resultados e discussão dos resultados. Devem ser incluídas nessa parte todas as tabelas e figuras essenciais para a compreensão do texto.

Conclusões e sugestões constituem uma seção à parte, a qual deve finalizar a parte textual do relatório. Nela devem figurar clara, concisa e ordenadamente as deduções tiradas dos resultados do trabalho. Dados quantitativos não devem aparecer nas conclusões, nem tampouco resultados passíveis de discussão.

PÓS-LIMINARES OU PÓS-TEXTO

Anexos e/ou apêndices: material complementar ao texto, devendo ser incluído apenas quando imprescindível à sua compreensão. Devem ser identificados por letras maiúsculas consecutivas e seus respectivos títulos.

Referências bibliográficas: relação das fontes bibliográficas citadas no texto.

Glossário: vocabulário que fornece o significado de palavras ou expressões de significado pouco conhecido utilizadas no texto (opcional).

Índices: listas de entradas ordenadas que localizam e remetem para informações ou assuntos contidos no relatório.

18.4.4 Citações

As ideias de outros autores, quando inseridas no trabalho, devem ser indicadas com precisão para conferir maior autoridade ao texto. É, pois, indispensável que sejam mencionados os dados necessários à identificação da fonte da citação. Esses dados podem aparecer no texto, em nota de rodapé ou no fim do texto.

O procedimento mais utilizado é o da citação no próprio texto, que pode ser feita por meio de dois sistemas de chamada.

Um desses sistemas é o numérico, em que a numeração no texto é feita entre parênteses ou situada um pouco acima da linha do texto, colocada após a pontuação que fecha a citação. Por exemplo:

Afirma Max Weber: "A administração de um cargo moderno baseia-se em documentos escritos." (6)

De acordo com Marx: "O modo de produção na vida material determina o caráter geral dos processos social, político e espiritual da vida." (7)

Relatório da pesquisa

O outro é o sistema autor-data, em que a indicação da fonte é feita pelo sobrenome do autor, seguida da data de publicação do documento, separados por vírgula e entre parênteses. Por exemplo:

"A aldeia global pode ser uma metáfora ou uma realidade" (Ianni, 1995).

Quando for necessário especificar no texto a página da fonte consultada, esta deverá seguir a data, separada por vírgula e precedida de "p.". Por exemplo:

Rima (1987, p. 33) afirma que "a essência do sistema de mercado é a liberdade que se dá ao fator produção na busca de oportunidades de emprego mais lucrativas".

As citações curtas devem ser inseridas no texto entre aspas, como nos exemplos citados. Citações mais longas, porém, devem vir afastadas da margem e com tipo diferente de letra, preferencialmente itálico. Por exemplo:

As colônias de exploração tiveram grande importância em países como o Brasil. De acordo com Celso Waak Bueno (1989):

> *Essas colônias de exploração deram origem a regiões pobres, nos países em que estavam inseridas, ou a países pobres, naqueles em que prevaleceram. Elas tiveram grande importância no sul da América do Norte e na maior parte da América Latina, inclusive na maior parte do Brasil.*

18.4.5 Notas de rodapé

As notas de rodapé são muito úteis nos relatórios quando se pretende oferecer informações adicionais sem quebrar a continuidade do texto. Servem para a indicação de fontes e textos paralelos, para a transcrição de textos na língua original e, ainda, para proporcionar informações pertinentes.

As notas de rodapé devem estar separadas do corpo do texto da lauda por uma linha horizontal e figurar na própria página em que for feita a chamada, em caracteres menores do que os usados no texto. Devem ser reduzidas ao mínimo e aparecer em local tão próximo do texto quanto possível.

As passagens citadas ou documentadas no texto devem relacionar-se com as respectivas notas por meio de número de chamada colocada no final da citação ou chamada a ser documentada.

É recomendável que a primeira citação da fonte em rodapé seja feita por extenso e as seguintes utilizem as expressões latinas: *Idem* (o mesmo), *Ibidem* (no mesmo lugar), *Loco citato* (no lugar citado), ou *Opus citatum* (na obra citada), abreviadas para: *Id*, *Ibid.*, *Loc. cit.* e *Op. cit.*

18.4.6 Referências

As referências são essenciais ao relatório técnico-científico e devem ser relacionadas de acordo com o sistema utilizado para citação. Caso tenha sido utilizado o sistema numérico, as fontes deverão ser relacionadas de acordo com a ordem de citação no texto, caso tenha sido utilizado o sistema autor-data, de acordo com a ordem alfabética do nome dos autores.

Devem ser referenciadas apenas as fontes bibliográficas citadas no texto. Caso haja conveniência de referenciar material bibliográfico sem alusão explícita no texto, isso deve ser feito sob o título Bibliografia Recomendada.

A elaboração das referências bibliográficas deve ser feita em observância ao disposto na NBR 6023/2002 – norma definida pela Associação Brasileira de Normas Técnicas, que estabelece as condições pelas quais devem ser referenciadas as publicações mencionadas em livros, artigos científicos, teses, monografias e outros.

A seguir, são apresentados os procedimentos para referenciar livros e artigos publicados em periódicos, bem como oferecidos exemplos de referências que comumente aparecem em trabalhos científicos:

a) Livro de um único autor

Especificação e sequência dos elementos da referência:

autor (seguido de ponto e dois espaços);

título (em itálico, negrito ou sublinhado, seguido de ponto e dois espaços);

número da edição (dispensável quando se tratar da primeira, seguido de ponto, espaço, acrescido de "ed." e espaço);

local de publicação (seguido de dois-pontos);

editora (seguido de vírgula, sem constar "editora", "livraria" etc.);

ano de publicação (seguido de ponto);

número do volume (se for o caso).

Exemplo:

MEDEIROS, João Bosco; TOMASI, Carolina. *Redação de artigos científicos.* São Paulo: Atlas, 2016.

b) Livros com mais de um autor

Exemplo:

LAKATOS, Eva Maria; MARCONI, Marina de Andrade. *Técnicas de pesquisa.* 8. ed. São Paulo: Atlas, 2017.

c) Livros com mais de três autores

Quando houver mais de três autores, é possível acrescentar ao primeiro nome a expressão *et al.* (e outros).

Exemplo: HAIR, Jr., Joseph F. *et al. Análise multivariada de dados.* 5. ed. Porto Alegre: Bookman, 2005.

d) Livros de vários autores com um organizador

Exemplo:

RAMAL, Andrea (org.). *Educação corporativa*: fundamentos e gestão. Rio de Janeiro: LTC, 2012.

Relatório da pesquisa

e) Parte de um livro

MOREIRA, Sônia Virgínia. Análise documental como método e como técnica. *In*: DUARTE, Jorge; BARROS, Antonio (Orgs.). *Métodos e técnicas de pesquisa em comunicação*. São Paulo: Atlas, 2005.

f) Tese ou dissertação

Exemplo:

GIL, Anna Maria Vieira Pires. *A inteligência e a metáfora da flor*. Tese (Doutorado em Psicologia Social) – Instituto de Psicologia da Pontifícia Universidade Católica de São Paulo. São Paulo: PUC, 1994.

g) Artigo de periódico

Especificação e sequência dos elementos da referência:

autor (seguido de ponto e dois espaços);

título do artigo (sem aspas, nem itálico, nem negrito, nem sublinhado, em caixa-baixa, excetuando-se a primeira palavra do título e os nomes próprios, seguido de ponto e dois espaços);

título do periódico (em itálico, negrito ou sublinhado, seguido de vírgula e dois espaços);

local de publicação (seguido de vírgula);

número do volume (seguido de vírgula);

número do fascículo (seguido de vírgula);

número das páginas inicial e final do artigo (separado por hífen e seguido de vírgula);

mês(es), abreviado(s) (separado por barra transversal, ano, seguido de ponto);

nota indicativa do tipo de fascículo, quando houver (suplemento, número especial etc.).

Exemplo:

AZEVEDO, Celia Maria Machado de. A luta contra o racismo e a questão da identidade negra no Brasil. *Contemporânea. Revista de Sociologia da UFSCar*, v. 8, n. 1, p. 163-191, jan./jun. 2018.

h) Artigo de jornal – assinado

Exemplo:

BATISTA JR., Paulo Nogueira. Chile em transe. *Folha de S. Paulo*, São Paulo, 2 jul. 1998, p. 2-2.

i) Artigo de jornal – não assinado

Exemplo:

IRLANDA do Norte fecha acordo de paz histórico. *Folha de S. Paulo*, São Paulo, 11 abr. 1997, p. 1-10.

j) Obras de entidades coletivas

Exemplo:

UNIVERSIDADE ESTADUAL PAULISTA. Coordenação Geral de Bibliotecas e Editora Unesp. *Normas para publicações da Unesp*. São Paulo: Unesp, 1994. 4 v.

k) Trabalho apresentado em evento científico (congressos, simpósios, fóruns etc.)

Exemplo:

LACOMBE, Beatriz Maria Braga; KUBO, Edson Keyso de Miranda; OLIVA, Eduardo Camargo. Ética e RH, Papéis, Dilemas e Ações: Percepções de Profissionais da Área de RH. ENCONTRO DA ASSOCIAÇÃO *NACIONAL* DE PÓS-GRADUAÇÃO E PESQUISA EM ADMINISTRAÇÃO, 40, 2016, Costa do Sauípe.

Quando o documento for consultado *on-line*, devem ser acrescentados os seguintes dados: Disponível em: <endereço do site> e acesso em: dia – mês – ano. Por exemplo:

PIERUCCI, Antônio Flávio. Religião como solvente: uma aula. *Novos estudos – CEBRAP*, São Paulo, n. 75, 2006. Disponível em: <http://www.scielo.br/scielo>. Acesso em: 7 jan. 2007.

Há documentos que não estão disponíveis sob a forma impressa; são consultados exclusivamente por via eletrônica. São constituídos por: base de dados, livros eletrônicos, publicações seriadas, monografias, programas de computador e mensagens eletrônicas, entre outros. Eles podem se apresentar em vários suportes: *on-line*, quando acessados diretamente na internet, CD-ROM, fita magnética ou disquete. Nestes casos são considerados elementos essenciais: autor(es), título e subtítulo do serviço ou produto, indicações de responsabilidade e descrição do meio de suporte. No caso de documento *on-line*, requer-se, ainda, a indicação do endereço eletrônico e a data de acesso.

Seguem-se exemplos de referências de documentos eletrônicos:

a) Monografia considerada no todo

DOWBOR. Ladislau. *Redes de apoio ao empreendedorismo e tecnologias sociais*. São Paulo. 2004. Disponível em: <http://ppbr.com/ld/artigos.asp>. Acesso em: 20 fev. 2006.

b) Parte de monografia eletrônica

SOCIOMETRY. *In*: Encyclopaedia Britannica on line. Disponível em: <http://www.britannica.com/>. 2006. Acesso em: 20 fev. 2006.

c) Eventos

CONGRESSO BRASILEIRO DE BIOÉTICA, 3., 2000, Porto Alegre. *Anais eletrônicos*... Porto Alegre: UFRGS, 2000. Disponível em: <http://www.ufrgs.br/bioetica/conres.htm>. Acesso em: 3 mar. 2006.

Cabe lembrar que a ABNT recomenda que mensagens trocadas por *e-mail*, por serem de caráter pessoal, informal e efêmero, não sejam utilizadas como fonte científica ou técnica.

d) Artigo publicado em periódico científico

PAIM, Jairnilson S., ALMEIDA FILHO, Naomar. Saúde coletiva: uma nova "saúde pública" ou campo aberto a novos paradigmas. *Revista de Saúde Pública* (*on-line*),

Relatório da pesquisa

v. 32, n. 4, p. 299-316, 1998. Disponível em: <URL: http://www.fsp.usp.br>. Acesso em: 5 mar. 2005.

e) Artigo publicado em jornal

REIS, Fábio Wanderley. A sombra da vara torta. *Valor Econômico*, São Paulo. 5 fev. 2007. Disponível em: <http://www.valoronline.com.br/valoreconomico/285/colunistas.html>. Acesso em: 6 fev. 2007.

18.4.7 Tabelas

A maioria dos relatórios de pesquisa social requer a inclusão de tabelas para resumir ou sintetizar dados. Embora possam ser feitas por meio de programas específicos de computador, assumindo variadas formas de apresentação, convém lembrar que sua apresentação é normatizada pela Resolução nº 886, de 26 de outubro de 1968, da Fundação IBGE.

A tabela deve apresentar as seguintes partes:

Número e título: a numeração é feita de acordo com o sistema progressivo, e o primeiro dígito deverá corresponder ao número do capítulo. O título deve ser sucinto e informar acerca do fenômeno estudado, do local, da época em que ocorreu.

Corpo: corresponde ao conjunto de casas, formadas pelo cruzamento de linhas e colunas, contendo as frequências observadas.

Cabeçalho: é a linha que fica acima do corpo da tabela e tem por finalidade especificar o conteúdo das colunas.

Coluna indicadora: uma coluna à esquerda do corpo, que tem como finalidade especificar o que contêm as linhas.

No rodapé da tabela devem ser colocadas as notas explicativas referentes às fontes de dados, bem como as informações que não cabem na estrutura lógica da tabela e que são importantes para o entendimento dos dados apresentados.

As notas de rodapé devem ser identificadas por asteriscos. Quando os dados forem retirados de alguma publicação, deve-se mencionar sua autoria.

Exemplo:

Tabela 18.1 Distribuição dos psicólogos segundo a área de atuação*

Área	Nº
Industrial	45
Clínica	23
Escolar	3
Magistério Superior	3
Magistério de 2º Grau	1
Clínica e Magistério Superior	11

(continua)

Área	Nº
Clínica e Industrial	7
Clínica e Escolar	3
Industrial e Magistério Superior	4
Magistério Superior e Escolar	1
Clínica, Industrial e Magistério Superior	2
Total	103

***Fonte**: GIL, Antônio Carlos. *O psicólogo e sua ideologia*. Tese de Doutoramento. Fundação Escola de Sociologia e Política de São Paulo, 1982.

18.4.8 Figuras

O termo *figura* inclui desenhos, gráficos, mapas, esquemas, fotografias, fluxogramas, organogramas etc. As figuras são utilizadas para auxiliar visualmente na compreensão de conceitos complexos. Devem, portanto, ser utilizadas com parcimônia. Não convém, por exemplo, incluir um gráfico, quando este se refere a dados que já foram apresentados adequadamente em tabelas.

As figuras, assim como as tabelas, devem ser numeradas progressivamente em algarismos arábicos, e o primeiro dígito da numeração deverá corresponder ao número do capítulo. Geralmente, não é feita distinção entre seus diferentes tipos. Pode-se, no entanto, atribuir numeração individualizada para cada tipo de figura.

As legendas das figuras devem ser breves e claras, dispensando consulta ao texto. Devem ser localizadas logo abaixo das figuras, precedidas da palavra figura e do número de ordem. Caso os dados tenham sido extraídos de alguma publicação, da mesma forma que para as tabelas, a fonte deve ser citada. Neste caso, a fonte deve ser indicada logo abaixo da figura, acima da legenda.

Exercícios e trabalhos práticos

1. Leia atentamente um artigo publicado em periódico científico e proceda à análise crítica de seu estilo, considerando os critérios de impessoalidade, objetividade, clareza, precisão, coerência e concisão.
2. Examine o Sumário de uma monografia de conclusão de curso, dissertação ou tese e verifique se o texto está organizado segundo as normas de apresentação de trabalhos científicos.
3. Selecione alguns livros e artigos publicados em periódicos científicos e elabore fichas com suas referências bibliográficas.
4. Examine tabelas constantes de dissertações e teses e verifique a adequação de seus títulos, considerando que devem informar acerca do fenômeno estudado, da época e do local onde ocorreu.

BIBLIOGRAFIA

ALLPORT, Gordon W. Attitudes. In: *A handbook of social psychology*. Worcester: Clark University Press, 1935, p. 798-884.

ANGELL, Robert C.; FREEDMAN, Ronald. Utilização de documentos, arquivos, dados censitários e índices. In: FESTINGER, L.; KATZ, D. *A pesquisa na psicologia social*. Rio de Janeiro: Fundação Getulio Vargas, 1974.

ANGROSINO, Michael V. *Naturalistic observation*. New York: Routledge, 2007.

ASSOCIAÇÃO BRASILEIRA DE EMPRESAS DE PESQUISA (ABEP). *Critério de Classificação Econômica Brasil*. São Paulo: ABEP, 2016. Disponível em: http://www.abep.org/criterio-brasil. Acesso em: 15 out. 2018.

ASSOCIAÇÃO BRASILEIRA DE NORMAS TÉCNICAS (ABNT). *Referências bibliográficas*: NBR 6023. São Paulo: ABNT, 1989.

BABBIE, Earl R. *The basics of social research*. 7. ed. Belmont: Cengage Learning, 2017.

BALES, R. F. *Interaction process analysis*. Cambridge: Addison-Wesley, 1950.

BARDIN, Laurence. *Análise de conteúdo*. Lisboa: Edições 70, 1979.

BAKEMAN, R.; BROWNLEE, J. R. The strategic use of paralell play: a sequencial analysis. *Child Development*. v. 51, n. 3, p. 873-878, set. 1980.

BEAUCHAMP, Tom L.; CHILDRESS, James F. *Princípios de ética biomédica*. 4. ed. São Paulo: Edições Loyola, 2002.

BEERS, Clifford Whittingham. *A mind that found itself*: an autobiography. New York: Longmans, Green, and Co., 1908.

BERELSON, B. Content analysis. In: *Communication research*. New York: University Press, 1952.

BERGEN, H. B. Finding out what employees are thinking. *The Conference Board Management Record*, abr. 1983.

BHATTACHERJEE, Anol. *Social science research*: principles, methods, and practices. Textbooks Collection. Book 3, 2012. Disponível em: http://scholarcommons.usf.edu/oa_textbooks/3. Acesso em: 13 out. 2018.

BLUMER, Herbert. A natureza do interacionismo simbólico. In: MORTENSEN, Charles (Org.). *Teoria da comunicação*: textos básicos. São Paulo: Mosaico, 1980.

BOCHENSKI, I. M. *A filosofia contemporânea ocidental*. São Paulo: Herder, 1968.

BOGARDUS, Emory S. *Immigration and race attitudes*. Boston: Heath, 1928.

BOGARDUS, Emory S. *The new social research*. Los Angeles: J. R. Miller, 1926.

BOURDIEU, Pierre. *A economia das trocas simbólicas*. 5. ed. São Paulo: Perspectiva, 2007.

BRAITHWAITE, Ron B. *Scientific explanation*; a study of the function of theory, probability and law in science. New York: Cambridge University Press, 1953

BRANDÃO, Carlos Rodrigues. *Pesquisa participante*. 8. ed. São Paulo: Brasiliense, 1999.

BRIGGS, Charles L. *Learning how to ask*: a sociolinguistic appraisal of the role of the interview in social science research. Cambridge: Cambridge University Press, 1986.

BUNGE, Mario. *La ciencia, su metodo y su filosofia*. Buenos Aires: Siglo Veinte, 1973.

BURKE, Kenneth. *A grammar of motives*. Berkeley: University of California Press, 1969.

CAMPBELL, Donald T.; STANLEY, Julian C. *Delineamentos experimentais e quase experimentais de pesquisa*. São Paulo: EPU/Edusp, 1979.

CANCIAN, Francesca M. Padrões de interação nas famílias zinacautecas. In: RILEY, Matilda W.; LONG, Edward E. Nelson. *A observação sociológica*. Rio de Janeiro: Zahar, 1976.

CASTRO, Claudio de Moura. *Estrutura e apresentação de publicações científicas*. São Paulo: McGraw-Hill, 1976.

CHALMERS, Alan F. *O que é ciência afinal?* São Paulo: Brasiliense, 1993.

CHAPIN, F. Stuart. *Field work and social research*. New York: The Century Co., 1920.

CLANDININ, D. Jean; CONNELLY, F. Michael. *Pesquisa narrativa*: experiência e história em pesquisa qualitativa. Uberlândia: EDUFU, 2011. 250 p.

COHEN, Morris; NAGEL, Ernest. *Introducción a la logica y al metodo cientifico*. Buenos Aires: Amorrortu, 1968.

COLAIZZI, Paul. Psychological research as a phenomenologist views it. In: VALLE, Ronald S.; KING, Mark. *Existential phenomenological alternatives for psychology*. New York: Open University Press: New York, 1978.

COULON, Alan. *Etnometodologia*. Petrópolis: Vozes, 1995.

CRESWELL, John W.; CLARK, Vicki L. Plano. *Pesquisa de métodos mistos*. 2. ed. Porto Alegre: Penso, 2013.

Bibliografia

CRESWELL, John W. *Investigação qualitativa e projeto de pesquisa*. Escolhendo entre cinco abordagens. 3. ed. Porto Alegre: Penso, 2014.

DAVIS, James A. *Levantamento de dados em sociologia*: uma análise estatística elementar. Rio de Janeiro: Zahar, 1976.

DEMO, Pedro. Elementos metodológicos da pesquisa participante. In: BRANDÃO, C. R. (Org.). *Repensando a pesquisa participante*. São Paulo: Brasiliense, 1984.

DENZIN, Norman K.; LINCOLN, Yvonna. A disciplina e a prática da pesquisa qualitativa. In: DENZIN, Norman K.; LINCOLN, Yvonna (Orgs.). *Planejamento da pesquisa qualitativa*: teorias e abordagens. 2. ed. Porto Alegre: ARTMED, 2006.

DIJKSTRA, Wil. How interviewer variance can bias the results of research on interviewer effects. *Quality and Quantity*. v. 17, n. 3, 1983, p. 179-187.

DILLMAN, Don A. *Mail and internet surveys*: the tailored design method. 2 ed. New York: Wiley, 2000.

DURKHEIM, Émile. *As regras do método sociológico*. São Paulo: Abril Cultural, 1973, v. 33. (Coleção Os Pensadores.)

DURKHEIM, Émile. *O suicídio*. São Paulo: Martins Fontes, 1973.

DUVERGER, Maurice. *Método de las ciencias sociales*. Barcelona: Ariel, 1962.

ENDERS, Craig K. *Applied missing data analysis*. New York: Guilford Press, 2010.

FALS BORDA, Orlando. Aspectos teóricos da pesquisa participante: considerações sobre o papel da ciência na participação popular. In: BRANDÃO, C. R. (Org.). *Pesquisa participante*. São Paulo: Brasiliense, 1983.

FERNANDES, Florestan. *Fundamentos empíricos da explicação sociológica*. 2. ed. São Paulo: Nacional, 1967.

FERNANDES, Florestan. *Elementos de sociologia teórica*. São Paulo: Nacional/Edusp, 1978.

FRANK, Anne. *The diary of a young girl*. New York: Doubleday, 1952.

GIL, Antonio Carlos. Sociologia geral. São Paulo: Atlas, 2011.

GLASER, Barney G. *Theoretical sensitivity*: advances in the methodology of grounded theory. Mill Valley: Sociology Press, 1978.

GLASER, B. J.; STRAUSS, A. L. *The discovery of grounded theory*: strategies for qualitative research. New York: Aldine, 1967.

GOLDFARB, William. Emotional and intellectual consequences of psychological deprivation in infancy: a re-evaluation. In: HOCH, P.; ZUBIN, J. (Eds.). *Psychopathology of childhood*. New York: Grune & Stratton, 1955, p. 105-119.

GOODE, William J.; HATT, Paul K. *Métodos em pesquisa social*. São Paulo: Nacional, 1969.

HABERMAS, Jurgen. *Knowledge and human interests*. Boston: Beacon Press, 1971.

HAIR JUNIOR, Joseph. F.; ANDERSON, Rolph E.; TATHAM, Ron L.; BLACK, William C. *Análise multivariada de dados*. 5. ed. Porto Alegre: Bookman, 2005.

HAMMERSLEY, Martin; ATKINSON, Paul. *Ethnography*: principles in practice. 2. ed. New York: Routledge, 1995.

HANEY, Craig; BANKS, Curtis; ZIMBARDO, Philip. Interpersonal dynamics in a simulated prison. *International Journal of Criminology & Penology*, v. 1, n. 1, p. 69-97, 1973.

HEGENBERG, Leônidas. *Explicações científicas*. São Paulo: Herder, 1969.

HILL, Manuela Magalhães; HILL, Andrew. *Investigação por questionário*. Lisboa: Edições Sílabo, 2005.

HUSSERL, Edmund. *A ideia da fenomenologia*. Lisboa: Edições 70, 1986.

INSTITUTO BRASILEIRO DE GEOGRAFIA E ESATÍSTICA (IBGE). *Pesquisa nacional por amostra de domicílios*: síntese de indicadores 2015 / IBGE, Coordenação de Trabalho e Rendimento. Rio de Janeiro: IBGE, 2016.

ISAMBERT-JAMATI, V. *Crisis de la societé, crisis de l'enseignement*. Paris: PUF, 1970.

JACKSON, Jonathan. Validating new measures of the fear of crime. *International Journal of Social Research Methodology*, v. 8, p. 297-315, 2005.

KAPLAN, Abraham. *A conduta na pesquisa*: metodologia para as ciências do comportamento. São Paulo: Herder, 1972.

KERLINGER, F. N. *Metodologia da pesquisa em ciências sociais*: um tratamento conceitual. São Paulo: EPU/Edusp, 1980.

KLUCKHOHN, Florence R. O método da observação participante no estudo das pequenas comunidades. *Sociologia.*, v. 8, n. 2, p. 103-18, abr./jun. 1946.

KUHN, T. S. *A estrutura das revoluções científicas*. São Paulo: Perspectiva, 1975.

KVALE, Steinar; BRINKMANN, Svend. *InterViews*: learning the craft of qualitative research interviewing. 3. ed. Thousand Oaks: Sage, 2014.

LAKATOS, Eva Maria; MARCONI, Marina de Andrade. *Metodologia científica*. 2. ed. São Paulo: Atlas, 1992.

LASSWELL, H. P. et al. *The language of politics studies in quantitative semantics*. New York: G. Stewart, 1949.

LÉVI-STRAUSS, Claude. *Antropologia estrutural*. Rio de Janeiro: Tempo Brasileiro, 1967.

LIKERT, Rensis. A technique for the measurement of attitudes. *Archives of Psychology*, n. 140, p. 1-50, 1932.

LOWENTHAL, L. Biographies in popular magazines. In: LAZARSZFELD, P. E.; STANTON, F. N. *Radio research* 1942-43. Duel: Stoan, 1943.

MACHADO NETO, Antonio Luís. *Estrutura social da república das letras*: sociologia da vida intelectual brasileira (1870-1930). São Paulo: Grijalbo, 1973.

MARCUSE, Herbert. *Raison et révolution*. Paris: Les Éditions de Minuit, 1968.

MACHADO NETO, Antonio Luís. *Ideologia da sociedade industrial*. Rio de Janeiro: Zahar, 1969.

MARX, Karl; ENGELS, Friedrich. *Ideologia alemã*. São Paulo: Boitempo, 2007

Bibliografia

MARTIN, P.; BATESON, P. *Measuring behaviour*: an introductory guide. Cambridge: Cambridge University Press, 1986.

MCCLELLAND, David C. *The achieving society*. Princeton: Van Nostrand Co., 1961.

MCGUIGAN, F. J. *Psicologia experimental*: uma abordagem metodológica. São Paulo: EPU/Edusp, 1976.

MEDEIROS, João Bosco. *Redação científica*: a prática de fichamentos, resumos e resenhas. 8. ed. São Paulo: Atlas, 2006.

MERTON, Robert K. *Sociologia*: teoria e estrutura. São Paulo: Mestre Jou, 1970.

MERTON, Robert K, KENDALL, Patricia L. The focused interview. The American Journal of Sociology, v. 51, n. 6. 1946, p. 541-557.

MILES, Mathew B.; HUBERMAN, A. Michael; SALDAÑA, Johny. *Qualitative data analysis*: a methods sourcebook. Thousand Oaks: Sage, 2014.

MILLS, Wright C. *A imaginação sociológica*. Rio de Janeiro: Zahar, 1965.

MORGAN, Lewis Henry. *Ancient Society*: or, researches in the lines of human progress from savagery, through barbarism to civilization. New York: H. Holt and Company, 1877.

MORGAN, Convy L. *An introduction to comparative psychology*. Londres: The Walter Scott Publishing, 1894.

MORGAN, David L. Focus groups as qualitative research. SAGE, 1997.

NAHOUM, Charles. *A entrevista psicológica*. Rio de Janeiro: Agir, 1976.

NOGUEIRA, Oracy. *Pesquisa social*: introdução a suas técnicas. São Paulo: Nacional, 1978.

OLIVEIRA, Rosiska Darcy; OLIVEIRA, Darcy de. Pesquisa social e ação educativa: conhecer a realidade para poder transformá-la. In: BRANDÃO, C. R. (Org.). *Pesquisa participante*. São Paulo: Brasiliense, 1983.

OSGOOD, C. E. *et al. The measurement of meaning*. Illinois: The University of Illinois Press, 1957.

PIAGET, Jean. *A representação do mundo na criança*. Rio de Janeiro: Record, s/d.

POPPER, Karl R. *The logic of scientific discovery*. Londres: Hutchinson, 1972.

ROSENBERG, Morris. *A lógica da análise do levantamento de dados*. São Paulo: Cultrix/Edusp, 1976.

RIDLEY, Diana. *The literature review*: a step-by-step guide for students. London: SAGE, 2008.

RUIZ, João Álvaro. *Metodologia científica*: guia para eficiência nos estudos. São Paulo: Atlas, 1976.

SELLTIZ, Claire *et al. Métodos de pesquisa nas relações sociais*. 2 ed. São Paulo: Herder, 1972.

SEVERINO, Antonio Joaquim. *Metodologia do trabalho científico*. 20. ed. São Paulo: Cortez, 1996.

SKINNER, B. F. *Science and human behavior*. New York: Macmillan, 1953.

SPRADLEY, James P. *Participant observation*. New York: Holt. Rinehart and Winston, 1980.

STRACK, Fritz., MARTIN, Leonard L., & SCHWARZ, Norbert. Priming and communication: Social determinants of information use in judgments of life satisfaction. *European Journal of Social Psychology*, v. 18, n.5, 1988, p. 429-442.

STRAUSS, Anselm; CORBIN, Juliet. *Pesquisa qualitativa*: técnicas e procedimentos para o desenvolvimento de teoria fundamentada. Porto Alegre: Penso, 2008.

TESCH, Renata. *Qualitative research*: analysis, types and software tools. New York: The Falmers Press, 1990.

THIOLLENT, Michel. *Metodologia da pesquisa-ação*. 14. ed. São Paulo: Cortez, 2005.

THOMAS, William I.; ZNANIECKI, Florian. *The polish peasant in Europa and America*. Chicago: The University of Chicago, 1918-20.

THURSTONE, L.; CHAVE, E. J. *The measurement of attitude*. Chicago: University of Chicago Press, 1929.

TIFFIN, Joseph; MCCORMICK, Ernest J. *Psicologia industrial*. São Paulo: Herder, 1969.

TRIVIÑOS, Augusto W. S. *Introdução à pesquisa em ciências sociais*. São Paulo: Atlas, 1987.

TRUJILLO FERRARI, Alfonso. *Metodologia da pesquisa científica*. São Paulo: McGraw-Hill do Brasil, 1982.

TRUJILLO FERRARI, Alfonso. *Metodologia e técnicas de pesquisa social*. Campinas: IPPACC, 1970, v. 3.

WEBB, Eugene J. et al. *Unobtrusive measures*: nonreactive research in the social sciences. *CHICAGO*: Rand McNally, 1966.

WEBER, Max. *The metodology of the social sciences*. New York: Free Press, 1949.

WEBER, Max. *The theory of social and economic organization*. New York: Free Press, 1969.

YIN, Robert K. *Case Study research*: design and methods. 5. ed. Thousand Oaks: Sage, 2014.

YUSSEN, Steve R.; OZCAN, Nihal M. The development of knowledge about narratives. *Issues in Educational Psychology*: Contributions from Educational Psychology, v. 2, p. 1-68, 1997.